21世纪普通高等院校系列规划教材

基础会计学

Jichu Kuaijixue

（第三版）

主　编　岳正华　李虹
副主编　范雪刚　唐玲

西南财经大学出版社

21 世纪普通高等院校系列规划教材
编　委　会

General Foreword 总序

为推进中国高等教育事业可持续发展，经国务院批准，教育部、财政部启动实施了“高等学校本科教学质量与教学改革工程”（下面简称“本科质量工程”），《国家教育中长期发展规划纲要（2010—2020）》也强调全面实施“高等学校本科教学质量与教学改革工程”的重要性。这是落实“把高等教育的工作重点放在提高质量上”的战略部署，在新时期实施的一项意义重大的本科教学改革举措。“本科质量工程”以提高高等学校本科教学质量为目标，以推进改革和实现优质资源共享为手段，按照“分类指导、鼓励特色、重在改革”的原则，对推进课程建设、优化专业结构、改革培养模式、提高培养质量发挥了重要的作用。为满足本科层次经济类、管理类教学改革与发展的需求，培养具有国际视野、批判精神、创新意识和精湛业务的高素质应用型和复合型人才，迫切需要普通本科院校经管类学院开展深度合作，加强信息交流。在此背景下，我们协调和组织部分高等院校特别是四川的高校，通过定期召开普通本科院校经济管理学院院长联席会议，就学术前沿、教育教学改革、人才培养、学科建设、师资建设和社会科学研究等方面的问题进行广泛交流、研讨和合作。

为了切实推进“本科质量工程”，2008 年的第一次联席会议将“精品课程、教材建设与资源共享”作为讨论、落实的重点。与会人员对普通本科的教材内容建设问题进行了深入探讨并认为，在高等教育进入大众化教育的新时期，各普通高校使用的教材与其分类人才培养模式脱节，除少数 985 高校定位创新拔尖型和学术型人才外，大多数高校定位于培养复合型和应用型经管人才，而现有的经管类教材存在理论性较深、实践性不强、针对性不够等问题，需要编写一套满足复合型和应用型人才培养要求的高质量的普通本科教材，以促进人才培养和课程体系的合理构建，推动教学内容和教学方法的改革创新，形成指向明确、定位清晰和特色鲜明的课程体系，奋力推进经济管理类高等教育质量的稳步提高。与会人员一致认为，共同打造符合高教改革潮流、深刻把握普通本科教育内涵特征、满足教学需求的系列规划教材，非常必要。鉴于此，本编委会与西南财经大学出版社合作，组织了三十余所普通本科院校的经济学类、管理学类的学院教师共同编写本系列规划教材。

本系列规划教材编写的指导思想是：在适度的基础知识与理论体系覆盖下，针对普通本科院校学生的特点，夯实基础，强化实训。编写时，一是注重教材的科学性和前沿性，二是注重教材的基础性，三是注重教材的实践性，力争使本系列教材做到“教师易教、学生乐学、方便实用”。

本系列规划教材以立体化、系列化和精品化为特色。一是除纸质教材外，还建设课件、视频、案例、习题等数字化教学资源；二是力争做到“基础课横向广覆盖，专业课纵向成系统”；三是力争把每种教材都打造成精品，让多数教材能成为省级精品课教材、部分教材成为国家级精品课教材。

为了编好本系列教材，在西南财经大学出版社的协调下，经过多次磋商和讨论，成立了首届编委会，首届编委会主任委员由西华大学管理学院院长章道云教授担任。2017 年由于相关学院院长职务变动，经协商调整了编委会的构成。调整后的编委会由西南财经大学副校长张邦富教授任名誉主任，蒋远胜教授任主任，李成文教授、张华教授、周佩教授、赵鹏程教授、傅江景教授、董洪清教授任副主任，二十余所院校经济管理及相关学院院长或教授任编委会委员。

在编委会的组织、协调下，该系列教材由各院校具有丰富教学经验并有教授或副教授职称的教师担任主编，由各书主编拟订大纲，经编委会审核后再编写。同时，每一种教材均吸收多所院校的教师参加编写，以集众家之长。自 2008 年启动以来，经过近十年的打造，现在已出版了公共基础、工商管理、财务与会计、旅游管理、电子商务、国际商务、专业实训、金融经济、综合类九大系列近百种教材。该系列教材出版后，社会反响好，师生认可度高。截至 2017 年年底，已有 30 多种图书获评四川省“十二五”规划教材，多个品种成为省级精品课程教材，教材在西南地区甚至全国普通高校的影响力也在不断增强。

当前，中国特色社会主义进入了新时代，我们要建设教育强国，习近平总书记在党的十九大报告对高等教育提出明确要求，加快一流大学和一流学科（简称“双一流”）建设，实现高等教育内涵式发展。“双一流”建设的核心是提升学校自身的办学水平，关键是提高人才培养质量和学科建设水平，同时办学声誉得到国际社会的认可。为此，高等学校要更新教育思想观念，遵循教育教学规律，坚持内涵发展，进一步深化本科人才培养模式改革。而教材是体现高校教学内容和方法的知识载体，是高等院校教学中最基本的工具，也是高校人才培养的基础，因此，高校必须加强教材建设。

为适应“双一流”建设的需要，全面提升高校人才培养质量，构建学术型人才和应用型人才分类、通识教育和专业教育结合的培养制度，满足普通本科院校教师和学生需求，需要对已出版的教材进行升级换代。一是结合教学需要对现有教材进行精心打造。具体而言，贯穿厚基础、重双创的理念，突出创新性、应用性、操作性的特色，反映新知识、新技术和新成果的学科前沿；利用数字技术平台，加快数字化教材建设，打造立体化的优质教学资源库，嵌入可供学生自主学习和个性化学习的网络资源模块；二是根据学科发展的需要，不断补充新的教材，特别是规划旅游类、实训类、应用型教材。

我们希望，通过编委会、主编和编写人员及使用教材的师生共同努力，将此系列教材打造成适应新时期普通本科院校需要的高质量教材。在此，我们对各经济管理学院领导的大力支持、各位作者的智力成果以及西南财经大学出版社的辛勤劳动表示衷心的感谢！

21 世纪普通高等院校系列规划教材编委会

2018 年 5 月

第三版前言

会计与经济关系密切，经济越发展，会计越重要。随着我国社会主义市场经济的深入发展，企事业单位需要大量掌握会计基本理论和基本技能的应用型专门人才。在培养应用型会计本科人才的过程中，我们对课程体系和课程内容进行了长期的探索与实践，尤其对其入门课程“基础会计学”开展了教改实验研究，取得了良好的改革成效。在此基础上，我们组织编写了这本《基础会计学》教材，并根据最新的规定进行了第三版的改版。

本书以财政部2014年修订的《企业会计准则——基本准则》及其应用指南为依据，借鉴和吸收了国内外相关的会计理论和方法，并结合应用型会计本科人才培养的实际需要，对会计的基本理论、基本知识和基本方法，进行了深入浅出的讲述。《基础会计学》作为会计专业的入门教材，根据初学者可能遇到的问题，以会计的确认、计量和报告为主线，比较系统地讲述了会计科目和账户的设置、复式记账、填制和审核会计凭证、登记会计账簿、财产清查和会计报表编制等会计核算的专门方法，内容新颖，集针对性、实用性和可操作性于一身，实现了理论知识传授和专业实际技能培养的有机结合。

本书既是我们多年进行教改实验成果的总结，也是省内多院校协作的结果。参与编写工作的教师均来自教学科研和实际工作的第一线，教学与实践经验比较丰富。他们分别是成都师范学院的岳正华，成都信息工程学院的李虹、唐玲，西南科技大学的刘江，乐山师范学院的张艳莉，内江师范学院的范雪刚，宜宾学院的李文红和西昌学院的汪波。具体分工如下（按编写章节为序）：第一章，岳正华；第二章，李虹；第三章，张艳莉；第四章，汪波；第五章，范雪刚；第六章，唐玲；第七章，李文红；第八章，刘江；第九章，岳正华；第十章，李虹。初稿完成后，由岳正华、李虹共同统稿、定稿。

在本书编写过程中，为了传承会计理论与实务研究的新成果，我们参考、吸收了相关专著、教材和论文中的观点和资料。在此，谨向这些文献资料（不仅限于本书列出部分）的出版单位和作者表示衷心的感谢！本书的出版得到了西南财经大学出版社的领导，特别是编辑向小英同志的大力帮助和支持，在此一并致以诚挚的谢意！

本书适用于高等学校会计学、审计学、财务管理专业和其他经济管理类专业的本科教学，也可作为企事业单位财务会计人员工作的参考用书。由于编写时间仓促，以及我们的水平有限，书中出现瑕疵或不足在所难免，请广大读者赐教指正！

编　者

2018 年 5 月

目录 Contents

第一章　总论

学习目标

同学们通过本章的学习，了解会计的产生及发展过程，理解现代会计的本质、职能和目标；理解会计对象与会计要素的内涵，掌握资产、负债、所有者权益、收入、费用和利润六要素的概念、特征、分类及其确认的标准与要求；掌握会计等式的内涵以及经济业务发生对会计等式的影响；掌握会计主体、持续经营、会计分期和货币计量等会计核算的基本前提的内涵及价值；理解会计信息的质量特征和要求，了解会计确认与计量的内容，掌握权责发生制、收付实现制的运用和会计核算方法。

重点和难点

掌握资产、负债、所有者权益、收入、费用和利润等会计要素的定义、特征、分类及其确认标准，分析企业经济业务发生对会计要素产生的影响；掌握权责发生制和收付实现制两种会计确认基础和企业经济业务发生对会计等式的影响；掌握历史成本、重置成本、可变现净值、现值和公允价值等计量属性的运用。

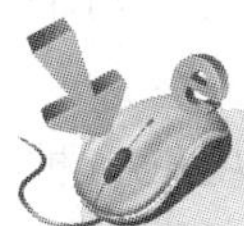

案例导入

浙江 JY 集团“会计基础工作差、会计信息严重失真”

浙江 JY 集团有限公司成立于 1993 年，是一家拥有相当知名度和规模的民营企业，主要从事食品饮料制造、加工和销售。JY 集团 2009 年度会计报表由集团本部及其下属四家子公司的报表汇编而成。2009 年合并会计报表显示，JY 集团年末资产总计 45 382 万元，负债总计 27 296 万元，所有者权益 18 086 万元，利润总额 6 759 万元。但有关部门对 JY 集团 2009 年度的会计信息质量进行检查时，发现该集团财务管理混乱，会计核算不规范，基础工作薄弱，会计信息存在严重失真问题。检查后经调整会计报表，JY 集团的实际资产为 20 098 万元，负债为 15 667 万元，所有者权益为 4 431 万元，利润总额为 3 271 万元，资产、负债和所有者权益分别虚增了 126%、74%和 308%，利润总额虚增达 3 488 万元。检查结果公告后，在社会上引起了较强反响。(资料来源：http://kj.itmc.cn/resource/272)

【思考】

会计是企业的一项什么活动？它的职能和目标是什么？在企业管理中应当担负起何种责任？JY 集团有限公司的会计工作是否担负起了相应的责任？为什么？

第一节　会计与会计学

一、会计的含义

会计是人们为组织和管理生产经营活动的需要而产生和发展起来的一项管理活动。在我国，“会计”一词最早出现在西周，春秋战国时期人们逐渐明晰了会计的含义。据文献记载，“会”和“计”两字缀合成词，最初有两种连缀方式。一种方式为将“会”置于“计”前，组合成“会计”，如《管子·四时》：“三政曰：效会计，毋发山川之藏。”另一种方式为将“计”置于“会”前，组合成“计会”，如《六韬·龙韬·王翼》：“法算二人，主计会三军营垒、粮食、财用出入。”当时，“会计”和“计会”两种词序的含义大致相同，为人们所通用，汉代以后，“会计”逐渐成为固定的单一用法。①

关于会计的定义，中外会计界至今还未统一认识。我国清代焦循在《孟子正义》一书中，将“会计”一词解释为“零星算之为计，总和算之为会”。其狭义是指计算、记录，与现在所说的记账、算账近似；广义上讲，还应包括管理和考核的内容。随着人类社会和经济的发展，会计的内涵和外延也不断丰富。1966 年，美国会计学会认为，会计就是“确认、计量和传达经济信息的过程，以使信息使用者做出明智的判断和决策”。我国理论界关于会计本质的描述，可谓林林总总，但归纳起来主要有以下三种观点：

第一，“会计工具论”。这种观点认为，会计是服务于不同社会经济环境的一种工具。

第二，“会计信息系统论”。该观点认为，会计是一个信息系统，其主要作用是为企业、行政事业单位的内外部的信息使用者提供反映其财务状况、经营成果和现

① 王建忠. 会计发展史［M］. 大连：东北财经大学出版社，2007：78.

金流量的有用信息，以便信息使用者制定各种经济决策时使用。

第三，“会计管理活动论”。这种观点认为，会计是一种经济管理活动，是经济管理的重要组织部分，其本质在于管理。

其实，这三种观点并不矛盾，仅仅是分析和表述的角度不同而已。“工具论”是从会计的作用出发，说明会计是核算和管理的工具；“信息系统论”是从会计的过程和结果出发，说明会计是归集、加工、存储和提供信息的处理系统；而“管理活动论”则主要从企业、行政事业单位内部信息使用者的角度出发，说明会计向其内部管理者提供对经营决策有用的信息。因此，综合以上分析，我们可以将会计定义为：以货币为主要计量单位，运用一系列专门方法，对企业、行政事业单位的经济活动进行连续、系统、全面和综合的核算和监督，并向其信息使用者提供决策有用信息的一项经济管理活动。

二、会计的产生与发展

会计有着悠久的历史，从原始社会“结绳记事”发展到现代的复式记账，从生产的附带部分发展为独立的职能，从“会计”命名和会计机构出现，发展到完整的科学理论体系，其间经历了漫长的历史过程。它随着人类社会生产的发展和经济管理的需要而产生，并随着社会经济，特别是市场经济的发展和科学技术的进步而不断发展和完善。

会计起源于生产实践。人类社会的生产实践活动决定着人类其他一切活动，也是人类会计行为产生的根本前提，因此，人类的会计行为是社会生产发展到一定阶段的产物。在人类社会活动中，生产是人们赖以生存和发展的最基本的实践活动。人类要得以生存，就要消费一定的物质资料以满足其必需的衣、食、住、行等基本需求，而要取得这些物质资料，就要进行生产。但是，无论在何种社会形态下，人们在生产实践中，总是免不了要开展对所取得的劳动成果与发生的各种耗费进行观察、记录、计算、分析和比较等管理活动，借以掌握生产活动的规律，并使其按照人们预期的目标运行。这些管理活动便形成了对会计的现实需要。

在原始社会的最初阶段，社会生产力水平极其低下，人类生存朝不保夕，在这种状况下，还不具备产生会计的条件。尽管如此，人们还是非常关心生产活动中的劳动消耗和取得的劳动成果。开始时，人们单凭头脑的记忆，当生产活动增多，单凭记忆已不敷应用时，人们创造出简单符号进行记录。我国上古时期，尚无文字，人们创造了“结绳记事”“刻契记数”等最为原始的记录计量方法。公元前一千年左右，古巴比伦的泥板、埃及的刻石、伊拉克的算板，都是最原始的经济计量和记录活动证明。这可以说是会计的雏形，但只是作为生产的附带部分，未发展为独立的职能。

到原始社会末期，随着人们对自然界认识的加深，特别是当社会生产发展到一定水平，人们可以比较稳定地获得最基本的生活必需品时，剩余产品出现了，并导致了私有制的产生。人们为了保护和扩大其私有财产，生产过程中便逐步产生了用货币形式进行计量和记录的方法，在生产者中也开始出现一些专门从事记录、报告劳动过程和结果的人员，这使会计逐渐从生产职能中分离出来，发展成为独立的职能。

会计随着社会经济的发展而发展。人类进入阶级社会以后，社会生产和产品交换的发展，尤其是统治者为了加强对王朝贡赋收入和各种开支的管理，促使了官厅会计的产生和发展。我国夏商时期是官厅会计的萌芽和创始阶段，到了西周时期有了一定发展，开始出现“会计”命名和较为严格的会计机构。西周是高度发达的奴隶制国家，已建立起了完善的国家行政管理机构。根据西周“官厅会计”核算的具体情况考察，“会计”开始运用时，其基本含义是“零星计算为计，总和计算为会”，即既有日常的零星核算，也有岁终的综合核算，运用“九赋”“九贡”和“九式”核算项目，以及“赋式对应”关系，通过日积月累到岁终的核算，达到考核和检查王朝财政收支的目的。同时，西周王朝也建立了较为严格的会计机构，如司会及其所属的司书、职内、职岁和职币等财计职能部门，设立了专管国家财计的官员，并建立了“以参互考日成，以月要考月成，以岁会考岁成”的“日成”“月要”和“岁会”等报告文书，初步具有了旬报、月报、年报等会计报表的雏形，发挥了会计对经济活动进行记录核算，以及对经济活动进行审核监督的作用。我国“会计”命名的出现，是我国会计理论产生、发展的一种表现，而设立这样完备的会计机构，则是我国会计发展史上的一个突出进步。

与此同时，会计核算的记账方法也是逐步发展的。我国账簿的设置，开始是使用单一的流水账，即按经济业务发生的先后顺序登记的一种单一的序时账簿，后来才从单一流水账发展成为“草流”（亦叫底账）、“细流”和“总清”三账，并一直使用到明清时期。对会计的结算方法，也从原始社会末期开始的“盘点结算法”发展成为“三柱结算法”，即根据入或收、出或付和余三项要素之间的关系，通过“入-出=余”或“收-付=余”的计算公式，结算出一定时期财产物资的增减变化及其结果，这较之单纯依靠实物盘点反映财产物资期末结余情况的盘点结算法有了本质的突破。

“三柱结算法”萌芽于周代，确立于秦汉时期，到唐代中期，被“四柱结算法”所取代。“四柱结算法”也称“四柱清册”。所谓“四柱”是指“旧管”“新收”“开除”“实在”，相当于现代会计账户的期初余额、本期增加额、本期减少额和期末余额，通过“旧管+新收=开除+实在”的基本公式进行结账，为我国通行的收付记账法奠定了基础。到了清代，“四柱结算法”已成为反映王朝经济活动或民间经济活动全过程的科学方法，成为中式会计方法的精髓。明末清初，随着手工业、商业的发展和资本主义经济萌芽的产生，我国商人又进一步设计了更加完善的“龙门账”。“龙门账”把全部账目分为“进”（收入）、“缴”（支出）、“存”（资产）、“该”（负债）四大类，以“进”和“缴”为一线，“存”和“该”为另一线，设总账进行“分类记录”，并分别编制“进缴表”和“存该表”，运用“进-缴=存-该”方程式，实行双轨计算盈亏，如果两表计算结果完全吻合，则称为“合龙门”。继“龙门账”之后，在此基础上又创立了“四脚账”，对每一笔经济业务按照“有来必有去，来去必相等”的记账规则，既登记“来账”，又登记“去账”，以此反映同一账项的来龙去脉。由于该账法把账簿或报表分成上下两方，将“来账”记入账簿的上方，被称为“天”（或“天方”）；将“去账”记入账簿的下方，被称为“地”（或“地方”），上下两方所记数额应相等，即“天地合”，故该账法也称“天地合账”。

“龙门账”和“四脚账”是我国复式记账方法的最初形式，记录比较全面，为以后发展严密的复式记账方法奠定了基础。

人类会计方法的演进，经历了由单式簿记向复式簿记转化的过程，它是社会经济发展的客观要求。随着西方资本主义经济关系的产生和发展，各种商业活动开始活跃起来，单式簿记法难以满足商业经营管理对会计的基本要求，因此，出现了复式簿记法，并广泛运用于地中海沿岸的佛罗伦萨、热那亚和威尼斯等城市。1494年，意大利数学家、会计学家、修道士卢卡·帕乔利（Luca Pacioli）出版了《数学大全》一书，对流行于威尼斯一带的借贷复式记账法进行了系统的介绍，并总结出以日记账、分录账和总账三种账簿为基础的会计制度。1581年，在威尼斯成立了世界上第一所“会计学院”，会计作为一门学问在学校里得到传授。之后，借贷复式记账法相继传至世界各国，为世界现代会计的发展奠定了基础。

我国长期以来使用单式簿记，在历史上发挥了积极的作用，一直到清代后期才从国外引进了借贷复式记账法。20世纪初，我国学者蔡锡勇所著的《连环账谱》与谢霖、孟森合编的《银行簿记学》两部我国最初的会计学专著，正式将西方会计学的借贷记账法引入国内，从而开始了我国引进西式会计、改良中式会计、中西式会计并存的会计历史发展阶段。新中国建立以后，为适应计划经济管理的需要，我国从苏联引进了会计核算模式和会计管理制度，创立了增减、收付等复式记账方法以及资金平衡表、利润表和成本报表等与计划体制相适应的报表体系。1985年，《中华人民共和国会计法》正式颁布，将我国的会计工作纳入了法制轨道。1992年，为适应社会主义市场经济的需要，财政部颁布了《企业会计基本准则》和《企业财务通则》，并同时制定了13个行业会计制度。从1997年到2005年，财政部陆续又颁布了16个具体会计准则，并正式下发实施了《企业会计制度》《金融企业会计制度》《小企业会计制度》，以适应不同规模、不同业务性质的企业的会计核算工作的需要。2006年2月，财政部从促进我国资本市场的健康发展，保证会计信息真实可靠的目标出发，发布了新的企业会计准则体系，包括1个基本会计准则、38个具体会计准则，于2007年1月1日起在所有上市公司执行。自此，我国会计制度的建设逐渐步入了国际一体化的道路。

会计的功能随着现代科技的发展而扩展。现代科学技术的发展和经济体制改革的深化，使现代会计管理科学进一步得到推广，特别是电子计算机技术在会计上的应用，对会计的发展产生了深远的影响。会计在经济管理中的作用日益显著，会计在原有核算和监督功能的基础上，又进一步扩展到预测经济前景、参与经济决策、考核和分析计划执行情况等领域，这对于加强经济管理、提高经济效益有着重要的意义。

综上所述，会计是伴随着人类生产实践活动和经济管理的客观需要而产生和发展的一项管理活动，经历了从简单到复杂，并不断完善的过程。会计产生和发展的历史说明，经济越发展，会计越重要。

三、会计的职能和目标

（一）会计的职能

会计职能是指会计在经济管理中所具有的功能。马克思在《资本论》中曾指出：会计是对生产“过程的控制和观念的总结”，实质就是指会计对经济活动的核算与监督，这是对会计职能的科学概括。随着科学技术的进步、企业管理水平的提高和市场经济的发展、管理会计方法的不断完善，会计职能的内涵也不断得到充实，经历了从简单到复杂，由单一职能向多职能发展的过程。会计职能是明确会计工作内容，确定会计任务的理论基础。总体上讲，可以将会计的职能概括为：综合核算与监督经济活动过程，参与企业预测、决策，并对经济活动进行控制和分析。

1. 会计的基本职能

马克思所指的“观念的总结”，一般是指会计反映经济活动情况，为经济管理提供数据资料。但随着经济的发展，会计的核算职能从事后反映发展到预测未来。“过程控制”一般是指利用会计信息进行会计监督，包括事前、事中和事后的监督。通过控制、分析和检查，发挥会计的控制、考核和促进作用，引导人们在经济活动中权衡利弊、比较得失、讲究经济效益。

（1）核算职能

会计的核算职能是指会计能够按照公认会计原则的要求，通过一定程序和方法，全面、系统、及时、准确地将一个单位所发生的经济活动描述出来，以达到为相关各方提供其所需要的经济信息的目的。会计核算的主要形式是记账、算账和报账。

记账就是把一个单位所发生的全部经济业务，运用一定的程序和方法在账簿上进行记载。如填制和审核凭证，登记各种账簿；算账就是在记账的基础上，计算出一个单位的财务状况和经营成果。如对一个企业的资产、负债、所有者权益、收入、成本费用以及损益的计算；报账就是在记账和算账的基础上，通过编制会计报表等方法，将一个单位的财务状况、经营成果和现金流量提供给会计信息使用者。如对一个企业的资产负债表、利润表、现金流量表的编制和对外披露。

（2）监督职能

会计的监督职能是指以国家的财经政策、法规和制度，以及单位内部会计管理制度为准绳，以会计信息资料为主要依据，对即将进行或已经进行的经济活动的合法性、合理性和有效性进行评价，并据以施加限制或影响的过程。对会计监督的内容，我国《会计法》规定：会计机构、会计人员对违反国家规定的收支应当制止和纠正，制止和纠正无效的，应当向单位行政领导提出书面报告，请求处理。会计机构、会计人员对于违反国家规定的收支，有权向单位的监督机构或上级主管单位报告，也可以直接向审计机关、财政机关或税务机关报告。

会计的核算职能是会计监督职能的前提和基础，会计监督职能则又贯穿于会计核算的全过程，两者相辅相成，既有独立要求，又紧密联系，缺一不可。没有会计的核算职能提供可靠、完整的会计信息，会计监督就没有客观依据，其监督作用也就无从体现；反之，如果没有科学、严格的会计监督，就难以保证会计核算的真实性、准确性，会计也就不能更好地发挥在生产经营管理中的作用，会计核算也就失去了意义。因此，会计的核算职能和监督职能互相联系、相辅相成。

2. 会计职能的拓展与延伸

会计的基本职能是核算与监督，但随着历史的进展，传统的职能已得到不断充实，新的职能不断出现，各种职能的重要性也起了变化。随着经济关系的复杂化和管理理论的发展，会计在经济管理中的地位和作用日益突出，会计的职能也不断丰富和拓展，会计的新职能不断出现。目前，在国内会计学界比较流行的是“六职能”说，认为会计具有“反映经济情况、监督经济活动、控制经济过程、分析经济效果、预测经济前景、参与经济决策”等六项职能，并认为六项职能是密切结合、相辅相成的。其中，两项基本职能是四项新职能的基础，而四项新职能又是两项基本职能的延伸和提高。

（二）会计目标

会计目标，也称会计目的，一般来讲是指会计工作应当达到的基本要求。会计目标是会计理论体系的基础，它决定于经济管理对会计的客观需要，但也要受到会计职能的制约。因此，根据经济管理的客观要求和会计的职能，会计目标可以表述为：向会计信息的使用者提供决策有用的信息，并反映管理层的受托责任的履行情况。

我国《企业会计准则——基本准则》（2014）第四条规定：财务会计报告的目标是向财务会计报告使用者提供与企业财务状况、经营成果和现金流量等有关的会计信息，反映企业管理层受托责任履行情况，有助于财务会计报告使用者做出经济决策。财务会计报告的使用者包括投资者、债权人、政府及其有关部门和社会公众等。第十三条规定：企业提供的会计信息应当与财务会计报告的使用者的经济决策相关，有助于财务会计报告的使用者对企业现在、过去或未来的情况做出评价或预测。可见，我国企业的会计目标就是要向政府、投资者、债权人、企业管理者及其他利益相关者提供了解企业财务状况、经营成果和现金流量的会计信息，并反映管理层受托责任履行情况。这一定位与国际会计准则中对财务会计目标的定位是一致的，体现了我国的财务会计既重视决策有用性又重视受托责任执行情况的双重目标的性质。

四、会计学与会计学科体系

会计学是人们对会计实践进行科学总结而形成的知识体系，是一门研究会计工作客观规律的经济管理科学。它产生于会计实践，并随着会计实践的发展而发展。

尽管会计实践源远流长，但是，会计学的出现却相对较晚。公元 807 年，唐宪宗时期宰相李吉甫撰写的《元和国计簿》一书，是我国第一部论及会计业务的会计著作，比会计实践的产生晚了大约三千多年。西方会计论著的出现则更晚一些，1494 年意大利数学家、会计家卢卡·帕乔利出版的《数学大全》是西方第一部会计著作，也是会计学界公认的会计学的起源。然而，这里的会计学还仅仅停留在“簿记”阶段。1851 年威尼斯会计学院创立，从此会计学才开始有了系统的研究。然而，真正意义上的会计学的形成时间，是 19 世纪中叶英国产业革命至 20 世纪初期，当时资产负债表为公司法正式承认，会计循环实践和理论逐渐形成，1903 年，劳伦斯·罗伯特·狄克西（Lawrence Robert Dicksee）的《高等会计学》，乔治·利司尔（George liste）的《会计学全书》和弗朗西斯·威廉·皮克斯利（Francis William Pixley）的《会计学》在英国出版问世，才标志着真正意义上的会计学的产生。

会计学是建立在经济学、管理学和数学基础上的经济管理应用科学，是经济管理科学的一个分支。现代科学管理方法和系统论、信息论、控制论等在会计工作中的运用极大地丰富了会计学的内容。随着会计学研究的深入发展，会计学分化出了许多分支，每一分支都形成了一个独立的学科。这些学科相互促进、相互补充，构成了一个完整的会计学科体系，其内容大致如表 1.1 所示。[①]

表 1.1　　会计学科体系的内容

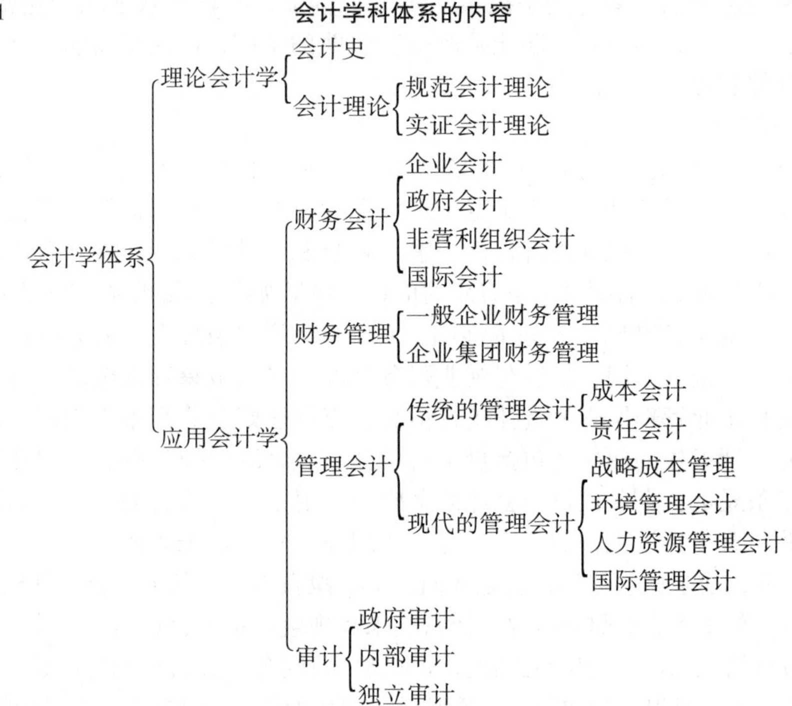

第二节　会计对象与会计要素

一、会计对象

会计的对象是指会计所要核算与监督的内容。在社会主义市场经济制度下，社会再生产过程是由生产、分配、交换、消费四个相互关联的环节构成的，它概括了各种经济活动。由于会计是以货币为主要计量单位，采用专门的方法和程序对一个单位的经济活动进行核算和监督，向信息使用者提供有用的信息，因此，会计所要

① 王珍义，孙世荣. 基础会计学［M］. 武汉：武汉理工大学出版社，2008：6.

核算和监督的只是能用货币计量的那部分经济活动的内容。在我国，企业和非营利组织的经济活动的内容虽各有差异，但它们所有的财产物资都是主要以货币形式表现出来的，并在生产经营和收支活动中不断发生变化。这部分财产物资的货币表现以及货币本身称为资金。所以，会计的对象实质上就是社会再生产过程中的资金运动。

（一）企业会计对象的内容

企业的经济活动内容主要是生产经营活动。企业的资金随着生产经营活动的进行，依次经过供应、生产、销售三个阶段，周而复始地循环周转。在资金循环周转过程中所发生的一切经济活动就是企业会计对象的具体内容，即资金运动。

企业的资金运动包括资金投入、资金运用、资金退出等过程。由于各类企业的经济业务不同，所体现的经济活动也不同，决定了不同类型企业的资金运动过程和方式也有所区别。下面分别以制造企业和商品流通企业为例进行说明。

1. 制造企业的资金运动

制造企业的主要经济业务是制造和销售产品。在生产经营过程中，制造企业的资金运动从货币资金形态开始，依次经过供应阶段、生产阶段和销售阶段，并不断地改变其存在形态。为了进行生产经营活动，制造企业必须首先要取得一定数量的货币资金，在供应过程中，企业运用货币资金购买各种原材料，从而使货币资金转化为储备资金；在生产过程中，企业利用机器设备对投入生产的原材料进行加工处理，伴随着原料的消耗、机器设备的折旧、工资的支付和生产费用的开支，实现了储备资金和一部分货币资金向生产资金的转化；当产品完工入库后，生产资金就转化为成品资金；然后通过销售过程，将产品售卖出去取得销售收入，成品资金又转化为货币资金，并支付销售费用。在这三个过程中，货币资金不断改变其存在形态，依次变为储备资金、生产资金、成品资金，最终又回到货币资金形态。这种资金运动过程称为资金的循环。由于生产经营活动的进行是连续不断的，因此，每一次资金循环的终点即是下一次循环的起点，这种周而复始的资金循环称为资金的周转。

2. 商品流通企业的资金运动

商品流通企业的经济业务是组织商品流通，其经营过程包括商品购进和销售两个阶段，其资金运动主要是按照“货币—商品—货币”的方式不断依次进行。在商品购进阶段，用货币购入商品，货币资金转化为商品资金；在商品销售阶段，取得销售收入，商品资金又转化为货币资金。

上述只是从资金在企业内部的循环周转上，考察了企业的资金运动，但就整个资金运动而言，还应包括资金的投入和资金的退出。资金的投入包括所有者和债权人等投入的资金，它会增加企业的资产、所有者权益和负债；资金的退出包括按法定程序返回投资者的投资、偿还各种债务和向所有者分配利润等内容。

可见，资金的投入、循环周转和资金的退出，会引起企业的资产、负债、所有者权益、收入、费用和利润发生增减变化，而这些变化过程共同构成了会计对象的具体内容。

（二）非营利组织会计对象的具体内容

目前，在我国，非营利组织主要包括行政机关、事业单位和其他组织等。非营利组织会计对象的具体内容与企业有所不同，它们的经济活动是执行国家预算过程中的预算收入和预算支出。因此，非营利组织会计对象的具体内容可以主要概括为社会主义再生产过程中的预算资金收支。

非营利组织从事业务活动所需要的资金，主要来源于国家财政拨款、事业收入和附属单位上缴收入等，从而形成其预算收入；在执行国家赋予的各项任务过程中发生的各种资金耗费，形成各项预算支出。这样，预算收入和预算支出就构成了非营利组织的资金运动。资金支出之后，资金运动也就结束了。

但值得注意的是，对一些兼有经营业务、实行企业管理的事业单位和其他组织，由于财务管理上的双重性质，既有预算资金的收支活动，也有经营资金的活动，因此，其会计对象的具体内容应包括预算资金的收支和经营资金的循环。

二、会计要素

会计对象是社会再生产过程中的资金运动，其内容繁多，涉及面广。在会计实践中，为了便于分类核算，向信息使用者提供分门别类的会计信息，必须对会计对象的具体内容进行适当分类。这种分类的类别，在会计上称为会计要素。概括地说，会计要素就是对会计对象按其经济特征所做的进一步分类，它是会计对象的基本组成部分。

根据我国《企业会计准则——基本准则》规定，企业的会计要素包括资产、负债、所有者权益、收入、费用和利润。其中前三项又称为资产负债表要素，反映在一定时点上企业资金的静态表现，即企业的财务状况，后三项又称为利润表要素，反映在一定时期内企业资金的动态表现，即企业的经营成果。

而在我国，行政机关、事业单位的会计要素则由资产、负债、净资产、收入、支出五项构成。其中前三项反映单位资金运动的静态表现，后两项则反映单位资金运动的动态表现。

本章主要介绍企业会计要素的具体内容。

（一）反映企业财务状况的会计要素

反映企业在一定时点财务状况的会计要素，是构成资产负债表的基本单位，包括资产、负债和所有者权益。

1. 资产

资产是指企业过去的交易或者事项形成的、由企业拥有或者控制的、预期会给企业带来经济利益的资源。

根据其定义，作为企业的一项资产，必须具备以下三个基本特征：其一，资产是企业过去的交易或者事项所形成的。也就是说，作为企业的资产，必须是现实的资产而不是预期的资产，是企业过去已经发生的交易或者事项所产生的结果，包括购买、生产、建造等行为，以及其他交易或者事项，预期在未来发生的交易或者事项不形成企业的资产。其二，资产是企业拥有或者控制的资源。拥有是指企业对某项资产享有所有权，而控制则是指企业目前虽不享有某项资产的所有权，但实质上已掌握了该项资产的未来收益和风险。享有所有权和虽不享有所有权但能为企业所控制的资源，在会计上都可确认为资产。其三，资产预期会给企业带来经济利益。这是资产的最重要的特征。所谓预期给企业带来经济利益，是指资产单独或与企业其他要素结合起来，能够在未来直接或间接地导致现金流入企业。如果预期不能带来经济利益，就不能确认为企业的资产。

凡符合资产定义的资源，应当同时在满足以下两个条件时确认为资产：一是与该资源有关的经济利益很可能流入企业；二是该资源的成本或者价值能够可靠地计量。

企业的资产按其流动性或者变现能力或耗用期限可以划分为流动资产和非流动资产。

（1）流动资产

流动资产是指可以在1年内或者超过1年的一个营业周期内变现或者耗用的资产，主要包括货币资产、交易性金融资产、应收及预付款项和存货等。①货币资产是指以货币形态存在的资产，包括库存现金、银行存款和其他货币资金。其中，其他货币资金由外埠存款、银行本票存款、银行汇票存款和信用证存款等构成。②交易性金融资产主要包括持有时间不超过1年（含1年）的股票投资、债券投资、基金投资等。③应收及预付款项是指企业在日常生产经营过程中发生的各种债权，包括应收账款、应收票据、其他应收款和预付账款等。④存货是指企业在日常活动中持有以备出售的产成品或者商品、处于生产过程中的在产品、在生产过程或提供劳务过程中耗用的材料或物料等。

（2）非流动资产

非流动资产是指在1年或者超过1年的一个营业周期内不能或者不准备变现的资产，主要包括长期投资、固定资产、无形资产和其他资产。①长期投资是指除短期投资以外的投资，包括持有时间准备超过1年（不含1年）的各种股权投资、不能变现或者不准备随时变现的债券、其他债权投资、基金投资和其他长期投资等。②固定资产是指为生产商品、提供劳务、出租或经营管理而持有的，使用寿命超过一个会计年度的有形资产，包括房屋及建筑物、机器设备、运输工具以及其他与生产、经营有关的工具器具等。③无形资产是指企业拥有或者控制的没有实物形态的可辨认非货币性资产，包括专利、非专利技术、商标权、著作权、土地使用权、特许权等。不可辨认无形资产一般是指商誉。④其他资产是指除上述之外的其他非流动性资产，如长期待摊费用。长期待摊费用是指企业已经支出，但摊销期限在1年以上（不含1年）的各项费用，如固定资产大修支出，融资租入固定资产的改良支出等。

2. 负债

负债也称为债权人权益，它是指由过去的交易或者事项形成的、预期会导致经济利益流出企业的现时义务。

根据上述定义，作为企业的负债，具有以下特征：其一，负债是由过去已经发生的交易或者事项形成的，尚未发生的交易或者事项不能确认为负债；其二，负债是企业承担的现实义务，如购货的应付账款、借入的款项等。企业预期或筹划在将来要发生的交易或者事项可能产生的债务，不能作为会计上的负债处理。如企业与供货单位签订的购货合同，企业就不能作为一项负债确认。其三，负债的清偿会导致经济利益流出企业。负债主要是通过交换资产或提供劳务等方式进行清偿。也就是说，负债的实质是将来以牺牲企业的资产或劳务为代价的一种受法律保护的责任。当然，企业也许可以通过承诺新的债务或通过将负债转化为所有者权益等方式来清偿一项现时负债，但这并不与负债的实质特征相违背。在前一种方式下，仅仅是负债的偿付时间被延迟了，最终企业仍然需要以债权人所能接受的经济资源来清偿债务。在后一种方式下，则相当于企业用增加所有者权益而获得的资产偿还了现时负债。

对于符合负债定义的项目，应在同时满足以下条件时确认为企业的负债：一是与该义务有关的经济利益很可能流出企业；二是未来流出企业的经济利益的金额能够可靠地计量。

通常，负债按其流动性或偿还期限可以分为流动负债和长期负债两类。

（1）流动负债

流动负债是指将在 1 年或者超过 1 年的一个营业周期以内偿还的债务，包括短期借款、应付票据、应付账款、预收账款、应付职工薪酬、应交税费、应付股利、其他应付款，以及将在 1 年内到期的长期借款等。

（2）非流动负债

非流动负债是偿还期在 1 年或者超过 1 年的一个营业周期以上的债务，主要有长期借款、长期债券、长期应付款等。

3. 所有者权益

所有者权益是指企业的资产扣除负债后由其所有者享有的剩余权益。股份公司的所有者权益又称为股东权益。它在数值上等于企业全部资产减去全部负债后的余额，也就是企业的净资产。

所有者权益，从其来源上看，有所有者投入的资本（或股本）、直接计入所有者权益的利得和损失，以及企业的留存收益等。直接计入所有者权益的利得和损失，是指由企业的非日常活动所发生的、不应计入当期损益、会导致所有者权益发生增减变动的、与所有者投入资本或者向所有者分配利润无关的利得或损失。其中，利得是指企业在非日常活动中形成的、会导致所有者权益增加的、与所有者投入资本无关的经济利益的流入；而损失则是指企业在非日常活动中发生的、会导致所有者权益减少的、与向所有者分配利润无关的经济利益的流出。

所有者权益具体包括实收资本（或股本）、资本公积、盈余公积和未分配利润。其中盈余公积和未分配利润由于都属于企业净收益的积累，因此合称为留存收益。

（1）实收资本

实收资本（或股本）是指投资者按照企业章程或合同、协议的约定实际投入企业的资本。

（2）资本公积

资本公积主要包括资本（或股本）溢价、外币资本折算差额等。其中，资本（或股本）溢价是指投资者投入企业的资金超出其在注册资本中所占份额的部分；外币资本折算差额则是指企业在接受外币投资时，由于采用的汇率不同而产生的资本折算差额。

（3）盈余公积

盈余公积是指企业从税后利润中提取的公积金，包括法定盈余公积、任意盈余公积。法定盈余公积是企业按照规定比例（一般为10%）从净利润中提取的盈余公积；任意盈余公积则为企业通过股东大会或类似机构批准后，按照规定比例从净利润中提取的盈余公积。法定盈余公积和任意盈余公积可以用于弥补企业的亏损，也可以按照一定程序转增企业的资本（或股本）。

（4）未分配利润

未分配利润是指企业实现的净利润在弥补亏损、提取法定盈余公积、任意盈余公积和向投资者分配利润后，留在企业用于以后年度分配的利润。

（二）反映企业经营成果的会计要素

反映企业一定时期经营成果的会计要素，是构成利润表的基本单位，包括收入、费用和利润。

1. 收入

收入是指企业在日常活动中形成的、会导致所有者权益增加的、与所有者投入资本无关的经济利益的总流入。

从其定义上看，收入具有如下特征：其一，收入是从企业的日常活动中产生的，而不是从偶发的交易或事项中产生的，这里，日常活动应理解为企业为完成其生产经营目标而从事的所有活动，以及与之相关的其他活动，如制造企业销售产品，流通企业销售商品，服务企业提供劳务、出租等日常活动；其二，收入能导致企业所有者权益的增加，但与所有者投入资本无关；其三，经济利益总流入，只包括本企业经济利益的流入，而不包括为第三方或客户代收的款项。经济利益是指现金或能转化为现金的非现金资产。

对于符合收入定义的项目，应当在同时满足以下条件时被确认为收入：一是经济利益很可能流入从而导致企业资产增加或者负债减少；二是经济利益的流入额能被可靠地计量。

收入按照企业经营业务的主次，可以分为主营业务收入和其他业务收入。

（1）主营业务收入

主营业务收入是指企业为完成其经营目标而从事基本业务活动所取得的收入，一般占企业收入的比重较大。如制造企业的主营业务收入主要是指销售产品和提供工业性的劳务所取得的收入。

（2）其他业务收入

其他业务收入是指企业基本业务以外的其他日常活动所取得的收入，一般占企业收入的比重较小。如制造企业销售材料和收取租金所取得的收入。

这里应该予以强调的是，上面所说的收入是指狭义的收入概念，它是营业性收入的同义语。广义的收入还包括直接计入当期利润的利得，即营业外收入。营业外收入是指企业发生的与其生产经营活动无直接关系的各种收入，包括处置固定资产净收益和取得的罚款收入等。

2. 费用

费用是指企业在日常活动中发生的、会导致所有者权益减少的、与向所有者分配利润无关的经济利益的总流出。

从其定义可以看出，费用具有如下特征：其一，费用是在企业日常活动中产生的；其二，费用的产生导致企业所有者权益减少，但与企业向所有者分配利润无关；其三，费用可能表现为企业资产的减少，也可能表现为负债的增加，或者二者兼而有之。

对于符合费用定义的项目，应当在同时满足以下条件时，被确认为费用：一是经济利益很可能流出，从而导致企业资产减少或者负债增加；二是经济利益的流出额能够被可靠地计量。

这里的费用概念其实包括两个方面的内容，即成本和费用。

（1）成本

成本是指在生产产品、提供劳务过程中所发生的各种耗费，包括直接材料费用、直接人工费用和各种间接费用。企业应当在确认收入时，将已销售产品或已提供劳务的成本从当期收入中扣除，即计入当期损益。

（2）费用

费用一般是指企业在日常活动中发生的营业税费、期间费用和资产减值损失。

营业税费，也称为销售税费，是指企业营业活动应当负担并依据有关计税基数和税率确定的各种税费，如消费税、城市维护建设税、教育费附加、车船税、房产税、城镇土地使用税和印花税等。

期间费用包括管理费用、销售费用和财务费用。

资产减值损失是指企业计提的坏账准备、存货跌价准备和固定资产减值准备等所形成的损失。

成本与费用既有联系又有区别。成本是和产品相联系的，而费用是和期间相联系的；成本有实物承担者，而费用一般没有实物承担者。二者都反映资金的耗费，都意味着企业经济利益的减少，也都是由过去已经发生的经济活动引起或形成的。

上面所定义的费用也是狭义上的概念。广义的费用还包括直接计入当期利润的损失和所得税费用。

直接计入当期利润的损失，即营业外支出，是指企业发生的与其生产经营活动无直接关系的各种支出，包括固定资产盘亏、处置固定资产净损失、处置无形资产净损失、罚款支出、捐赠支出和非常损失等。

3. 利润

利润是指企业在一定会计期间的经营成果，包括收入减去费用后的净额、直接计入当期利润的利得和损失等。直接计入当期利润的利得和损失是指应当计入当期损益，会导致所有者权益发生增减变动的、与所有者投入资本或者向所有者分配利润无关的利得或者损失。利润金额取决于收入和费用及直接计入当期利润的利得和损失金额的计量。

利润可以划分为三个层次，即营业利润、利润总额和净利润。

（1）营业利润

营业利润是指企业在其正常生产经营过程中产生的经营成果，由营业收入减去营业成本、税金及附加、管理费用、销售费用、财务费用、资产减值损失后再加上公允价值变动损益和投资收益后形成。

（2）利润总额

利润总额是指企业在一定会计期间产生的各种经营成果的总额，由营业过程中的利润即营业利润和营业外收支净额（营业外收入减去营业外支出后的金额）构成。

（3）净利润

净利润是指利润总额减去所得税费用后的余额，即税后利润。

［**知识链接**］

美国财务会计准则委员会 1985 年 12 月发布的“财务会计概念公告”第 6 号——《财务报表的要素》，对与计量某一会计实体的成果和现状直接有关、但又对互有联系的“资产、负债、权益、业主投资、向业主分派、全面收益、收入、费用、利得和损失”等十个会计要素分别做出了定义。国际会计准则理事会（原国际会计准则委员会）在 1989 年发布的《编制财务报表的框架》中，将财务报表的要素分为“资产、负债、权益、收益和费用”五大类。英国会计准则委员会在 1999 年发布的财务报告原则公告中，将财务报表的要素划分为“资产、负债、所有者权益、利得、损失、业主投资和向业主分派”七大类。联合国会计与报告国际标准政府间专家工作组于 1989 年发布的《财务报表的目标和概念》中，将会计要素定义为“资产、负债、权益、收入和费用”五大类。

（资料来源：许家林. 会计学原理［M］. 北京：科学出版社，2010：79.）

三、会计等式

会计要素之间存在着本质的联系，对会计要素内在联系的表达式，称为会计等式。会计等式反映了企业财务状况和经营成果，是设置账户、复式记账和设计会计报表的理论依据。

（一）基本会计等式

任何企业或非营利组织要想从事生产经营或其他活动，必须拥有一定数量的资产。这些资产按其来源不同，可分为投资者提供和债权人提供两个方面。为企业提供资产的组织和个人对企业资产享有索偿权，会计上将这种索偿权称为“权益”，因此，资产恒等于权益。即：

资产 ≡ 权益

通常，我们把投资者对企业资产的索偿权称为所有者权益，把债权人对企业资产的索偿权称为负债，因此，这一等式又可表示为：

资产≡负债+所有者权益

以上会计等式反映了资金运动的相对静止状态，也就是说，它反映的是企业在某一特定日期权益资产的构成、占用以及资产的来源渠道和权益状况。因此，这一会计等式被称为静态的会计等式，也是基本会计等式。它是设置账户、复式记账和编制资产负债表的理论依据。

（二）扩展的会计等式

然而，在资金运动的动态情况下，企业通过开展业务活动取得收入，但同时也必然会发生费用，将一定会计期间内取得的收入与发生的费用配比，便可确定该期间企业的经营成果即利润。因此，收入、费用、利润三要素之间也存在着平衡关系。用公式表示如下：

收入-费用=利润

这一平衡公式是企业价值的动态表达式，被称为动态的会计等式，它是编制利润表的依据。

收入和费用的发生必将影响企业所有者权益，企业在一定期间实现的利润是以资产的增加为表现形式，同时也会导致所有者权益等额增加，因此，“资产=负债+所有者权益”与“收入-费用=利润”之间存在着有机的联系，在会计期间的任何时刻，两个公式可以合并为：

资产=负债+所有者权益+（收入-费用）

或　资产+费用=负债+所有者权益+收入

我们将“资产+费用=负债+所有者权益+收入”这一等式称为扩展的会计等式。但是，企业在结算时，同一期间的收入与费用相配比而得到的利润，经过分配，扩展的会计等式又回归到基本会计等式，即资产=负债+所有者权益。

（三）经济业务对会计等式的影响

企业在生产经营过程中，不断地发生各种经济业务，如原料采购、产品生产和销售、利润分配等。这些经济业务的发生会对相关会计要素产生影响，引起会计要素发生增减变化，但无论如何变化，都不会破坏会计基本等式的平衡关系。

企业的经济业务虽然多种多样，纷繁复杂，但从引起会计要素变化的角度看，不外乎以下四种基本类型：

第一，资产内部有增有减，增减金额相等；

第二，负债及所有者权益内部有增有减，增减金额相等；

第三，资产和负债及所有者权益双方同时等额增加；

第四，资产和负债及所有者权益双方同时等额减少。

以上四种类型可用图 1.1 来表示。

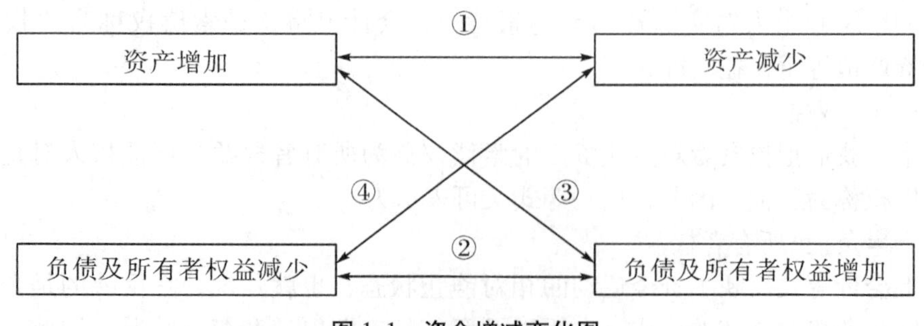

图 1.1　资金增减变化图

现对上述影响变化举例说明如下：

假设 M 公司 2017 年 8 月 31 日的资产和负债及所有者权益各为 10 000 000 元，其中负债 4 000 000 元，所有者权益 6 000 000 元。随着 9 月的经济业务发生，会计要素有关项目相应发生了变化，但无论如何变化，双方总额总是相等的。例如：

（1）资产内部有增有减，增减金额相等。

［例 1.1］M 公司向供货单位购买原料 300 000 元，货款用银行存款支付。

这笔经济业务，使 M 公司资产方增加“原材料”300 000 元，同时使资产方“银行存款”减少 300 000 元，结果资产方总额不变，双方总额仍保持平衡。

（2）负债及所有者权益内部有增有减，增减金额相等。

［例 1.2］M 公司向银行借入短期借款 250 000 元，支付 H 单位的材料款。

这笔经济业务，使 M 公司负债及所有者权益方增加“短期借款”250 000 元，同时减少“应付账款”250 000 元，结果负债及所有者权益总额不变，双方总额仍保持平衡。

（3）资产和负债及所有者权益双方同时等额增加。

［例 1.3］M 公司收到投资者甲投入的价值为 80 000 元的设备一台。

这笔经济业务，使 M 公司资产方增加“固定资产”80 000 元，同时使负债及所有者权益方增加“实收资本”80 000 元，结果双方总额保持不变。

（4）资产和负债及所有者权益双方同时等额减少。

［例 1.4］M 公司向投资者支付现金股利 160 000 元。

这笔经济业务，使 M 公司资产方减少“银行存款”160 000 元，同时又使负债及所有者权益方减少“应付股利”160 000 元，结果双方总额仍然保持平衡。

会计要素上述四种增减变动，还可以具体细分为以下九种情况，如表 1.2 所示。

表 1.2　　会计要素增减变动的九种情况

（1）一项资产增加，另一项资产等额减少
（2）一项负债增加，另一项负债等额减少
（3）一项所有者权益增加，另一项所有者权益等额减少
（4）一项资产增加，一项负债等额增加
（5）一项资产增加，一项所有者权益等额增加
（6）一项资产减少，一项负债等额减少
（7）一项资产减少，一项所有者权益等额减少
（8）一项负债减少，一项所有者权益等额增加
（9）一项负债增加，一项所有者权益等额减少

下面仍以 M 公司 2017 年 12 月发生的经济业务为例，分析其对会计基本等式的影响。

［例 1.5］M 公司 2010 年 12 月发生的经济业务如下：

（1）12 月 3 日，用支票支付购料款 5 000 元，材料已入库，取得购货发票。

该项业务发生，使得一项资产“原材料”增加 5 000 元，另一项资产“银行存款”减少 5 000 元。这是资产类内部项目之间的变动，一个增加，另一个减少，金额相等，其资产类总额保持不变。

（2）12 月 5 日，签发商业汇票支付前欠乙公司货款 45 000 元。

该项业务发生，使得一项负债“应付票据”增加 45 000 元，另一项负债“应付账款”减少 45 000 元。这是负债类内部项目之间的变动，一个增加，另一个减少，金额相等，其负债类总额仍然不变。

（3）12 月 12 日，经批准用盈余公积金 350 000 元转作资本。

该项业务发生，使得一项所有者权益“实收资本”增加 350 000 元，另一项所有者权益“盈余公积”减少 350 000 元。这是所有者权益类内部项目之间的变动，一个增加，另一个减少，金额相等，其所有者权益类总额仍然不变。

（4）12 月 15 日，向银行借入 3 年期的贷款 800 000 元，存入银行。

该项业务发生，使得一项资产“银行存款”增加 800 000 元，一项负债“长期借款”增加 800 000 元。这是资产类项目和负债类项目同时等额增加，其资产类总额和负债及所有者权益类总额仍然相等。

（5）12 月 17 日，收到投资者投入的设备 1 台，经双方商议，确认价值 150 000 元，作为实收资本。

该项业务发生，使得一项资产“固定资产”增加 150 000 元，一项所有者权益“实收资本”也增加 150 000 元。这是资产类项目和所有者权益类项目同时等额增加，其资产类总额和负债及所有者权益类总额保持相等。

（6）12 月 24 日，以银行存款支付前欠甲公司货款 100 000 元。

该项业务发生，使得一项资产“银行存款”减少 100 000 元，一项负债“应付账款”减少 100 000 元。这是资产类项目和负债类项目同时等额减少，其资产类总额和负债及所有者权益类总额保持相等。

（7）12 月 27 日，经董事会批准，用银行存款退还投资人 A 的股金 60 000 元。

该项业务发生，使得一项资产“银行存款”减少 60 000 元，一项所有者权益“实收资本”减少 60 000 元。这是资产类项目和所有者权益项目同时等额减少，其资产类总额和负债及所有者权益类总额仍然相等。

（8）12 月 30 日，股东 B 代公司归还向银行借入的 1 年期借款，本金 400 000 元，并将其全部转为对企业的投资。

该项业务发生，使得一项负债“短期借款”减少 400 000 元，一项所有者权益“实收资本”增加 400 000 元。这是所有者权益类项目和负债类项目之间的变动，一个增加，一个减少，金额相等，其负债及所有者权益类总额保持不变。

（9）12 月 31 日，公司向投资者分配利润 600 000 元。

该项业务发生，使得一项负债“应付利润”增加 600 000 元，一项所有者权益“利润分配”减少 600 000 元。这是负债类项目和所有者权益类项目之间的变动，一个增加，一个减少，金额相等，其负债及所有者权益类总额不变。

以上分析说明，不论企业发生何种经济业务，引起会计要素项目任何增减变化，其会计等式双方的数额始终都是相等的。所以会计等式又叫会计恒等式。

第三节 会计核算的基本前提和一般原则

一、会计核算的基本前提

会计核算的基本前提也称为会计假设。它是对会计所处的时间和空间范围所做的合理设定。在纷繁复杂的企业活动和变化不定的经济环境中，进行会计核算时，必须对所处的时间、空间范围做出合理的限定，包括会计为谁核算、什么时间核算、核算的范围多大、核算的资金运动能否持续下去，以及采用什么程序和方法等。这些假设并不是毫无根据的虚构设想，而是在长期的会计实践中，人们逐步认识和总结形成的，是对客观情况做出的合乎事理的推断。根据国际惯例，我国《企业会计准则——基本准则》规定，会计核算基本前提具体包括：会计主体、持续经营、会计期间和货币计量。①

（一）会计主体

会计主体亦称为会计实体，是会计信息所反映的特定单位或组织。会计主体假设是指在会计核算中，会计确认、计量、报告的内容均被严格界定在一个独立核算的经济实体之内，它明确了会计工作的空间范围。提出会计主体的概念，是为了把会计主体的经济业务与其他会计主体的经济业务区分开来，以便明确各自的经济利益和经济责任，因而基于这一假设，会计核算的内容只能是自身的经济活动，而不包括其他单位的经济活动。

一般来讲，凡独立核算的单位，在会计上都设定为一个会计主体，它包括独立核算的企业和企业内部独立核算的部门。因此，理解会计主体时，应区分会计主体与法律主体。法律主体要求会计上独立核算，因此法律主体必然是会计主体，但会计主体不一定是法律主体，它可以是法人，也可以为非法人。确认一个单位或组织是否是会计主体，关键看它在会计上是否被要求独立核算，而不是看它是否具有法人资格，所以企业法人内部的某一单位或特定部门，如企业法人的分公司、事业部、职能处室、生产车间等以及母子公司形成的企业集团，在会计上都可以成为一个主体。

[**知识链接**]

会计主体与法律主体（法人）并非是对等概念。从法律上看，独资及合伙企业所有的财产和债务，在法律上应视为所有者个人财产范围内的一部分，独资及合伙企业在业务上的种种行为仍被视为个人行为，独资与合伙企业因此而不具备法人资格。但是，他们都是经济实体、会计主体，在会计处理上应把企业的财务活动与所有者个人的财务活动截然分开。

（二）持续经营

持续经营又称为继续经营，是指会计主体的生产经营活动按照既定的经营方针

① 中华人民共和国财政部．企业会计准则（2006）［M］．北京：经济科学出版社，2006．

和目标无限期地延续下去，在可以预见的未来不会因破产、清算、解散等而不复存在。持续经营假设明确了会计工作的时间范围。尽管客观上企业会由于市场的竞争而面临被淘汰的危险，但只有假定作为会计主体的企业是持续、正常经营的，会计原则和会计程序及方法才有可能保持一致性和稳定性。当然，如果企业由于各种原因终止生产经营过程而进行清算时，则持续经营基本前提不再成立，此时，持续经营基础将被清算基础所取代。

持续经营假设是企业进行资产计价、费用确认和摊销的依据，也是确立会计分期假设的基础。

（三）会计期间

会计期间又称为会计分期，是指将企业的持续不断的经营活动过程，人为地划分为较短的、相对等距的期间。会计分期假设的目的在于通过会计期间的划分，分期结算账目，按期编制会计报表，及时向有关方面提供反映财务状况和经营成果的会计信息。在持续经营条件下，如果不进行会计分期，则反映企业的财务状况、经营成果和现金流量情况的会计信息，只有等到企业的生产经营活动完全终结后，才可能通过一定的方法予以准确计算，此时的会计信息已经严重滞后，不能满足企业管理和决策的需要。因此，人为地将企业持续不断的生产经营过程划分为较短的期间是非常必要的。

我国《企业会计准则——基本准则》明确规定，企业应当划分会计期间，分期结算账目和编制财务会计报告。① 会计期间分为年度和中期。中期是指短于一个完整的会计年度的报告期，如半年度、季度和月度。我国是以公历年度作为会计年度的，即始于每年的1月1日，终止于12月31日。

［**知识链接**］

世界各国会计年度因不同情况而规定各异，主要有以下五种类型：①公历年制会计年度，即每年1月1日~12月31日为一个会计年度，这是世界上使用国家最多的一种会计年度，约有80多个国家；② 4月制会计年度，即每年4月1日~次年3月31日为一个会计年度；③ 7月制会计年度，即从每年7月1日~次年6月30日为一个会计年度；④ 10月制会计年度，即从每年10月1日~次年9月30日为一个会计年度；⑤其他类型会计年度，如阿富汗和伊朗为3月21日~次年3月20日；尼日尔为7月16日~次年7月15日；沙特阿拉伯为10月15日~次年10月14日；土耳其为3月~次年2月；卢森堡5月~次年4月；阿根廷为11月~次年10月等。

（资料来源：许家林. 会计学原理［M］. 北京：科学出版社，2010：80-81.）

（四）货币计量

货币计量是指在会计核算工作中采用货币作为统一的主要计量单位，从价值角度对企业财务状况和经营成果进行记录、反映和评价。

货币计量假设有两层含义：一是在所有的计量单位中，假设用货币对企业经营

① 中华人民共和国财政部. 企业会计准则（2006）［M］. 北京：经济科学出版社，2006.

活动及其结果加以计量最优；二是货币本身的价值是不变的或基本稳定的。在会计工作中，以货币作为计量单位，不仅有效地解决了不同使用价值的商品的实物量不能直接相加、不同企业间产品的实物量不能直接对比的问题，而且还能使收入和为其所费成本、费用进行配比，从而使正确计算盈亏变得可行。因此，要反映企业的财务状况和经营成果，货币既是必须使用的计量工具，也是最优的计量工具。同时，货币作为充当一般等价物的计量工具，本身的价值应当是不变或基本稳定的，否则，以此计量反映出来的会计信息的真实性、可靠性和其决策价值就会大打折扣。因此，在会计核算中使用的各种基本计量方法都是以货币价值不变为基础，适用于币值比较稳定的情况。然而，货币本身的价值并非总是稳定不变的，当出现严重通货膨胀时，再假定币值不变将会有失偏颇，此时就需要采用通货膨胀会计，并要在会计报表中说明其编制基础。

我国《企业会计准则——基本准则》明确规定，企业会计应当以货币计量。[①] 但需要说明的是，其他计量单位，如实物量度、劳动量度等，在会计核算中也会被使用，但不是主要的计量单位。

人民币是我国法定的货币，所以，在《企业会计准则第 19 号——外币折算》中规定，企业通常应选择人民币作为记账本位币。业务收支以人民币以外的货币为主的企业，可以按规定选定其中一种货币作为记账本位币，但是，编制的财务报表应当折算为人民币。在境外设立的中国企业向国内报送的财务报表，应当折算为人民币。[②]

二、会计核算的一般原则

会计核算的一般原则是会计核算的基本规则，要达到会计信息决策有用性目的，就必须保证会计所提供的信息符合一定质量标准，满足一定的质量要求。我国《企业会计准则——基本准则》规定了会计信息的质量要求。[③] 这也是会计核算应当遵循的一般原则。

（一）客观性原则

客观性原则，又称真实性原则，是指会计的确认、计量和报告应当以企业实际发生的交易或者事项为依据，如实反映符合确认和计量要求的各项会计要素及其他相关信息，保证会计信息真实可靠、内容完整。

客观性原则是对会计核算工作的基本要求，该原则要求会计核算的各个阶段必须以实际发生的交易或事项为依据，如实反映企业的财务状况、经营成果和现金流量，做到内容真实、数字准确、资料可靠，不得掩饰，否则会误导信息使用者，也就达不到会计的目标。

（二）相关性原则

相关性原则，又称决策有用性原则，是指会计核算所提供的会计信息应当与信

---

① 中华人民共和国财政部. 企业会计准则（2006）［M］. 北京：经济科学出版社，2006.

② 中华人民共和国财政部. 企业会计准则（2006）［M］. 北京：经济科学出版社，2006.

③ 中华人民共和国财政部. 企业会计准则（2006）［M］. 北京：经济科学出版社，2006：2.

息使用者的经济决策需要相关，有助于信息使用者对企业的过去、现在或者未来的情况做出评价或预测。

相关性原则是对会计信息最根本的质量要求，是会计信息对决策有用的重要体现。坚持这一原则就要求在收集、加工、处理和提供会计信息的过程中，充分考虑会计信息使用者的需求，使所提供的信息与信息使用者的要求相协调。

（三）明晰性原则

明晰性原则是指会计记录和会计报表必须清晰明了，以便于使用者理解和使用。提供会计信息的目的在于正确使用会计信息，要做到正确使用会计信息，使用者就必须能够了解会计信息的内涵，读懂会计信息的内容。如果会计信息不能被使用者所理解，这种信息就毫无用处。因此，这就要求会计的数据记录和文字说明必须清晰、简明、易懂，使用的专业术语应当规范、确切，编制的财务会计报告应当项目完整、数据准确。

（四）可比性原则

可比性原则包括两层含义：其一是指同一企业不同时期发生的相同或者相似的交易或者事项，应当采用一致的会计政策，不得随意变更。确需变更的，应当在附注中说明，并按照《企业会计准则第 28 号——会计政策、会计估价变更和差错更正》的相关规定处理；[①] 其二是指不同企业发生的相同或者相似的交易或者事项，应当采用规定的会计政策，确保会计信息口径一致，相互可比。前者主要是为了便于对同一企业前后时期的会计资料进行纵向比较，后者主要是为了保证不同企业之间会计资料的横向比较。

坚持可比性原则，一方面要求企业在不同会计期间处理同类经济业务时，所使用的会计程序和方法应保持一致；另一方面要求在企业会计核算中，应当按照国家的统一规定，对相似经济业务采用统一的会计处理方法，使得企业提供的会计信息在不同企业之间能够相互可比。

需要说明的是，坚持可比性原则应在保证会计信息真实性的前提下，做到会计处理方法尽可能统一，不应为盲目追求统一而损害会计信息的真实性；坚持可比性原则并不意味着企业采用的会计方法永远不变。如果客观环境发生变化，使原选用的方法不再适用，则可以按照《企业会计准则第 28 号——会计政策、会计估价变更和差错更正》的相关规定，变更会计处理方法，并进行调账处理和披露。

（五）实质重于形式原则

实质重于形式原则是指企业应当按照交易或事项的经济实质进行会计确认、计量和报告，而不应仅按其法律形式作为会计处理的依据。

在会计实务中，交易或事项的外在法律形式或人为形式并不总能完全真实地反映其经济实质。所以，对会计要素进行确认和计量时，应根据交易或事项的实质和经济现实，而不管其采用何种形式。例如，在售后回购销售业务中，法律形式可能写明某项资产的所有权已经转移给买方，但事实上卖方仍享有该项资产的未来经济

---

① 中华人民共和国财政部. 企业会计准则（2006）［M］. 北京：经济科学出版社，2006：137-140.

利益。在这种情况下，如果不考虑经济实质，仅看其法律形式，就不能真实反映这项业务对企业的影响。

（六）重要性原则

重要性原则是指对重要的会计事项在会计上必须给予充分、准确地披露，而对于某些次要的会计事项可适当简化处理。

会计核算应当遵从重要性原则，在会计核算过程中对交易或事项应当区别其重要程度，采用不同的会计处理方式。也就是说，在确保全面反映企业财务状况、经营成果和现金流量的基础上，对资产、负债、损益等影响较大，并进而会影响财务会计报告使用者据以做出合理判断的重大会计事项，必须按规定的方法和程序进行单独处理，并在财务会计报告中予以重点说明。对于次要的会计事项，在不影响会计信息真实性和不至于误导财务会计报告使用者做出正确判断的前提下，则可适当简化处理。

需要明确的是，重要性原则具有相对性，一项会计事项是否重要，应否单独核算和反映，应视企业生产的特点、管理的要求及具体情况而定。比如，一项会计事项对某一企业来说可能是重要事项，而对另一企业来说可能就是不重要的事项。对会计事项重要性的判断，在很大程度上取决于会计人员的职业经验。一般来说，重要性可以从质和量两个方面判断。从性质方面看，如果某会计事项的发生可能对决策产生重大影响，则该事项属于重要事项；从数量方面看，如果某会计事项的发生达到一定数量或比例可能对决策产生重大影响，则该事项属于重要事项。

（七）谨慎性原则

谨慎性原则，又称稳健原则，是指对企业发生的交易或者事项进行会计确认、计量和报告时应当保持应有的谨慎，不应高估资产和收益，低估负债和损失。

谨慎性原则既不是会计假设的逻辑产物，也不是使会计信息更具有相关性的必要条件，而是会计人员在处理会计事项时所遵循的惯例。在市场经济条件下，企业不可避免地会遇到风险，为了防止企业在损失发生时对正常的生产经营活动产生严重影响，必须对面临的风险和可能发生的损失和费用做出合理的预计。因此，该原则要求会计人员在处理会计业务时持谨慎态度，确认一切可能的损失，避免预计任何可能的利润，既不高估资产和收益，也不低估负债和损失。

谨慎性原则在会计核算上的应用体现在很多方面。例如，对可能发生的资产损失提取资产减值准备；对固定资产采用加速折旧法等。但需要注意的是，谨慎性原则并不意味着可以随意低估资产和收益，高估负债和费用。

（八）及时性原则

及时性原则是指会计核算要讲求时效，对企业已经发生的交易或者事项应当及时进行会计确认、计量和报告，不得提前或延后。信息的使用价值不仅在于真实可靠，而且还在于必须保证时效，及时将信息提供给使用者使用。因为随着竞争的日趋激烈，企业面临的内外部环境日趋复杂，有关各方对会计信息的及时性要求也越来越高，如果信息不能及时提供，则必将丧失其使用价值或降低其有用性。因此，及时性原则要求对会计信息要及时搜集、及时加工处理和及时传递。

第四节　会计确认与会计计量

一、会计确认

会计确认是指运用特定的会计方法对企业已发生的经济业务同时以文字和金额的形式进行描述，将其作为企业的资产、负债、所有者权益、收入、费用和利润加以正式记录，并使其反映在企业财务报表之中的过程，其目的是要在会计账簿中记录及财务报表中列示企业已发生的经济业务对企业经营状况的影响程度及结果。

（一）初始确认和再确认

从对企业会计信息的处理过程看，会计确认包括初始确认和再确认两个环节。初始确认是对企业发生的一项经济业务，辨别其所属的会计要素，编制和审核会计凭证，然后登记相关会计账簿，对其所涉及的会计要素变动的信息以文字和货币的形式加以反映的过程，所关注的是企业发生的经济业务是否应该被记录，何时记录、以多少金额记录、通过什么样的会计要素在会计账簿中予以记录的问题。

再确认是指将初始确认后形成的账簿记录数据通过综合和重新分类，在财务报表中以财务报表项目的形式进行表述的过程，所关注的是企业应该在何时、以什么金额，通过哪些财务报表项目将账簿记录数据列入财务报表的问题。

（二）会计确认的标准

并非企业发生的每一项经济业务都需要进行会计确认。一般而论，只有同时满足以下确认标准的经济业务才能被确认和计量，在相关会计账簿中予以记录并以财务报表项目的形式加以列示。这些标准是：

（1）符合会计要素的定义。将某一经济业务事项能确认为资产、负债、所有者权益、收入、费用或利润的，该业务事项必须要满足资产、负债、所有者权益、收入、费用和利润等会计要素的定义。

（2）可计量性。对某一经济业务事项进行确认，该业务事项必须要能够以某种计量属性可靠地予以计量。

（3）相关性。对某一经济业务事项确认产生的有关会计信息应满足财务会计报告使用者的需求，有助于财务会计报告使用者对企业过去、现在或者未来的情况做出评价或者预测。

（4）可靠性。对某一经济业务事项确认产生的会计信息应当具有反映真实性、可核实性和无偏向性，真实地反映企业的经营状况。

（5）合规性。即予以确认的经济业务事项必须要符合法律法规的要求。对单位发生的所有经济业务事项应该用我国现行的法律、行政法规和国家统一会计制度来衡量。对于符合的，才能给予确认并进行会计处理；反之，则不能给予确认。

此外，会计确认标准还要服从效益大于成本和重要性的约束条件，即确认一项经济业务的预期效益应证明提供和使用该项信息的费用是适当的，且该业务被认为是重要的。

二、会计计量

会计计量是在会计确认的基础之上，利用特定的计量单位和计量属性对企业已发生的经济业务进行数量和金额上的计算和确定，最终达到将经济业务信息转化为综合地、概括地反映企业经营状况的会计信息的目的，其实质就是解决在会计确认过程中应以多少金额将相关经济业务信息录入会计信息系统中的问题。在会计实务中，会计计量和会计确认是不可分割的，是联结会计确认和会计报告的一个核心环节。会计计量包括计量尺度、计量单位和计量属性三个构成要素，不同计量属性和计量单位的组合则构成了特定的会计计量模式。

（一）计量尺度

计量尺度是指对计量对象量化时采用的具体标准，如千克、米、美元、人民币等。会计的计量尺度包括货币计量尺度和非货币计量尺度。

1. 货币计量尺度

货币计量尺度就是以货币为计量单位对财产进行的计量。货币计量尺度具有综合性的特点，它可以排除各种财产在使用价值方面的差异，统一以价值量为表现形式。由于采用货币计价具有统一、合理、实用、简化等优点，我国会计法律和会计制度都明确规定，会计核算应当以货币进行量度。

2. 非货币计量尺度

非货币计量尺度主要有实物量度和劳动量度，是会计计量早期主要使用的两种非货币计量尺度。实物量度是以实物为计量单位对财产进行的计量。实物计量单位，如千克、件、辆、台等。每个会计主体在进行会计核算时，既要明确其所拥有的财产的价值量，同时又要掌握相应的实物量。比如，对于存货的核算，就要对其进行价值量和实物量的双重记录。劳动量度是以劳动时间为计量单位所进行的计量，它可以反映劳动效率的高低。从活劳动的角度，可以表示平均单位产品所需耗费的劳动时间或单位时间所能生产出的产品数量；从物化劳动的角度，可以表示生产单位产品所需设备运转时间或平均单位时间某设备所能生产出产品的数量。因此，劳动量度可以作为成本控制、成本分析的一个基本指标。

（二）计量单位

计量单位是指计量尺度的量度单位，在以货币为计量尺度的前提下，存在着选择何种货币量度单位的问题。比如，是选择名义货币单位还是一般购买力货币单位。由于任何一种计量单位都必须要求自身度量上的统一性，因此，对财务报表项目的计量就要求货币单位在不同时期保持稳定，以使计量结果具有可比的基础。但是，由于受不同时期生产力水平和货币供应量等因素的影响，就其购买力而言，这种保持稳定的理想货币计量单位在现实中是难以找到的。为了满足会计信息的决策有用性，在会计上就产生了两种可供企业选择的计量单位。

1. 名义货币单位

名义货币单位又称为面值货币单位，是指各国主要流通货币的法定单位，如美元与美分、英镑与先令以及人民币的元、角、分等。在实际经济生活中，名义货币单位的购买力是会发生变动的，但财务报表项目按名义货币单位计量时，对货币购买力随着时间的推移而发生的变动不做任何调整，也就是说无论货币购买力如何变动，会计上都采用法定的货币单位。由于名义货币单位具有符合币值稳定的会计假设，可以保证计量单位的统一和便于会计核算，在物价变动不大的情况下能比较准确、真实地反映企业的财务状况和经营成果，可以简化计量手续和减轻会计人员的工作量等优势。因此，在目前各国的会计实务中，名义货币单位一直被广泛使用，并将继续使用下去。

2. 一般购买力货币单位

一般购买力货币单位是指以各国货币的一般购买力或实际交换比率作为计量单位。按照一般购买力货币单位进行计量时，对不同时期的货币购买力变动应当加以调整，即以一定时日的货币购买力（以一般物价指数近似地表示）调整或折算不同时期的名义货币单位，从而使不同时期的货币保持在不变的计量基础上。这种计量单位的存在以物价变动为前提，能够反映货币购买力变动对会计信息的影响，保持会计计量结果的可比性，但由于其调整换算过程比较复杂等原因，在目前会计实务中应用较少。

（三）计量属性

会计计量属性也称为会计计量基础，反映的是会计要素金额的确定基础，它主要包括：历史成本、重置成本、可变现净值、现值和公允价值等。

1. 历史成本

历史成本又称为实际成本，是指企业取得或制造某项财产物资时实际支付的现金或者现金等价物。在历史成本计量下，资产按照购置时支付的现金或者现金等价物的金额，或者按照购置资产时所付出的对价的公允价值计量。负债按照因承担现时义务而实际收到的款项或者资产的金额，或者承担现时义务的合同金额，或者按照日常活动中为偿还负债预期需要支付的现金或者现金等价物的金额计量。

2. 重置成本

重置成本又称为现时成本，是指按照当前市场条件，企业在本期重新取得同样资产所需支付的现金或者现金等价物。在重置成本计量下，资产按照现在购买相同或者相似资产所需支付的现金或者现金等价物的金额计量。负债按照现在偿付该项债务所需支付的现金或者现金等价物的金额计量。

3. 可变现净值

可变现净值是指在正常生产经营过程中，企业的全部资产和负债按照卖方市场价格为依据进行变现的价值。在可变现净值计量下，资产按照其正常对外销售所能收到的现金或者现金等价物的金额扣减该资产至完工时估计将要发生的成本、估计的销售费用以及相关税费后的金额计量。

4. 现值

现值是指企业预期通过使用其所持有的资产将要收到或者偿还负债将要流出的现金流量以恰当的折现率进行折现后的价值，是考虑货币时间价值因素的一种计量属性。在现值计量下，资产按照预计从其持续使用和最终处置中所产生的未来净现金流入量的折现金额计量。负债按照预计期限内需要偿还的未来净现金流出量的折现金额计量。

5. 公允价值

公允价值是指在公平交易中熟悉情况的交易双方自愿进行资产交换或者债务清偿的金额。公允价值有三个特点：一是公允价值计量是建立在未实现的交易基础之上的，是意图进行交易的双方的虚拟交易；二是公允价值不是现实交易的交换价格，而是未实现交易的市场价格；三是公允价值是在自愿的交易双方之间达成的，不是强迫的。因此，在公允价值计量下，资产和负债按照在公平交易中，熟悉情况的交易双方自愿进行资产交换或者债务清偿的金额计量。

三、会计确认与会计计量的基础

企业生产经营活动在时间上是持续不断的，不断地取得收入，不断地发生各种成本、费用，将收入和相关的费用相配比，就可以计算和确定企业生产经营活动所产生的利润（或亏损）。由于企业生产经营活动是连续的，而会计期间是人为划分的，因此在企业经济活动中，经济业务事项的发生时间往往与相关货币收支时间并不完全一致，难免有一部分收入和费用出现收支期间和应归属期间不相一致的情况。例如，企业 1 月份向客户收取了货款并存入银行，而到 3 月份才向客户发出商品并办妥相关商品的销售手续；又如，企业 6 月份用银行存款支付了下半年的报纸、杂志订阅费，但到 7 月份才开始按月确认应由每月承担的支出并办理相关入账手续。因此，对诸如以上经济业务事项所涉及的收入和费用的确认，会计上有两种核算基础：一种是权责发生制，另一种是收付实现制。

（一）权责发生制

权责发生制又称为应收应付制，它是按照权利和责任是否转移或发生来确认收入和费用归属期间的制度。为了真实、公允地反映特定会计期间的财务状况和经营成果，按照《企业会计准则——基本准则》的规定，企业在会计确认、计量和报告中应当以权责发生制为基础。根据权责发生制的要求，凡是当期已经实现的收入和已经发生或应当负担的费用，无论款项是否收付，都应当作为当期的收入和费用计入利润表；凡是不属于当期的收入和费用，即使款项已在当期收付，也不能作为当期收入和费用加以确认。

如在上例中，企业虽然 1 月份就收妥了客户的购货款，但到 3 月份才将商品发出并办妥销售手续。表明企业收到货款时，商品的所有权以及与所有权相联系的商品管理责任并未转移给客户，其销售行为并未实现，按权责发生制要求，企业在 1 月份不能确认收入；到 3 月份，企业已将商品发向客户，商品的所有权以及与所有权相联系的商品管理责任已经转移给了客户，商品的销售行为已经实现，此时，按照权责发生制的要求，应当确认收入。又如，企业 6 月份就已支付了下半年的报纸、杂志费，但其受益期为 7~12 月份。因此，按照权责发生制要求，6 月份不能确认支出，而应从 7 月份开始，才能按受益期每月确认其支出。

权责发生制的会计核算基础，属于财务会计的基本问题，它贯穿于企业会计准则体系的全过程，在企业会计核算中发挥了统驭作用。而且对事业单位中的经营活动，也可采用权责发生制作为会计核算的基础。

（二）收付实现制

收付实现制又称为现收现付制，它是以实际收到或支付款项为依据，进而确认收入和费用归属期间的制度。比如上例中，企业虽然到3月份才将商品发出并办妥销售手续，但企业1月份就收妥了客户的购货款，按照收付实现制的要求，企业应在1月份确认、计量和记录其销售收入。又如，企业6月份发生的报纸、杂志费，虽然其受益期为7~12月份，但按照收付实现制的要求，应当在6月份确认、计量和记录其支出。

收付实现制是与权责发生制相对应的一种会计基础，目前，在我国，行政单位会计采用收付实现制作为会计核算的基础，事业单位会计除经营业务可以采用权责发生制外，其他大部分业务应当采用收付实现制作为会计核算的基础。

第五节　会计基本方法

一、会计方法

会计方法是指核算和监督会计对象，发挥会计职能，实现会计目标的手段。广义的会计方法通常包括会计核算方法、会计分析方法、会计检查方法、会计预测方法、会计决策方法及会计控制方法等。

会计核算方法，是对会计要素进行确认、计量、记录和报告所采用的方法。一般包括设置账户、复式记账、填制凭证、登记账簿、成本计算、财产清查和编制报表等专门方法。

会计分析方法，是在会计核算的基础上，结合调查研究，对企业资金运动及其结果进行考核、分析和评价的方法。主要包括比较分析法、因素分析法、差额分析法和比率分析法。

会计检查方法，是利用会计核算资料，对企业经济活动的合法性和合理性，以及会计信息的完整性和正确性等方面进行检查的方法。一般包括核对法、审阅法、分析法等。

会计预测方法，是利用会计信息和其他有关信息，对未来的资金运动进行科学预测所运用的方法。预测方法有两种：一种是定性预测法，如专家意见法；另一种是定量预测法，主要是利用数学模型来预测，如因果预测法、趋势预测法等。

会计决策方法，是指会计为达到特定的目标，从若干备选方案中进行择优所运用的方法。如本—量—利法、差量法、投资回收期法、净现值法和内含报酬率法等。

会计控制方法，是指通过会计工作，使企业的经济活动和资金运动按既定的轨道运行所采用的方法。按控制的方式不同，可分为事前控制法、事中控制法和事后控制法；按控制的标准不同，又可分为制度控制法、定额控制法、预算控制法、责任控制法、程序控制法等。

狭义的会计方法仅指会计核算方法。下面将予以具体介绍。

二、会计核算方法

会计核算方法是在会计核算基本假设的基础上，根据会计核算的一般原则，对会计对象的具体内容进行连续、系统、全面和综合反映的一系列专门方法。包括设置会计科目和账户、复式记账、填制和审核凭证、登记账簿、成本计算、财产清查和编制会计报表。

（一）设置会计科目和账户

设置科目和账户是对会计对象的具体内容进行分类核算的一种专门方法。会计对象的具体内容纷繁复杂，有了会计科目和账户，就可以有序地、分类地将反映企业资金运动的各项经济业务的数据记入账户，从而分门别类地取得各种数据和信息，以供信息使用者之需。

（二）复式记账

复式记账是指对每一项经济交易或事项都要以相等的金额在两个或两个以上相互关联的账户中进行登记的一种记账方法。复式记账法不仅能全面记录和反映所有经济业务的来龙去脉，而且还能通过账户之间的平衡关系，检查有关业务的记录是否正确。

（三）填制和审核凭证

填制和审核凭证是为会计记录提供真实的原始资料，明确经济责任，保证账簿记录准确、完整的一种会计核算的专门方法，同时也是审核和检查交易、事项发生的真实性、合法性及合理性的方法。因此，填制和审核会计凭证是保证会计核算质量以及实行会计监督的重要手段。

（四）登记账簿

登记账簿也称为记账，它是以会计凭证为依据，将企业一定时期发生的交易或事项连续、系统、分门别类地登记到账簿中的一种会计核算方法。登记账簿必须以审核无误的凭证为依据，并定期进行对账和结账，使零星分散在凭证中的会计信息得以汇总，为编制会计报表提供完整、准确的会计数据。

（五）成本计算

成本计算是指在会计核算中对生产经营过程中所发生的生产费用，按照一定成本对象进行归集和分配，并计算总成本和单位成本。成本计算有一整套归集、分配费用计算成本的方法。通过成本计算既可以为计算企业盈亏提供条件，还可以为监督、检查成本的合理性提供依据，因而，它也是会计监督的重要手段。

（六）财产清查

财产清查是指通过盘点实物、核对账目，查明各项财产物资和资金的实有数，以保证账实相符的一种会计核算方法。通过财产清查，可以加强会计记录的真实性，检查账实相符情况。在财产清查中若发现账实不符，应分析原因，明确责任，并作相应的账务处理，使之达到账实相符。因而，财产清查有助于保证会计记录的真实、客观和各项财产物资的安全、完整。

（七）编制会计报表

编制会计报表是根据会计账簿记录，按照一定的格式，向会计信息使用者定期综合反映其财务状况、经营成果和现金流量的一种会计核算方法。会计报表是会计工作的最终成果，编制会计报表既是对企业日常会计核算资料的总结，又是分析、考核计划或预算执行情况的重要手段。

就会计核算的工作过程来说，主要体现为三个环节：填制和审核凭证、登记账簿、编制会计报表。为完成这三个环节的工作，就必须要借助于其他的会计核算方法。所以，上述会计核算的各种方法相互联系、密切配合，形成了一个完整的方法体系。各种核算方法之间的关系如图 1.2 所示。

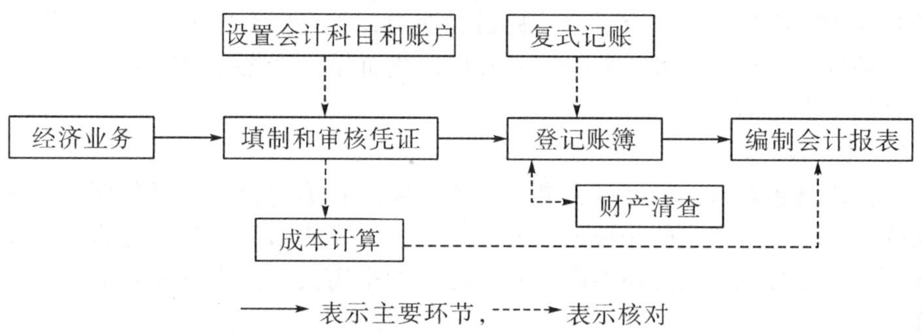

图 1.2　各种会计核算方法之间关系示意图

本章小结

本章主要介绍了会计的含义、会计的职能和目标、会计对象及会计要素、会计核算的基本前提、会计核算的基础和会计核算的一般原则，以及会计核算方法等会计学的一些基本理论问题。

会计起源于生产实践。它是以货币为主要量单位，采用一系列专门方法对企业、行政事业单位的经济活动进行连续、系统、全面和综合的核算和监督，并向信息使用者提供决策有用信息的一项经济管理活动。随着经济的发展，会计的职能不断分化和拓展，除核算和监督两个基本职能外，预测、决策、控制和分析也逐渐成为会计的重要职能。会计目标是向会计信息的使用者提供决策有用的信息并反映企业管理层受托责任的履行情况。

会计的对象是指会计所要反映和监督的内容，即社会再生产过程的资金运动。会计要素是会计对象的具体化，包括资产、负债、所有者权益、收入、费用和利润六大要素。会计要素在数量上的关系可用会计等式来描述。“资产=负债+所有者权益”是静态的会计等式，也是基本的会计等式，“收入-费用=利润”是动态的会计等式，“资产+费用=负债+所有者权益+收入”是扩展的会计等式。经济业务的发生，不会破坏会计等式的平衡关系，所以会计等式又叫会计方程式或会计恒等式。

会计核算的基本前提又称为会计假设，具体包括会计主体、持续经营、会计期间、货币计量。会计核算的基础有权责发生制和收付实现制。权责发生制是以权利和责任是否转移或发生来确认收入和费用的归属期间；而收付实现制则以实际收到或支付款项为依据来确认收入和费用的归属期间。企业在会计确认、计量和报告中以权责发生制为基础，行政单位会计以收付实现制为基础，事业单位会计除经营业务可以采用权责发生制外，其他大部分业务以收付实现制为基础。为了保证会计信息的质量，会计核算应当遵循客观性原则、相关性原则、明晰性原则、可比性原则、实质重于形式原则、重要性原则、谨慎性原则和及时性原则。

会计方法是指核算和监督会计对象，发挥会计职能，实现会计目标的手段，通常包括会计核算方法、会计分析方法、会计检查方法、会计预测方法、会计决策方法及会计控制方法等。会计核算方法包括设置会计科目和账户、复式记账、填制和审核会计凭证、登记账簿、成本计算、财产清查、编制会计报表七种专门方法。各种方法相互联系、密切配合，构成一个完整的方法体系。

思考题

1. 关于会计的定义有哪几种主要观点？你认为哪一种观点比较恰当？根据你的理解对会计下一个定义。

2. 会计的职能有哪些？会计的目标是什么？

4. 什么是会计要素？它按性质可分为哪几类？

5. 会计对象与会计要素之间有什么联系？

6. 分别说明各会计要素的特点及其分类，各会计要素确认的条件是什么。

7. 会计等式对会计核算有什么意义？

8. 会计方法体系由哪些会计方法组成？会计核算有哪些专门方法？它们之间有什么联系？

9. 会计核算的基本前提的内容和意义是什么？

10. 什么是收付实现制、权责发生制？

练习题

1. 某企业 2017 年 10 月 1 日资产、负债、所有者权益的资料如下表所示。

资产、负债、所有者权益

资产项目	金额（元）	负债与所有者权益项目	金额（元）
库存现金	500	短期借款	25 000
银行存款	60 000	应付账款	10 000
应收账款	15 000	应交税费	1 000
原材料	10 000	实收资本	180 000
产成品	25 000	盈余公积	50 000
生产成本	5 500		
固定资产	150 000		
合　计	266 000	合　计	266 000

2. 10 月份发生下列经济业务：

（1）购入原材料一批，计 2 500 元，已验收入库，但货款未付。

（2）从银行提取现金 1 500 元。

（3）以银行存款上缴税费 1 000 元。

（4）收到应收账款 15 000 元存入银行。

（5）收到甲投资者以一台全新设备投资，价值 60 000 元。

（6）生产车间领用原材料 4 000 元。

（7）向银行借入短期借款直接偿还应付账款 10 000 元。

（8）以银行存款偿还银行短期借款 15 000 元。

（9）以银行存款购买原材料 9 000 元，材料已验收入库。

3. 要求：计算上述经济业务发生引起有关项目的增减变动及结果，填在下表中，并说明经济业务的发生对会计等式的影响。

资产、负债、所有者权益明细表

资产项目	变动前金额	增加金额	减少金额	变动后金额	负债与所有者权益项目	变动前金额	增加金额	减少金额	变动后金额
合计					合计				

拓展阅读

会计计量属性按时间序列可以分为过去、现在和未来三种属性。历史成本是过去交易的代价，属于过去时态的计量属性；重置成本和公允价值是计量对象现在的现金等值，是现在时态的计量属性；可变现净值和现值是计量对象未来的现金流入或流出，是具有未来时态的计量属性。

从各种计量属性的关系上看，历史成本通常反映的是资产或负债过去的价值，而重置成本、可变现净值、现值和公允价值通常反映的是资产或负债的现时成本或现时价值，是与历史成本相对应的计量属性。当然，这种关系也并非绝对。比如，资产或负债的历史成本许多就是根据交易时有关资产或负债的公允价值确定的，在非货币性资产交换中，如果交换具有商业实质，且换入、换出资产的公允价值能够可靠计量，换入资产入账成本的确定应当以换出资产的公允价值为基础，除非有确凿证据表明换入资产的公允价值更加可靠。在非同一控制下的企业合并交易中，合并成本也是以购买方在购买日为取得对被购买方的控制权而付出的资产、发生或承担的负债等的公允价值确定的。另外，公允价值相对于历史成本而言，具有很强的时间概念，也就是说，当前环境下某项资产或负债的历史成本可能是过去环境下该项资产或负债的公允价值，而当前环境下某项资产或负债的公允价值也许就是未来环境下该项资产或负债的历史成本。

我国企业会计准则规定，企业在对会计要素进行计量时，一般应当采用历史成本，采用重置成本、可变现净值、现值、公允价值计量的，应当保证所确定的会计要素金额能够取得并可靠计量。在选用公允价值计量属性时，我国企业会计准则充分借鉴并考虑了国际财务报告准则中公允价值应用的三个级次，即：第一，资产或负债等存在活跃市场的，活跃市场中的报价应当用于确定其公允价值；第二，不存在活跃市场的，参考熟悉情况并自愿交易的各方最近进行的市场交易价格或参照实质上相同或相似的其他资产或负债等的市场价格确定其公允价值；第三，不存在活跃市场，且不满足上述两个条件的，应当采用估值技术等确定其公允价值。

第二章　账户与复式记账

学习目标

同学们通过本章的学习，应掌握会计科目和会计账户的概念及分类，以及会计账户的结构与特点；掌握会计科目与会计账户的关系；掌握复式记账原理和借贷记账法的基本内容；掌握会计分录编写要求，以及总分类账户和明细分类账户平行登记的要点。

重点和难点

掌握会计科目与会计账户分类，复式记账的含义与特点；掌握借贷记账法下账户的基本结构、试算平衡方法；学会正确编制会计分录，总分类账户和明细分类账户的平行登记方法。

案例导入

雪虹是国内某财经大学学生，2017 年 8 月 1 日到一生产企业进行暑期实习。当天，企业发生以下 2 项经济业务。一是企业购入新机器 5 台，共计 50 万元，设备已安装完毕交付车间使用，价款已开支票付讫；二是收到投资人 100 万元投资款，存入银行。显然，会计对该企业上述业务的核算必须根据会计科目开设相应的账户，如 5 台机器设备记入“固定资产”账户；支付的 50 万元货款记入“银行存款”账户；收到投资人的 100 万元投资款记入“实收资本”账户。并且要采用专门的记账方法即复式记账方法对经济业务所涉及的各种会计要素的增加、减少情况进行记录和反映。

【思考】

作为会计初学者，需要思考：对企业发生的每一项经济业务，会计只在一个账户中进行单式记账，还是要在两个或以上相互联系的账户中进行记录？这是本章账户与复式记账方法的重点内容。本章也是基础会计课程的核心内容。

会计科目是对会计要素的具体内容进行分类核算的项目。对企业发生的各项经济业务进行正确核算，需要设置账户。账户是根据会计科目开设的，具有一定的结构和格式，用以分类、系统、连续地记录和反映会计要素的增减变动及其结果。企业对会计要素进行记录和反映，还需要采用一定的记账方法。从单式记账法到复式记账法是会计发展史上的一个里程碑，而借贷记账法又是复式记账法中最科学、运用最广泛的一种方法。

第一节　会计科目与账户

一、会计科目

在第一章中我们已经说明，会计是一种管理活动，其反映和监督的内容是社会再生产过程中能够以货币表现的各种资金运动。这些资金运动是多种多样的，更是错综复杂，既包括资金进入企业，资金退出企业，同时也包括资金在企业内部的循环与周转。为了便于会计的反映与监督，我们将会计对象内容进行了简单的分类，划分出了资产、负债、所有者权益、收入、费用和利润六大会计要素，这是对会计对象的基本分类。会计要素的划分将会计对象具体化了，但它们只能概括地反映经济活动的过程和结果，不能有针对性地反映企业的经营状况。例如，企业的仓库、机器设备、原材料虽然同属于“资产”这一会计要素，但它们的经济内容是不同的。所以，为了更好地满足会计核算的需要，也为了向国家财税机关、投资者、债权人等有关方面提供更加详尽的会计信息和科学的核算指标，必须对会计的六大要素再进行具体的分类，这种分类是通过设置会计科目进行的。

（一）会计科目的意义

在会计核算系统不断地搜集、输入、加工、转换、输出会计信息的过程中，不能回避信息分类的问题。从管理学的角度来看，分类是管理的基础，或者说分类是管理的一种形式。会计科目是对会计要素的具体内容进行分类核算的标志或项目。设置会计科目是对会计要素的具体内容进行科学分类的一种专门方法。

在企业进行生产经营活动的过程中，会计要素的具体内容必定会发生数量、金额上的增减变动。例如用银行存款购进原材料，在原材料增加的同时，企业的银行存款减少了，使得资产的具体构成发生了变化；用银行存款偿还前欠的应付账款，在应付账款减少的同时，银行存款也得到了等额的减少，使得资产和负债的构成均发生了变化，等等。企业的经济活动纷繁复杂，它所引起的各个会计要素的内部构成以及各个会计要素之间的增减变化也错综复杂，并表现为不同的形式。有些业务可能多次简单重复，有些业务的发生很有规律；有些业务会引起会计恒等式两边同时等额地发生变动，而有些业务则只是在某一会计要素内部构成中引起增减变动。为了对会计要素的具体内容进行核算和监督，就需要根据各自不同的特点，分门别类地确定项目，即设置会计科目。由于会计要素的经济内容不尽相同，在经济管理中当然会有不同的要求，在会计核算中除了要按照各会计要素的不同特点外，还应该根据经济管理的要求进行分类别、分项目核算。

在设置会计科目时，需要将会计对象中具体内容相同的归为一类，设立一个会计科目，凡是具备这类信息特征的经济业务，都应该在这个科目项下进行核算。如前面提到的各种资产，根据资产这一会计要素的特征以及经济管理的要求，可以设置“库存现金”“银行存款”“原材料”“固定资产”“无形资产”等不同的会计科目，这样才能够对资产这一会计要素的具体内容进行核算。设置会计科目时，还要为每一具体的类别规定一个科目名称，并且限定在该科目名称下包括的内容。例如，企业的货币资金是一种资产，但是因它的收付方式以及保管方式不一样，因此可以将其划分为库存现金和银行存款两个类别，相应地也设置两个会计科目，其中“库存现金”科目核算企业的库存现金的收付与结存情况，而“银行存款”科目核算企业存放在银行的款项的存入、支取及结存情况。再如，企业占用的应付其他单位的购料款和从银行借入的一年期以下的借款，虽然同属于负债，但它们的来源和经济性质是不同的，前者是一种商业信用，而后者是以借款协议为前提的借贷行为，所以，分别设置“应付账款”和“短期借款”两个会计科目进行反映。由此可见，会计科目是对会计要素具体内容分类的标志，在每一个会计科目名称下，都要有明确的含义和核算范围的规定。通过设置会计科目，企业可以对纷繁复杂、性质和内容不同的经济业务进行科学的分类，可以将复杂的经济信息变成有规律的、易识别的经济信息，并为其转换为会计信息准备条件。同时，设置会计科目能使编制、整理会计凭证和设置账簿及编制会计报表有所依据，并能提供全面的、统一的会计信息，便于投资者，债权人以及其他会计信息使用者掌握和分析企业的财务状况、经营成果和现金流量。

设置会计科目是会计核算的重要方法，具有十分重要的意义。具体概括如下：

第一，通过设置会计科目，可以按照会计科目所包含的经济内容，对发生的经济业务进行及时的记录，将各项会计要素的增减变化，分门别类地反映在账面上，区分出经济业务发生后，引起了会计要素中哪些项目的增减变化，增减变化的合理性合法性如何。通过对这些项目的归集，就可以详细地为微观经济和宏观经济提供一系列具体分类的数据指标。

第二，设置会计科目也可以全面地、系统地反映会计要素在一定时期内的综合变化。会计科目在提供一定时期内会计要素中各个项目的详尽资料的同时，通过对这些资料的归类、汇总也可以系统地、全面地反映出会计要素在这一时期内综合的变化情况，这样更有利于深层次地分析、考核和控制会计主体在一定时期内的经济活动状况及结果。

第三，会计科目的设置，也是会计核算的基本依据。任何单位会计的日常账务处理（包括账户的开设、会计凭证的填制、会计账簿的设置、会计报表的编制等）均要运用会计科目，会计科目的运用贯穿于会计核算的全过程，具有举足轻重的作用。为了全面、系统、分类地核算和监督企业经济业务的发生及结果，以及由此引起的各项会计要素的增减变化及结果，各单位都应合理地设置会计科目。

（二）设置会计科目的原则

由于各单位的经济业务性质、经营目标、规模水平、业务繁简及组织机构存在一定的差异，因而，为了更好地发挥会计科目在会计核算中的作用，任何一个会计主体都必须充分考虑各种客观条件，设置一套适合自身特点的会计科目。为了提供科学、完整、系统的会计信息，各会计主体在设置会计科目时应遵循以下基本原则：

1. 设置会计科目必须结合会计要素的具体内容和特点

不同的会计主体，特别是不同行业的会计主体，其经济活动和经济业务的内容千差万别，会计要素的具体项目也各不相同，会计主体应根据自身经济活动和经济业务的内容和特点，设置会计科目。例如，制造企业的经济活动包括供应过程、生产过程、销售过程三个环节，因此需要设置反映供应过程的会计科目，如“原材料”“在途物资”等；设置反映生产过程的会计科目，如“生产成本”“制造费用”等；设置反映销售过程的会计科目，如“主营业务收入”“主营业务成本”等。而商品流通企业的经济活动是组织商品流通，需要设置“商品进销差价”等会计科目。行政事业单位是完成国家特殊任务的单位，应根据其业务特点设置“拨入经费”“经费支出”等会计科目。此外，不同的会计主体，由于其规模大小、业务繁简不同，设置会计科目时也应予以考虑。

会计科目的设置应能全面、系统地反映企业的会计要素。就某个会计科目而言，应能分门别类地反映各会计要素的某一个方面，即应做到所设置的会计科目能够明确而不是含糊不清地反映不同会计科目间的区别，以便于对它们进行可靠的计量，也就是说每个会计科目都应具备独特的内容，能独立地说明会计要素的某一方面。就会计科目的整体而言，所有会计科目应能系统、全面地反映会计要素。

2. 设置会计科目必须满足会计信息使用者各方面的需要

企业提供的会计信息应当与财务会计报告使用者的经济决策需要相关，有助于财务会计报告使用者对企业过去、现在或者未来的情况做出评价或者预测。财务会计报告使用者包括投资者、债权人、政府及其有关部门和社会公众。因此，会计科目的设置，在满足国家宏观经济管理的要求的同时，还应着重满足会计主体自身经济管理以及投资者进行投资决策和债权人进行资金借贷等各方面的需求。

3. 设置会计科目要将统一性和灵活性结合起来

由于企业的经济业务千差万别，在分类核算会计要素增减变动时，需要将统一性和灵活性结合起来。所谓统一性，就是指在设置会计科目时，要根据《企业会计准则——应用指南》的要求，对主要会计科目的设置进行统一规定，对核算指标的计算标准、口径都要统一。所谓灵活性，就是指在能够提供统一核算指标的前提下，各个单位可根据自己的具体情况，在不影响会计核算要求、会计指标汇总以及对外提供统一的会计报表的情况下，自行增设、减少或合并某些会计科目。只有坚持统一性和灵活性相结合，才能使会计信息具有相关性和可比性。

4. 设置会计科目要简明适用并相对稳定

为了将不同会计期间的会计资料进行分析比较，会计科目一经确定，就应保持相对稳定，不要随意变动。所谓相对稳定，是指会计科目一般情况下是不应变动的，不能经常变动会计科目的名称、内容，数量等。但是，当社会经济环境发生较大变化，需要进行会计改革或者企业发生合并、转产等情况时，会计科目必然随之发生更新或调整。

5. 设置会计科目要含义确切、通俗易懂

会计科目作为分类核算的标识，要求简单明确，字义相符，这样才能避免误解和混乱。简单明确是指会计科目的名称应当根据经济业务的特点尽可能简洁明了；通俗易懂是指会计科目的名称要尽量采用在经济生活中习惯使用的名称，尽量避免使用晦涩难懂的文字，便于大多数人正确理解，以避免出现不必要的误解。

总之，会计科目是企业会计核算方法体系的重要组成部分，在设置时遵循的原则有很多。既要注意宏观控制的需要，又要注意微观管理的要求；既要满足系统地、全面地记录经济业务的需要，又要适应综合反映、对外报告的需求；同时还要注意详略得当、稳定与弹性相统一。

（三）会计科目的分类

为了正确使用会计科目，应按一定的标准对会计科目进行分类。会计科目的分类方法通常有以下两种：

1. 按照所核算的经济内容分类

每个会计科目所核算的经济内容是不同的。会计科目按会计对象所反映的经济内容不同，可分为资产类科目、负债类科目、共同类科目、所有者权益类科目、成本类科目和损益类科目。

（1）资产类会计科目

资产类会计科目是指用于核算资产增减变化，提供资产类项目会计信息的会计科目。按照资产的流动性，资产类会计科目又可以分为两类：

①反映流动资产的会计科目。按流动资产类别又可细分为反映货币资金的会计科目，如“库存现金”“银行存款”等科目；反映存货的科目，如“原材料”“库存商品”等科目；反映债权的科目，如“应收账款”“其他应收款”等科目。

②反映长期资产（非流动资产）的会计科目，如“长期股权投资”“固定资产”“无形资产”等科目。

（2）负债类会计科目

负债类会计科目是指用于核算负债增减变化，提供负债类项目会计信息的会计科目。按照债务偿还期限的长短，负债类会计科目可分为两类：

①反映流动负债的会计科目，如“短期借款”“应付账款”“应交税费”等科目。

②反映长期负债的会计科目，如“长期借款”“应付债券”等科目。

（3）共同类会计科目

共同类会计科目是指既可核算资产增减变化，也可核算负债增减变化的，可提供资产和负债两个项目双重会计信息的会计科目。具体包括“清算资金往来”“货币兑换”“衍生工具”“套期工具”“被套期项目”等科目。

（4）所有者权益类会计科目

所有者权益类会计科目是指用于核算所有者权益增减变化，提供所有者权益有关项目会计信息的会计科目。具体包括“实收资本”“资本公积”“盈余公积”“本年利润”“利润分配”等科目。

（5）成本类会计科目

成本类会计科目是指用于核算成本的发生和归集情况，提供成本相关会计信息的会计科目。如反映制造成本的“生产成本”“制造费用”等科目。

（6）损益类会计科目

损益类会计科目是指用于核算收入、费用的发生或归集，提供一定期间损益相关项目会计信息的会计科目。包括收入和费用两类，其中收入类，如“主营业务收入”“其他业务收入”等科目；费用类，如“主营业务成本”“管理费用”“财务费用”，“销售费用”“营业外支出”等科目。

2. 按照提供核算指标的详细程度分类

会计科目按提供核算指标的详细程度，可分为总分类科目和明细分类科目。

（1）总分类科目

总分类科目亦称总账科目（简称总目）或一级科目，是对会计要素进行总括分类而设置的科目，它所提供的核算指标是企业各类经济业务的总括指标，也是开设总分类账户所依据的科目。例如，通过“固定资产”科目，可以了解某一时期企业所有固定资产的增加、减少和结存情况；通过“原材料”科目，可以了解在一定时期企业全部库存材料的购入、发出和结存的总括情况。

（2）明细分类科目

明细分类科目亦称明细科目，明细科目又可分为二级明细科目（简称子目或二级科目）和三级明细科目（简称细目或三级科目）。二级明细科目是对总账科目作进一步的分类，三级明细科目是对二级明细科目的分类。如“原材料”科目属于一级科目，下设“原料及主要材料”“辅助材料”“修理用备品备件”“其他”等二级明细科目，而在二级明细科目下再根据不同的品种、规格、型号分设三级明细科目。

总账科目的名称和核算的内容由财政部统一规定，而明细科目一般是企业在不违反统一会计核算要求前提下，根据自身经济业务的特点和经营管理的要求自行设计。在实际工作中，并不是所有的总分类科目都必须设置明细分类科目。例如，“累计折旧”“本年利润”等科目一般就不设明细科目。明细科目设置多少、叫什么名称等，都由企业自主决定。

总分类科目对明细分类科目起着统驭的作用，一般当我们提到某个明细科目时，总是要首先明确它是哪个总分类科目的明细科目。

会计科目应依照一定的标准排列，而且每个科目给予一个编号，每个编号至少包括两位数字，第一位数字表示类别，通常为会计要素的分类。如 1 代表资产类科目，2 代表负债类科目，3 代表共同类科目，4 代表所有者权益类科目，5 代表成本类科目，6 代表损益类科目。第二位数字则表示二级会计科目在这一类中的顺序，通常是分类科目中科目排列的次序，其中各科目之间应保留若干空号，以便适应企业将来发展增添新科目之用。会计科目的编号尤其适用于会计电算化的核算。

2006 年 11 月 6 日财政部颁布了《企业会计准则——应用指南》，并于 2007 年 1 月 1 日起在上市公司实施。现将其会计科目的名称及其编号列示如表 2.1。

表 2.1　　企业会计准则应用指南——会计科目

顺序号	编　号	会计科目名称
		一、资产类
1	1001	库存现金
2	1002	银行存款
3	1003	存放中央银行款项
4	1011	存放同业
5	1012	其他货币资金
6	1021	结算备付金
7	1031	存出保证金
8	1101	交易性金融资产
9	1111	买入返售金融资产
10	1121	应收票据
11	1122	应收账款
12	1123	预付账款
13	1131	应收股利
14	1132	应收利息
15	1201	应收代位追偿款
16	1211	应收分保账款
17	1212	应收分保合同准备金
18	1221	其他应收款
19	1231	坏账准备
20	1301	贴现资产
21	1302	拆出资金
22	1303	贷款
23	1304	贷款损失准备
24	1311	代理兑付证券
25	1321	代理业务资产
26	1401	材料采购
27	1402	在途物资

表2.1(续)

顺序号	编　号	会计科目名称
28	1403	原材料
29	1404	材料成本差异
30	1405	库存商品
31	1406	发出商品
32	1407	商品进销差价
33	1408	委托加工物资
34	1411	周转材料
35	1421	消耗性生物资产
36	1431	贵金属
37	1441	抵债资产
38	1451	损余物资
39	1461	融资租赁资产
40	1471	存货跌价准备
41	1501	持有至到期投资
42	1502	持有至到期投资减值准备
43	1503	可供出售金融资产
44	1511	长期股权投资
45	1512	长期股权投资减值准备
46	1521	投资性房地产
47	1531	长期应收款
48	1532	未实现融资收益
49	1541	存出资本保证金
50	1601	固定资产
51	1602	累计折旧
52	1603	固定资产减值准备
53	1604	在建工程
54	1605	工程物资
55	1606	固定资产清理
56	1611	未担保余值
57	1621	生产性生物资产
58	1622	生产性生物资产累计折旧
59	1623	公益性生物资产
60	1631	油气资产
61	1632	累计折耗
62	1701	无形资产
63	1702	累计摊销
64	1703	无形资产减值准备

表2.1(续)

顺序号	编　号	会计科目名称
65	1711	商誉
66	1801	长期待摊费用
67	1811	递延所得税资产
68	1821	独立账户资产
69	1901	待处理财产损溢
		二、负债类
70	2001	短期借款
71	2002	存入保证金
72	2003	拆入资金
73	2004	向中央银行借款
74	2011	吸收存款
75	2012	同业存放
76	2021	贴现负债
77	2101	交易性金融负债
78	2111	卖出回购金融资产款
79	2201	应付票据
80	2202	应付账款
81	2203	预收账款
82	2211	应付职工薪酬
83	2221	应交税费
84	2231	应付利息
85	2232	应付股利
86	2241	其他应付款
87	2251	应付保单红利
88	2261	应付分保账款
89	2311	代理买卖证券款
90	2312	代理承销证券款
91	2313	代理兑付证券款
92	2314	代理业务负债
93	2401	递延收益
94	2501	长期借款
95	2502	应付债券
96	Z601	未到期责任准备金
97	2602	保险责任准备金
98	2611	保户储金
99	2621	独立账户负债
100	2701	长期应付款

表2.1(续)

顺序号	编　号	会计科目名称
101	2702	未确认融资费用
102	2711	专项应付款
103	2801	预计负债
104	2901	递延所得税负债
		三、共同类
105	3001	清算资金往来
106	3002	货币兑换
107	3101	衍生工具
108	3201	套期工具
109	3202	被套期项目
		四、所有者权益类
110	4001	实收资本
111	4002	资本公积
112	4101	盈余公积
113	4102	一般风险准备
114	4103	本年利润
115	4104	利润分配
116	4201	库存股
		五、成本类
117	5001	生产成本
118	5101	制造费用
119	5201	劳务成本
120	5301	研发支出
121	5401	工程施工
122	5402	工程结算
123	5403	机械作业
		六、损益类
124	6001	主营业务收入
125	6011	利息收入
126	6021	手续费及佣金收入
127	6031	保费收入
128	6041	租赁收入
129	6051	其他业务收入
130	6061	汇兑损益
131	6101	公允价值变动损益
132	6111	投资收益
133	6201	摊回保险责任准备金

表2.1(续)

顺序号	编　号	会计科目名称
134	6202	摊回赔付支出
135	6203	摊回分保费用
136	6301	营业外收入
137	6401	主营业务成本
138	6402	其他业务成本
139	6403	税金及附加
140	6411	利息支出
141	6421	手续费及佣金支出
142	6501	提取未到期责任准备金
143	6502	提取保险责任准备金
144	6511	赔付支出
145	6521	保单红利支出
146	6531	退保金
147	6541	分出保费
148	6542	分保费用
149	6601	销售费用
150	6602	管理费用
151	6603	财务费用
152	6604	勘探费用
153	6701	资产减值损失
154	6711	营业外支出
155	680t	所得税费用
156	6901	以前年度损益调整

企业应当按照企业会计准则及其应用指南的规定，设置会计科目进行账务处理，在不违反统一规定的前提下，可以根据本企业的实际情况自行增设，分拆、合并会计科目。不存在的交易或者事项，可以不设置相关的会计科目。表2.1中的会计科目编号，供企业填制会计凭证、登记会计账簿、查阅会计账目、采用会计软件系统时参考，企业也可以根据本规定，结合本企业的实际情况自行确定会计科目编号。

本教材将按照《企业会计准则——应用指南》中规定的会计科目进行介绍。

二、会计账户

（一）会计账户的意义

经济业务的发生引起企业所拥有的资产和权益等会计要素的增减变动，而会计科目是对会计要素进行分类核算的项目或名称，仅有会计科目是不能进行具体的会计核算的。为了全面、序时、连续、系统地核算和监督会计要素的增减变动，必须设置会计账户。

会计账户是根据会计科目开设的，具有一定的结构和格式，用来分类、系统、连续地记录经济业务，反映会计要素增减变动及其结果的一种会计核算方法。设置会计账户是会计核算的一种专门方法。账户设置后，会计主体所发生的大量经济业务的信息，就可以随时分门别类地在账户中进行连续、系统的记录。然后，通过对这些信息的加工整理，就可以向有关方面提供他们所需要的会计信息。会计账户资料同样也是编制会计报表的基本依据。

会计账户与会计科目是两个既有联系又有区别的概念。

1. 两者的联系

（1）会计账户是根据会计科目设置的，会计科目是会计账户的名称。有什么样的会计科目，就要开设什么样的账户；会计科目规定了账户的核算内容，账户是根据会计科目来命名的。

（2）开设会计科目和会计账户的目的是一致的。开设会计科目和账户都是为了对经济业务进行分类、整理，以提供经营管理必需的会计信息。

（3）会计账户和会计科目的内容是相同的。会计账户和会计科目都是分门别类地反映某项经济内容，即两者所反映的经济内容是相同的。

2. 两者的区别

（1）特征不同。会计科目只是对经济内容进行分类的项目名称，其本身并不能记录经济业务的增减变化情况，仅仅是账户的名称。而账户除了有名称即会计科目外，还具有一定的格式、结构，具体表现为若干账页，是用来记录经济业务增减变动及其结果的载体。会计科目具有静态特征，而账户具有动态特征。例如，“应付账款”科目，只能反映企业尚未支付的购料款项，而“应付账款”账户则能完整地记录和反映这一项目在一定会计期间的增加、减少及结存情况。

（2）会计科目是会计核算前事先确定的对经济业务分类核算的项目；而账户则是经济业务发生之后，进行分类、连续登记的一种手段。

（二）账户的基本结构

账户作为一种记录经济业务的记账载体，要有一定的结构。账户的结构是指账户构成的具体形式。即账户作为记录会计信息的工具或载体，不但要有明确的核算内容，而且必须要有一定的结构。至于账户采取什么样的结构，这取决于账户记录的需要。账户只有具有结构才能正确地记录和反映各项经济业务所引起的会计要素的增减变动及其结果。一般来说，账户的结构应包括以下内容：

（1）账户的名称；

（2）日期和摘要，即经济业务发生的时间和内容；

（3）凭证号数，即账户记录的来源和依据；

（4）增加和减少的金额。

账户的结构见表 2.2。

表 2.2　　账户名称（会计科目）

日期	凭证号数	摘要	金额	日期	凭证号数	摘要	金额

经济业务的发生所引起的各会计要素的变动虽然错综复杂，但从数量上看，不外乎增加或减少两种情况，这也是会计账户所要记录的最基本的会计信息。因此，用来分类记录经济业务的账户，在结构上也相应地分为两个基本部分：一部分记增加数，另一部分记减少数。于是，账户的基本结构就分为左右两方，一方登记增加额，另一方登记减少额。至于账户左右两方的名称，以及用哪一方登记增加额，哪一方登记减少额，则取决于所采用的记账方法和各账户的性质。在教科书中通常采用被简化的格式，即“丁”字形账户来说明账户结构（见图 2.1）。这种“丁”字形账户，仅仅用来说明实际记账所用账户的轮廓。有些资料，比如日期和凭证号数、摘要一般予以省略。

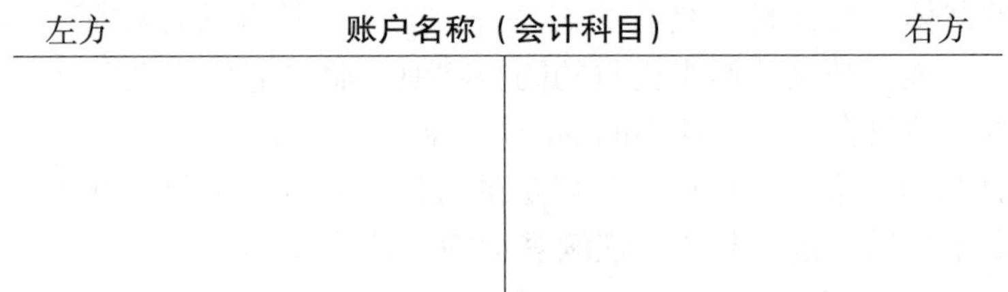

图 2.1　“丁”字形账户结构

由于会计核算上要求分期结账，所以，在账户中还应反映下列四项金额：期初余额、本期增加发生额、本期减少发生额和期末余额。期初余额反映的是每类经济业务的期初结存数，指上期的期末余额转入本期的余额；本期发生额是指每类经济业务的本期增加数合计和本期减少数合计。因此，本期发生额又可分为本期增加发生额和本期减少发生额。本期增加发生额是指在账户的“增加”栏内，一定时期（如月份、季度或年度）所记金额的合计数；本期减少发生额是指在账户的“减少”栏内，一定时期（如月份、季度或年度）所记金额的合计数。本期发生额是一个动态指标，它说明会计要素增减变化的情况。本期增加发生额减去本期减少发生额后的差额，称为账户的期末余额。期末余额是每类经济业务的期末结存数，余额是一个静态指标，说明会计要素在某一时日增减变动的结果。账户期末余额的计算公式如下：

期末余额 = 期初余额 + 本期增加额 - 本期减少额

在“丁”字形账户中，由于只有左、右两方，没有“余额”栏，所以，通常就把账户余额也记入账户的左方或右方。当账户的左方金额合计大于右方金额合计时，账户的余额属于“左方”大于“右方”的差（即与“左方”的方向相同），应将其账户余额记入账户的左方；反之，则应将其账户余额记入账户的右方。

（三）会计账户的分类

账户是根据会计科目开设的，有什么样的会计科目，就应开设什么样的账户。账户的基本分类与会计科目的分类是密切相关的。

如前所述，会计科目可以按照所反映的经济内容或所提供核算指标的详细程度等标志进行分类。同样，会计账户也可以按照这些标志来进行划分。

1. 按照所反映的经济内容分类

会计账户按照所反映的经济内容，可划分为资产类账户（如现金、固定资产、短期投资等）、负债类账户（如短期借款、应付账款等）、共同类账户（如清算资金往来、货币兑换等）、所有者权益类账户（如实收资本、资本公积、本年利润等）、成本类账户（如制造费用、生产成本等）和损益类账户（如主营业务收入、主营业务成本、管理费用、财务费用等）。

2. 按照所提供核算指标的详细程度分类

会计科目按所提供核算指标的详细程度分类，可分为总分类科目和明细分类科目两大类，据以开设的账户也相应地分为总分类账户和明细分类账户两大类。其中，明细分类账户又可根据它所依据的二、三级科目相应地分为二级账户和三级账户。

总分类账户通常简称总账账户。它是根据总分类科目开设的，用来进行总括核算的账户，一般只进行金额核算。通过它可以总括了解各项资产、负债及所有者权益变动情况和在一定时期的经营成果。但总分类账户不能提供较详细的会计资料，所以在设置总分类账户的同时，还要根据经济管理的需要，在总分类账户下，再设置明细分类账户进行明细分类核算。现以“原材料”总分类账户及其所属明细分类账户为例，列示如表 2. 3 所示。

表 2. 3　　　　总分类账户与明细分类账户

总分类账户（一级账户）	明细分类账户	
	明细账户（二级账户）	明细账户（三级账户）
原材料	原料及主要材料	圆钢
		碳钢
		角钢
	辅助材料	油漆
		润滑油
	燃料	汽油
		煤

按提供核算指标的详细程度，对账户进行分类的目的在于把握不同层次账户所

提供核算指标的规律性，便于准确地运用各级账户，提供全方位的核算指标，以满足经营管理的不同需要。

有关总分类账户和明细分类账户的具体登记，将在本章第三节中予以详细举例介绍。

3. 会计账户的其他分类方法

账户除按上述标准进行分类以外，还可以按其他标准分类，如按列入会计报表分类，按会计主体分类和按有无期末余额分类，等等。

会计账户按列入会计报表分类，可分为资产负债表账户和利润表账户。资产负债表账户是指账户所提供的资料是编制资产负债表的依据，包括资产账户、负债账户和所有者权益账户三类，分别与资产负债表中的这三类项目相对应。如果“生产成本”账户期末有余额，也应列入资产负债表。利润表账户是指账户所提供的资料是编制利润表的依据，包括收益类账户和费用类账户两类，这些账户是根据利润表的项目设置的。按列入会计报表对账户进行分类，目的在于通过这些账户的具体核算，为期末编制会计报表提供所需要的数据。

账户按会计主体分类，分为表内账户和表外账户。表内账户是指用来核算一个会计主体的资产、负债、所有者权益、收入、费用及经营成果的账户。前面列举的账户均为表内账户。表外账户是指用来核算不属于本会计主体的资产的账户，如采用经营租赁方式租入固定资产账户、代管商品物资账户等都是表外账户。账户按会计主体分类的目的在于严格划清会计核算和监督内容的空间界限，为本单位的经营管理者提供更多的资料。

账户按有无期末余额分类，可分为借方余额账户、贷方余额账户和期末无余额账户。借方余额账户是指账户的借方发生额表示增加，贷方发生额表示减少，期末余额一般在借方的账户。资产类账户一般都是借方余额账户。贷方余额账户是指账户的借方发生额表示减少，贷方发生额表示增加，期末余额一般在贷方的账户。负债类和所有者权益类账户的期末余额一般都在贷方。期末无余额账户是指期末结账时，将本期汇集的借（贷）方发生额，分别从贷（借）方转出，结转后期末没有余额的账户。收益类和费用类账户为期末没有余额的账户。通常将期末有余额的账户称为实账户，实账户的期末余额代表着企业的资产、负债或所有者权益；期末无余额的账户称为虚账户，虚账户的发生额反映企业的损益情况。账户按期末余额进行分类，目的在于把握账户期末余额代表的内容及期末结转的规律性，以便正确地组织会计核算。

研究账户的分类，是为了从相互联系的账户中探求其相互区别，认识设置和运用账户的规律性。账户分类标准是依据账户具有的一些特征确定的，每一个账户都带有若干特征。因此，每一个账户都可以按不同的标准加以分类。如“原材料”账户，从会计要素来看，它属于资产类账户，反映企业在生产经营过程中必不可少的流动资产；从用途和结构来看，它属于盘存账户（见第四章），反映企业实际的库存材料价值，而且是借方登记材料的增加额，贷方登记材料的减少额，余额在借方；从提供指标的详细程度来看，它属于总分类账户，总括地反映企业材料的增减变动及结存情况；从列入会计报表来看，它属于资产负债表账户，账户的期末余额应作为企业资产的一部分，列入资产负债表；从会计主体来看，它属于表内账户，代表着本企业可以控制或拥有的经济资源；从期末余额来看，它属于借方余额账户，反映库存材料的实际价值。总之，借助于账户的分类，可以揭示账户的特征，有利于加深对账户的认识。

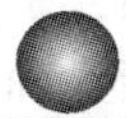

第二节　复式记账

一、记账方法

账户是记录分类数据的工具。由经济业务所产生的各种数据，必须分门别类地记录到各个根据会计科目所设置的账户中去，以便进一步地加工处理，生产出有用的会计信息。设置账户只解决了每一个分类数据如何记录的问题，而任何一项经济业务都不只产生一种数据资料，如何将这些数据记入有关账户，采用什么方式记录，则是由记账方法解决的。所以，要正确地记录经济业务，不仅要科学地设置账户，而且必须运用科学的记账方法。即在会计工作中，为了对会计要素进行核算与监督，在按一定原则设置了会计科目，并按会计科目开设了相应的账户之后，就需要采用一定的记账方法将会计要素的增减变动登记到账户中。

所谓记账方法，就是根据一定的原理、记账符号、记账规则，采用一定的计量单位，利用文字和数字记录经济业务活动的一种专门方法。

前已说明，价值运动是由具体的经济业务引起的，每一项经济业务（事项）都反映了价值运动的一个片断。从价值运动角度考察，任何一项经济业务都必然引起两个或两个以上会计要素项目的变化。正是这些变化的会计要素项目反映了价值运动的来龙去脉。举例说明如下：

［例 2.1］用现金 500 元支付办公费。

引起变化的会计要素项目是：现金减少 500 元，办公费增加 500 元。

［例 2.2］出售产品，价款 1 800 元，收到现金 800 元，其余 1 000 元购买人 A 暂欠。

引起变化的项目是：现金增加 800 元，产品销售收入增加 1 800 元，应收账款增加 1 000 元。

［例 2.3］收到购买人 A 前欠款现金 1 000 元。

引起变化的项目是：应收账款减少 1 000 元，现金增加 1 000 元。

［例 2.4］某产品生产领用原材料 11 000 元。

引起变化的项目是：生产成本增加 11 000 元，原材料减少 11 000 元。

记账方法所要解决的问题，正是如何将上述各项经济业务发生后所引起的会计要素项目增减变化的数据记录到有关账户中去。

从会计发展的历程看，记账方法经历了由单式记账方法到复式记账方法的发展演变过程。

（一）单式记账法

单式记账法是对发生经济业务之后所产生的会计要素增减变动，只在一个账户中进行单方面登记的方法。这种记账方法只对主要方面设置账户进行记录，而对次要方面不单设账户记录或只作备忘记录。如用现金 2 000 元购买原材料，只登记现金减少 2 000 元，而不登记原材料的增加。可见，单式记账方法的优点是记账过程简便易操作，但是这种记账方法使得各账户之间的记录没有直接联系，没有相互平衡的关系，因而其缺点在于不能全面、系统地反映经济业务的来龙去脉，不能正确核算企业的成本和盈亏，也不便于检查账户记录的正确性、真实性。所以，在人类社会进程中，单式记账只适应历史上不发达经济活动的需要。随着生产的发展，经济管理职能的深化和加强，这种记账方法现在已被淘汰。

（二）复式记账法

复式记账是相对于单式记账而言，是从单式记账法发展而来的。所谓复式记账法，是指对每一项经济业务所引起的资金运动，都要用相等的金额，同时在两个或两个以上相互联系的账户中进行登记的一种记账方法。如用现金 2 000 元购买原材料，既要登记现金账户减少 2 000 元，同时也要登记原材料账户增加 2 000 元。

为了说明这两种记账方法的区别，现将上面所举几例的记录方法予以对比，如表 2.4 所示。

表 2.4　　单式记账法与复式记账法的比较

经济业务	单式记账法	复式记账法
例 2.1	现金账户中记减 500 元	现金账户中记减 500 元，同时，在管理费（办公费）账户记增 500 元
例 2.2	现金账户记增 800 元（别人欠款应增 1 000 元，作备忘登记）	现金账户记增 800 元，应收账款账户记增 1 000 元，同时在销售收入账户中记增 1 800 元
例 2.3	现金账户记增 1 000 元（别人欠款应减 1 000 元作备忘录）	现金账户记增 1 000 元，同时在应收账款账户记减 1 000 元
例 2.4	不作记录	生产成本账户记增 11 000 元，同时在材料账户记减 11 000 元

与单式记账法相比，复式记账法有以下两个特点：①对每一项经济业务都要在两个或两个以上相互联系的账户中进行登记。根据账户记录，可以了解每一项经济业务的来龙去脉，当把全部经济业务都相互联系地登记入账之后，其记录就可以完整、系统地反映出经济活动的过程和结果；②复式记账法要求以相等的金额在两个或两个以上的账户中同时记账。这样，可以对账户记录的结果进行试算平衡，以检查账户记录的正确性。

在我国，会计记账采用的复式记账法主要有收付记账法、增减记账法和借贷记账法等。由于前两种方法存在一些本质的缺陷，目前已很少采用。借贷记账法是现代会计中最具代表性的一种科学的复式记账法，在世界各国得到了广泛的使用。为了同国际惯例保持一致，我国财政部发布的《企业会计准则——基本准则》第十一条规定：“企业应当采用借贷记账法记账。”到1993年7月1日，借贷记账法成为我国企事业单位统一使用的记账方法。

二、借贷记账法

借贷记账法以会计方程式（资产=负债+所有者权益）作为其建立的理论基础。会计方程式的理论基础作用主要表现在：第一，根据会计方程式的要求来判断经济业务怎样记账。为此，要求对每一项经济业务都应分析它引起了资产、负债、所有者权益等要素及其项目的什么变动，并分别设置账户来记录反映变化原因和结果的数据。第二，根据会计方程式来检验记账结果是否正确。既然是根据“资产=负债+所有者权益”的要求来记账的，当然，记账是否正确也就可以根据记账的结果是否符合这一公式所表明的相等关系来加以检验。

（一）借贷记账法的含义

借贷记账法是以复式记账原理为基础，以“借”“贷”为记账符号，按照“有借必有贷，借贷必相等”的记账规则，在两个或两个以上的相互关联的账户中记录每笔经济业务的一种复式记账方法。

借贷记账法最早出现于13世纪意大利的佛罗伦萨、威尼斯、热那亚等城市。当时，封建社会开始瓦解，资本主义开始萌芽，商品经济特别是地中海沿岸城市借贷活动的出现和日益活跃，为借贷记账法的产生创造了条件。在当时的银行账簿中将账户分成了借方和贷方，用以反映其与债权人和债务人关系的变化。“贷方”反映借贷资本的来龙——债权人的存款；“借方”反映借贷资本的去脉——债务人的借款，这是借贷记账法的最初形式。随着商品货币经济的发展，经济的内容日益复杂，记账的内容也逐步扩大到生产经营过程和经营损益等。在会计账簿中，不仅要记录银钱的借贷，还要记录财产物资的增减变化。这里，非银钱借贷业务，也要求用借贷记录，以求得账簿记录的统一。这样，借贷二字就逐渐地失去了原来的含义，转化为记账符号，变成了会计上的专门术语，用来反映资本的存在形态和所有权的增减变化。在此之后，借贷记账法得到了不断的发展，到15世纪逐步形成了比较完备的复式记账法。随着经济的发展，借贷记账法在世界范围内广泛传播并为世界各国普遍采用。19世纪，由于资本主义国家侵入中国，借贷记账法也随之传入我国，一些比较大的工商企业、银行以及政府机关开始采用这种记账方法，新中国成立以后不少行业继续沿用下来，到1993年7月1日，借贷记账法成为我国企事业单位统一使用的记账方法。

（二）借贷记账法的记账符号

任何一种记账方法都必须规定其记账符号。所谓记账符号，就是表示记账方向的记号。借贷记账法以“借”“贷”二字作为记账符号。借贷记账法中的“借”和“贷”最初是从借贷资本家的角度解释的。随着商品经济的发展，经济活动内容日趋复杂化，这种记账方法被商业资本家所采用，记账对象不再仅限于货币资金的借贷业务，而逐渐扩展到财产物资、经营损益和经营成本等的增减变化。这时“借”“贷”二字便无法概括所涉及的复杂的经济内容，于是便失去了其原来的字面含义，转化为一种单纯的记账符号，演变成了会计学上的专门术语。在这里"借""贷"既不能按其本来的意义去理解，也不能直接当作增加或减少。它们只是表示账户中两个固定部位，用以指明记入账户金额的方向，即"借方"或"贷方"，其具体含义需要根据账户的性质而定。

（三）借贷记账法下的账户结构

在借贷记账法下，账户分为借方和贷方，用来记录经济业务所引起的会计要素的增加和减少变化，并规定账户的左方为借方，账户的右方为贷方。至于究竟哪一方用来登记"增加"数额，哪一方用来登记"减少"数额，则要根据各个账户所反映的经济内容，即根据各个账户的基本性质来决定。

前面讲到，会计账户按照经济内容分为资产类账户、负债类账户、所有者权益类账户、成本类账户和损益类账户。从账户的基本性质来看，资产类账户与负债及所有者权益类账户是两种性质完全不同的账户，资产与负债及所有者权益在其平衡关系中又是相互对立的两个方面。成本费用类账户与收入类账户也是两种性质完全不同的账户。因此，在性质不同的账户中就应当用两个相反的方向来登记它们的增加额和减少额。这样，各类性质的账户就有不同的结构。

1. 资产类账户

资产类账户的结构是：账户的借方登记资产的增加数，贷方登记资产的减少数，余额一般在借方。

每个账户的借方和贷方在一个会计期间内（年、季、月）所登记的金额合计数，称为本期发生额。账户借方记录的金额合计数，称为借方本期发生额，贷方记录的金额合计数，称为贷方本期发生额。在每一会计期间的期末将借贷方发生额相比较，其差额即为每个账户的结存数称作期末余额。期末余额转到下一期就成为期初余额。例如，"原材料"账户，借方记录的增加额要大于（或等于）贷方记录的减少额，所以形成借方余额（或无余额）。账户的期初余额、借方本期发生额合计、贷方本期发生额合计和期末余额的数量关系如下：

资产类账户的期末余额=期初余额+本期借方发生额合计-本期贷方发生额合计

资产类账户的结构用"丁"字形账户列示如图 2.2 所示。

资产类账户

借方		贷方	
期初余额	×××		
(1)增加额	×××	(1)减少额	×××
(2)增加额	×××	(2)减少额	×××
本期发生额	×××	本期发生额	×××
期末余额	×××		

图 2.2　资产类账户结构

2. 负债及所有者权益类账户

由会计恒等式"资产=负债+所有者权益类"所决定，负债及所有者权益类账户的结构与资产类账户正好相反。负债及所有者权益类账户的结构是：贷方登记负债及所有者权益的增加额，借方登记负债及所有者权益的减少额，很明显贷方发生额要大于（或等于）借方发生额，期末余额一般在贷方。例如，“短期借款”账户，企业从银行取得借款时应记入贷方，偿还借款时应记入借方，期末余额在贷方，表示实际的借款数额。

负债及所有者权益类账户的期末余额计算公式如下：

期末余额=期初余额+本期贷方发生额-本期借方发生额

负债及所有者权益类账户的结构用“丁”字形账户表示，见图2.3。

负债及所有者权益类账户

借方	贷方
	期初余额　××× (1)增加额　××× (2)增加额　×××
(1)减少额　××× (2)减少额　×××	
本期发生额　×××	本期发生额　××× 期末余额　×××

图2.3　负债及所有者权益类账户结构

3. 费用、成本类账户

企业在生产经营中会有各种耗费，要发生一些成本费用。在费用成本抵销收入以前，可以将其看作一种资产，即可以把费用成本理解为瞬间的资产。因此，费用、成本类账户的结构与资产类账户的结构基本相同，账户的借方登记费用、成本的增加额，贷方登记费用、成本的减少额，或者说贷方登记费用、成本转入损益类账户（减少）的数额，但由于借方登记的费用、成本的增加数额在期末一般都要通过贷方转出，所以账户通常没有期末余额。如果因某种情况有余额，也表现为借方余额。例如，成本类账户中的“生产成本”账户，一般有期末余额，余额在借方，表示期末在产品的生产成本。

成本、费用类账户的结构用“丁”字形账户表示，见图2.4。

费用、成本类账户

借方	贷方
(1)增加额　××× (2)增加额　×××	减少或转出额　×××
本期发生额　×××	本期发生额　×××

图2.4　费用、成本类账户结构

4. 收入类账户

企业在一定时期取得的收入是形成利润的主要来源，因而取得收入可以视同为所有者权益增加。所以，收入类账户的结构与负债及所有者权益类账户的结构基本相同，账户贷方登记收入的增加额，借方登记收入的转出或减少额。但由于贷方记录的收入增加数额，期末一般要通过借方转出，所以收入类账户通常期末无余额。

收入类账户的结构用“丁”字形账户表示，见图 2.5。

收入类账户

借方	贷方
减少或转出额 ×××	(1)增加额 ××× (2)增加额 ×××
本期发生额 ×××	本期发生额 ×××

图 2.5 收入类账户结构

综上可以看出，“借”“贷”二字作为记账符号，所表示的经济含义是不一样的。“借”字表示资产的增加，费用、成本的增加，负债及所有者权益的减少，收入的转出。“贷”字表示资产的减少，费用、成本的转出，负债及所有者权益的增加，收入的增加。

“借”“贷”作为记账符号，代表着账户记录的方向。一般来说，各类不同性质的账户的期末余额与记录增加额的方向都在同一方向，即资产类账户的期末余额一般在借方，负债及所有者权益类账户的期末余额一般在贷方。因此，根据账户余额所在的方向来判断账户性质，成为借贷记账法的一个重要特点。

为方便了解所有账户的借贷两方所反映的经济内容，现将各类账户的结构进行概括，如表 2.5 所示。

表 2.5 **借贷记账法下各类账户结构**

账户类型	借方	贷方	余额方向
资产类	增加	减少	借方
负债类	减少	增加	贷方
所有者权益类	减少	增加	贷方
收入类	减少（转出）	增加	一般无余额
费用、成本类	增加	减少（或转出）	一般无余额（如有在借方）

（四）借贷记账法的记账规则

要将经济业务全面、准确地记入有关账户，必须正确掌握记账方法所特有的记账规则，按记账规则记账。借贷记账法的记账规则是“有借必有贷，借贷必相等”。“有借必有贷”是指对每一项经济业务都要按借贷相反的方向，在两个或两个以上相互联系的账户中进行登记。具体地说，如果在一个账户中记借方，必须同时在另一个或几个账户中记贷方；或者在一个账户中记贷方，必须同时在另一个或几个账户中记借方。这是因为任何一项经济业务的发生，都将引起一个账户的借方和另一个账户的贷方发生变化。“借贷必相等”是指任何一项经济业务都必须以相等的金额，在两个或两个以上相互联系的账户中进行登记，记入借方账户的总额与记入贷方账户的总额必须相等。这是因为同一笔经济业务的发生同时引起至少两个相互联系的账户发生变化，其金额必然相等，否则，会计方程式的平衡关系将被破坏。

采用借贷记账法登记经济业务时，一般应按下列步骤进行：

首先，根据经济业务的内容，确定它涉及哪些会计要素，以及这些会计要素项目是增加还是减少；是会计恒等式左边资产要素的变化，还是等式右边负债及所有者权益要素的变化；哪些要素增加，哪些要素减少，还是都增加，或是都减少，等等。

其次，确定应使用哪些账户，以及这些账户的金额是增加还是减少。

最后，根据账户借贷方结构的规定，确定各账户应借、应贷的方向及其金额。凡是涉及资产及费用、成本的增加，负债及所有者权益的减少，收入的减少或转销，都应该记入各自账户的借方；凡是涉及资产及费用、成本的减少、转出，负债及所有者权益的增加，收入的增加，都应该记入各自账户的贷方。

现举例说明借贷记账法的记账规则。

[例 2.5] 企业从银行借入为期 3 个月的短期借款 30 000 元，存入银行。

该笔经济业务涉及“银行存款”和“短期借款”两个账户。该业务的发生导致资产中的“银行存款”增加 30 000 元，资产增加记借方，因此应记入“银行存款”账户的借方；负债中的“短期借款”增加 30 000 元，负债增加记贷方，因此应记入“短期借款”账户的贷方。其登记结果如图 2.6 所示。

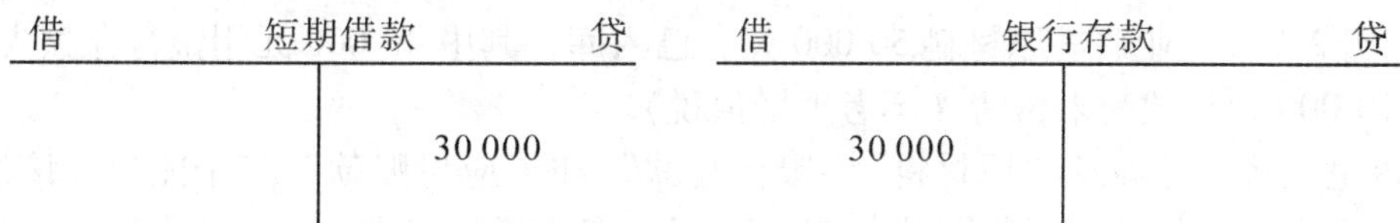

图 2.6 [例 2.5] 的登记结果

[例 2.6] 用银行存款偿还前欠甲公司的货款 10 000 元。

该笔经济业务涉及“银行存款”和“应付账款”两个账户。该业务的发生导致资产中的“银行存款”减少 10 000 元，资产减少记贷方，因此应记入“银行存款”账户的贷方；负债中的“应付账款”减少 10 000 元，负债减少记借方，因此应记入“应付账款”账户的借方。其登记结果如图 2.7 所示。

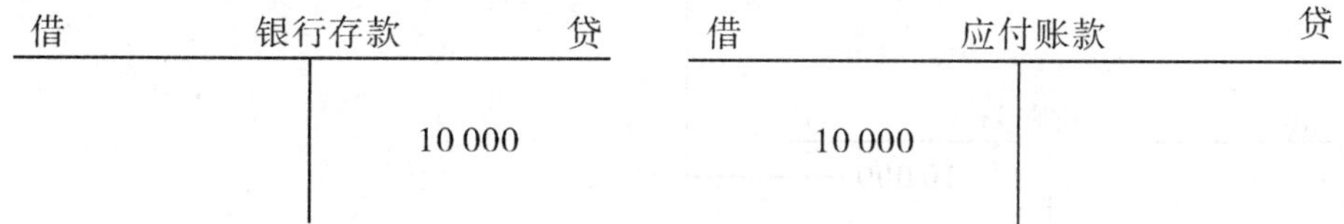

图 2.7 [例 2.6] 的登记结果

[例 2.7] 用银行存款购买原材料 50 000 元，材料验收入库（暂不考虑增值税）。

该笔经济业务涉及“银行存款”和“原材料”两个账户。该业务的发生导致资产中的“银行存款”减少 50 000 元，资产减少记贷方，因此应记入“银行存款”账户的贷方；资产中的“原材料”增加 50 000 元，资产增加记借方，因此应记入“原材料”账户的借方。其登记结果如图 2.8 所示。

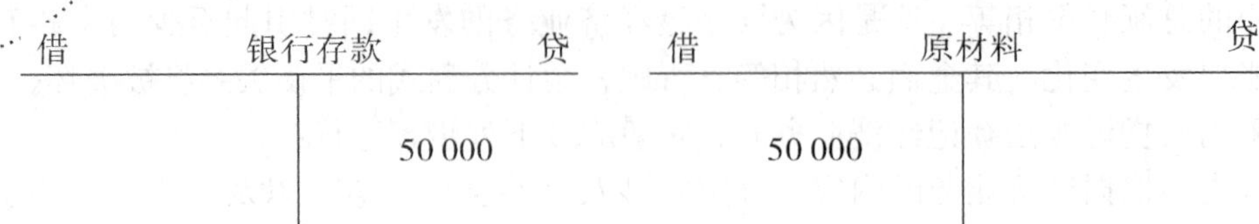

图 2.8 [例 2.7] 的登记结果

[例 2.8] 企业两年前从银行借入的 100 000 元长期借款已到期，现无力偿还，经协商将 100 000 元长期借款转为银行对企业的投资。

该笔经济业务涉及“长期借款”和“实收资本”两个账户。该经济业务导致负债中的“长期借款”减少 100 000 元，负债减少记借方，因此应记入“长期借款”账户的借方；所有者权益中的“实收资本”增加 100 000 元，所有者权益增加记贷方，因此应记入“实收资本”账户的贷方。其登记结果如图 2.9 所示。

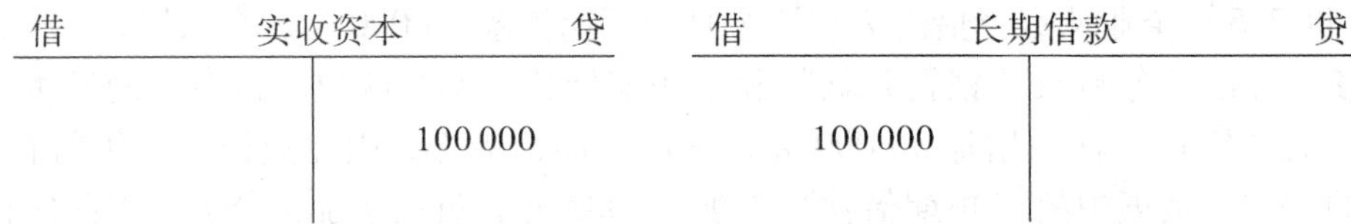

图 2.9 [例 2.8] 的登记结果

[例 2.9] 企业购进原材料 50 000 元，已入库，其中 40 000 元用银行存款支付，其余 10 000 元货款尚未付清（不考虑增值税）。

该笔经济业务涉及“原材料”“银行存款”和“应付账款”三个账户。该经济业务导致资产中的“原材料”增加 50 000 元，资产增加记借方，因此应记入“原材料”账户的借方；资产中的“银行存款”减少 40 000 元，资产减少记贷方，因此应记入“银行存款”账户的贷方；负债中的“应付账款”增加 10 000 元，负债增加记贷方，因此应记入“应付账款”账户的贷方。其登记结果如图 2.10 所示。

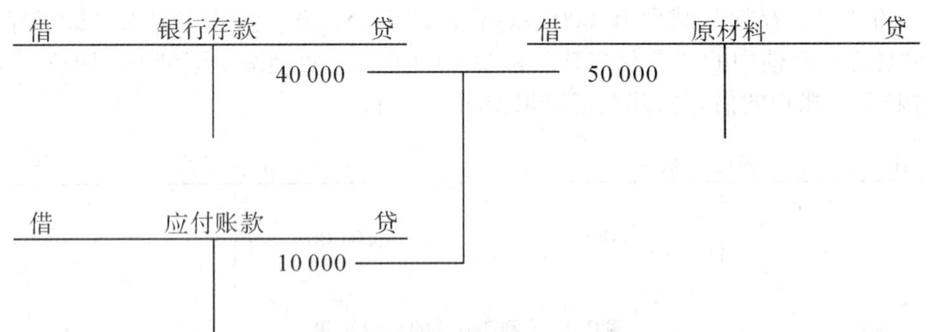

图 2.10 [例 2.9] 的登记结果

[例 2.10] 从银行借入短期借款 40 000 元，其中 20 000 元用于偿还应付购货款，20 000 元存入银行。

该笔经济业务涉及“银行存款”“短期借款”“应付账款”三个账户。该经济业务导致负债中的“短期借款”增加 40 000 元，负债增加记贷方，因此应记入“短期借款”账户的贷方；负债中的“应付账款”减少20 000元，负债减少记借方，因此应记入“应付账款”账户的借方，资产中的“银行存款”增加20 000元，资产增加记借方，因此应记入“银行存款”账户的借方。其登记结果如图2.11所示。

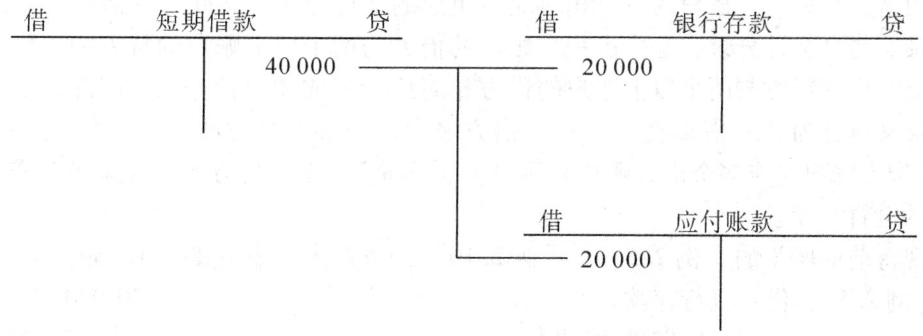

图2.11 ［例2.10］的登记结果

从以上分析可以看出，运用借贷记账法，要求对发生的每一笔经济业务，都要以相等的金额、借贷相反的方向登记在相互关联的两个或两个以上的账户，即在记入一个账户借方的同时，记入另一个或几个账户的贷方；或者在记入一个账户贷方的同时，记入另一个或几个账户的借方，记入借方的金额和记入贷方的金额始终是相等的。这是依据借贷记账法记账的必然结果，也就是借贷记账法的记账规则，即“有借必有贷，借贷必相等”。

（五）借贷记账法下账户对应关系及会计分录

1. 账户对应关系

运用借贷记账法记录经济业务，所涉及的几个账户之间必然存在着某种相互依存的关系，这种关系称为账户的对应关系。存在着对应关系的账户称为对应账户。通过账户的对应关系，可以清晰地看出会计要素各有关项目之间增减变动的来龙去脉，反映经济业务的内容。

对应账户是相对而言的，如企业用银行存款20 000元购买机器设备。该笔业务按照借贷记账法的基本原理，在固定资产增加20 000元的同时，银行存款减少了20 000元。资产类账户“固定资产”的增加记借方，资产类账户“银行存款”的减少记贷方，此时，固定资产账户和银行存款账户之间就形成了一种对应关系。固定资产账户是银行存款账户的对应账户，银行存款账户是固定资产账户的对应账户。掌握账户对应关系很重要，通过账户的对应关系，可以清晰了解经济业务的内容，检查对经济业务的处理是否合理合法。

2. 会计分录

为了准确地反映账户的对应关系与登记的金额，在每项经济业务发生后，正式记入账户之前，必须先编制会计分录。

会计分录简称分录，是按照借贷记账法记账规则的要求，对每项经济业务标明应登记的账户名称、记账方向及记账金额的一种记录。在实际工作中，编制会计分录是通过编制记账凭证来完成的。有关原始凭证和记账凭证的编制、审核和保管等问题将在第五章中详细阐述。这里只介绍会计分录的编制。

一笔会计分录主要包括三个要素：会计科目、记账符号（方向）和记账金额。

会计分录分为简单会计分录和复合会计分录两种。简单会计分录，是指由一个账户的借方与另一个账户的贷方相对应所组成的会计分录，又称“一借一贷”的会计分录。复合会计分录，是指由一个账户的借方与两个以上账户的贷方相对应，或者一个账户的贷方与两个以上账户的借方相对应所组成的会计分录。因此，复合会计分录又可分为“一借多贷”（一个借方账户对应多个贷方账户）、“一贷多借”（一个贷方账户对应多个借方账户）和“多借多贷”（多个借方账户对应多个贷方账户）的会计分录。

现将前面所举的［例 2.5］～［例 2.10］经济业务，编制其会计分录如下：

［例 2.5］：借：银行存款　　30 000
　　贷：短期借款　　30 000

［例 2.6］：借：应付账款　　10 000
　　贷：银行存款　　10 000

［例 2.7］：借：原材料　　50 000
　　贷：银行存款　　50 000

［例 2.8］：借：长期借款　　100 000
　　贷：实收资本　　100 000

［例 2.5］～［例 2.8］所编制的会计分录都属于简单会计分录。

［例 2.9］：借：原材料　　50 000
　　贷：银行存款　　40 000
　　　　应付账款　　10 000

［例 2.10］：借：银行存款　　20 000
　　　　应付账款　　20 000
　　贷：短期借款　　40 000

［例 2.9］～［例 2.10］所编制的会计分录都属于复合会计分录。

需要说明的是：复合会计分录实际上是由几个简单分录组合而成。一个复合会计分录可以分解成几个简单会计分录，几个简单会计分录也可以编制为一笔复合会计分录。编制复合会计分录，可以集中、全面地反映某项经济业务的全面情况，可以简化记账手续。简单会计分录反映问题直观，便于检查。在实际工作中，如果一项经济业务涉及多借多贷的科目，为全面反映此项经济业务，可以编制多借多贷的复合分录，但一般不允许将几项不同经济业务合并在一起编制一笔复合分录。

（六）借贷记账法下的试算平衡

试算平衡，就是根据“资产=负债+所有者权益”的平衡公式，按照“有借必有贷，借贷必相等”的记账规则的要求，通过汇总计算和比较，来检查账户记录的正确性和完整性。

由于借贷记账法在处理每一笔经济业务时，都必须遵循“有借必有贷，借贷必相等”的记账规则，因此，借贷两方的发生额必然是相等的。不仅是每一笔会计分录借贷发生额相等，而且在一定时期内（年、季、月），当所有经济业务都已记入相关账户后，所有账户的借方发生额合计数和所有账户的贷方发生额合计数也必然相等；以此类推，所有账户的借方期末余额合计数与所有账户的贷方期末余额合计数也必然是相等的。其试算平衡的公式为：

全部账户期初借方余额合计=全部账户期初贷方余额合计

全部账户本期借方发生额合计=全部账户本期贷方发生额合计

全部账户期末借方余额合计=全部账户期末贷方余额合计

在会计实务中，试算平衡通常是在每一个会计期间终了，将全部经济业务登记入账，然后结出每个账户的借方发生额和贷方发生额及期末余额，再通过编制试算平衡表来验证本期记账是否正确。

试算平衡表的编制通常分为两种：一种是将本期发生额和期末余额试算平衡分别列表编制，即根据各个账户的本期发生额编制“总分类账户本期发生额试算平衡表”和根据各个账户的期末余额编制的“总分类账户期末余额试算平衡表”，格式如表 2.6 和表 2.7 所示；另一种是将本期发生额和期末余额合并在一张表上进行试算平衡，即根据各个账户的本期发生额和期末余额编制“总分类账户本期发生额和期末余额试算平衡表”，格式如表 2.8 所示。

表 2.6　　总分类账户本期发生额试算平衡表

账户名称	借方发生额	贷方发生额
⋮	⋮	⋮
合　计		

表 2.7　　总分类账户期末余额试算平衡表

账户名称	借方余额	贷方余额
⋮	⋮	⋮
合　计		

表 2.8　　总分类账户本期发生额及期末余额试算平衡表

账户名称	期初余额		本期发生额		期末余额	
	借方	贷方	借方	贷方	借方	贷方
⋮	⋮	⋮	⋮	⋮	⋮	⋮
合　计						

下面举例说明试算平衡表的编制方法。

［例 2.11］新华制品有限公司 2017 年 5 月 1 日的资产、负债及所有者权益有关账户的余额如表 2.9 所示。

表 2.9　　账户期初余额表　　单位：元

资　产		负债及所有者权益	
名　称	金　额	名　称	金　额
库存现金	3 000	短期借款	40 000
银行存款	200 000	应付票据	5 000
应收账款	82 000	应付账款	35 000
原材料	95 000	长期借款	300 000
生产成本	100 000	实收资本	520 000
固定资产	350 000	盈余公积	10 000
无形资产	100 000	本年利润	20 000
合　计	930 000	合　计	930 000

假设新华制品有限公司 5 月份共发生六笔经济业务，见［例 2.5］~［例 2.10］，为新华制品有限公司编制 5 月 31 日的试算平衡表，见表 2.10。

表 2.10　　总分类账户发生额及余额试算平衡表　　单位：元

账户名称	期初余额		本期发生额		期末余额	
	借方	贷方	借方	贷方	借方	贷方
库存现金	3 000				3 000	
银行存款	200 000		50 000	100 000	150 000	
应收账款	82 000				82 000	
原材料	95 000		100 000		195 000	
生产成本	100 000				100 000	
固定资产	350 000				350 000	
无形资产	100 000				100 000	
短期借款		40 000		70 000		110 000
应付票据		5 000				5 000
应付账款		35 000	30 000	10 000		15 000
长期借款		300 000	100 000			200 000
实收资本		520 000		100 000		620 000
盈余公积		10 000				10 000
本年利润		20 000				20 000
合　计	930 000	930 000	280 000	280 000	980 000	980 000

表 2.10 试算结果说明，所有账户的期初借方余额合计数等于所有账户的期初贷方余额合计数，所有账户的本期借方发生额合计数等于所有账户的本期贷方发生额合计数，所有账户的期末借方余额合计数等于所有账户的期末贷方余额合计数，试

算平衡。

需要强调的是，通过试算平衡表来检查账簿记录是否正确并不是绝对的，如果借贷不平衡，就可以确定账户的记录或计算肯定有错误，但是即使试算平衡表中的借贷金额相等，也不能说明记录完全没有错误。因为有些错误并不影响借贷双方的平衡，如漏记或重记某笔经济业务以及将会计分录中的会计科目写错、借贷方向记反，等等。因此，根据试算平衡表只能确认会计记录是否基本正确。

试算不平衡的原因可能包括以下几个方面：

（1）记账凭证上的会计分录出现错误，如借贷方金额不等；

（2）记账过程出现错误，如借贷方金额中的某一方遗漏或重复过账，或者借、贷方颠倒；

（3）试算平衡表本身出现错误，如计算错误、某些账户被遗漏、借贷方向金额抄错等。

一旦出现差错要及时进行纠正，以保证试算平衡表平衡。

第三节　总分类核算与明细分类核算

一、总分类账户和明细分类账户的设置

设置账户是会计核算的一种专门方法。为了满足日常管理的需要，企业在会计核算中，既要提供总括的核算资料，又要提供详细的核算资料。为此，在账户的设置上既要设置总分类账户（简称总账），又要设置明细分类账户（简称明细账）。

（一）总分类账户

总分类账户是按照总分类科目设置的，对企业经济活动的具体内容进行总括核算的账户。它能够提供某一具体经济活动的总括资料。前述的账户都是总分类账户，也称为总账账户、一级账户。如“应付账款”账户，其核算的是企业因购买材料、商品和接受劳务供应等而应付给供应单位的款项，提供的是企业关于应付账款的总括资料，即包括应付账款的增加数、减少数和结存数。为了保证核算资料的可比性，总分类账户的名称、核算内容及使用方法通常由国家统一规定。

（二）明细分类账户

明细分类账户是按照明细分类科目设置的，对企业某一经济业务进行明细分类核算的账户。它能够提供某一具体经济业务的明细核算指标。企业大多数总分类账户都需要设置明细分类账户。如“应付账款”账户应根据全部供应单位名称设置明细分类账户，分别提供不同供应单位的名称、应付账款的数额、已支付的数额、应付未付的数额等明细资料；“原材料”账户应根据材料的种类、品名、规格等分别设置明细分类账户，提供企业全部类别、品种、规格材料的增加、减少和结存情况的明细资料。由于不同的企业其经济业务不同，经营管理水平各异，因此，明细分类账的名称、核算内容及使用方法也就由各企业根据自身的具体情况自行确定。

（三）总分类账户和明细分类账户的关系

总分类账户是所属明细分类账户的综合，对所属的明细分类账户起着统驭、控制的作用；明细分类账户是有关总分类账户的具体化，对有关总分类账户起着补充说明的作用，二者结合起来能既概括又详细地反映同一经济业务的核算内容。总分类账户和明细分类账户所反映的对象是相同的，登记的原始凭证也是相同的，所不同的是提供的核算资料的详细程度有所差别。

二、总分类账户和明细分类账户的登记

（一）总分类账户和明细分类账户的平行登记

为了既总括又详细地反映同一经济业务的核算内容，在会计核算时，对总分类账户和明细分类账户应采用平行登记法。

平行登记法的要点：

1. 登记时间相同

对于发生的每一项经济业务，都要根据会计凭证，在同一会计期间既要记入有关的总分类账户，又要记入其所属的明细分类账户。

2. 登记方向一致

对于发生的每一项经济业务，登记总分类账户和明细分类账户的方向应当一致，即总分类账户记入借方，明细分类账户也记入借方；总分类账户记入贷方，明细分类账户也记入贷方。

3. 登记金额相等

对每一项经济业务，记入总分类账户的金额必须与记入所属明细分类账户的金额之和相等。

根据平行登记原理，登记总分类账户和所属明细分类账户后，总分类账户和所属明细分类账户必然存在下列关系：

总分类账户期初余额=所属明细分类账户期初余额之和

总分类账户本期发生额=所属明细分类账户本期发生额之和

总分类账户期末余额=所属明细分类账户期末余额之和

（二）总分类账户与明细分类账户平行登记的应用实例

现以“应付账款”和“原材料”两个账户为例，说明总分类账户与明细分类账户平行登记的方法。

[例 2.12] 假设新华制品有限公司“应付账款”总分类账户下设“华宜工厂”和“达力工厂”两个明细分类账户。华宜工厂期初余额为 1 000 元，达力工厂期初余额为 8 000 元，“应付账款”总分类账户余额为 9 000 元；该公司“原材料”总分类账户下设“A 材料”和“B 材料”两个明细分类账户，两种材料的期初有关资料如下：

A 材料	50 千克	200 元/千克	计 10 000 元
B 材料	100 件	300 元/件	计 30 000 元
		合计	40 000 元

该公司 2017 年 4 月份发生的有关经济业务及会计分录如下：

（1）4 月 1 日，新华制品有限公司向华宜工厂购入 A 材料 50 千克，每千克 200 元，计 10 000 元，购入 B 材料 50 件，每件 300 元，计 15 000 元，购料合计 25 000 元，材料已验收入库，货款暂欠（不考虑增值税，下同）。会计分录如下：

借：原材料——A 材料　　10 000

　　　　　——B 材料　　15 000

　贷：应付账款——华宜工厂　　25 000

（2）4 月 3 日，仓库发出价款为 34 000 元的原材料一批用于产品生产。具体明细如下：

A 材料	80 千克	200 元/千克	16 000 元
B 材料	40 件	300 元/件	12 000 元
		合计	28 000 元

会计分录如下：

借：生产成本　　28 000

　贷：原材料——A 材料　　16 000

　　　　　　——B 材料　　12 000

（3）4 月 10 日，企业向达力工厂购入 A 材料 20 千克，每千克 200 元，计 4 000 元，材料已验收入库，货款未付。会计分录如下：

借：原材料——A 材料　　4 000

　贷：应付账款——达力工厂　　4 000

（4）4 月 28 日，企业以银行存款支付前欠华宜工厂货款 26 000 元，支付达力工厂货款 8 000 元。会计分录如下：

借：应付账款——华宜工厂　　26 000

　　　　　　——达力工厂　　8 000

　贷：银行存款　　34 000

根据上述经济业务和会计分录，在“应付账款”总分类账户及其所属的明细分类账户中进行登记，见表 2. 11，表 2. 12，表 2. 13。

表 2.11　　应付账款明细分类账

明细分类账户名称：华宜工厂　　单位：元

2017年		凭证号	摘　要	借方	贷方	借或贷	余额
月	日						
4	1		月初余额			贷	1 000
	1		（1）购入材料		25 000	贷	26 000
	28		（4）偿还货款	26 000		平	0
	30		本期发生额及余额	26 000	25 000	平	0

表 2.12　　应付账款明细分类账

明细分类账户名称：达力工厂　　单位：元

2017年		凭证号	摘　要	借方	贷方	借或贷	余额
月	日						
4	1		月初余额			贷	8 000
	10		（3）购入材料		4 000	贷	12 000
	28		（4）偿还货款	8 000		贷	4 000
	30		本期发生额及余额	8 000	4 000	贷	4 000

表 2.13　　总分类账

账户名称：应付账款　　单位：元

2017年		凭证号	摘　要	借方	贷方	借或贷	余额
月	日						
4	1		月初余额			贷	9 000
	1		（1）购入材料		25 000	贷	34 000
	10		（3）购入材料		4 000	贷	38 000
	28		（4）偿还货款	34 000		贷	4 000
	30		本期发生额及余额	34 000	29 000	贷	4 000

从以上“应付账款”总分类账户及其所属的明细分类账户平行登记的结果可以看出，“应付账款”总分类账户的期初余额为 9 000 元，借方本期发生额为 34 000 元，贷方本期发生额为 29 000 元，期末贷方余额为 4 000 元。其所属的两个明细分类账的期初余额合计为 9 000 元，本期借方发生额合计为 34 000 元，本期贷方发生额合计为 29 000 元，期末贷方余额合计为 4 000 元。可见，总分类账和其所属的明细分类账的合计金额是相等的，说明“应付账款”总分类账和明细分类账平行登记正确。

下面再根据上述经济业务和会计分录，在“原材料”总分类账户和其所属的明细分类账户中进行登记，见表 2.14，表 2.15，表 2.16。

表 2.14　　原材料明细分类账

明细分类账户名称：A 材料　　计量单位：千克

2017 年		凭证号	摘　要	收入（借方）			发出（贷方）			结　余		
月	日			数量	单价	金额	数量	单价	金额	数量	单价	金额
4	1		月初余额							50	200	10 000
	1		（1）购入材料	50	200	10 000				100	200	20 000
	3		（2）发出材料				80	200	16 000	20	200	4 000
	10		（3）购入材料	20	200	4 000				40	200	8 000
	30		本期发生额及余额	70	200	14 000	80	200	16 000	40	200	8 000

表 2.15　　原材料明细分类账

明细分类账户名称：B 材料　　计量单位：件

2017 年		凭证号	摘　要	收入（借方）			发出（贷方）			结　余		
月	日			数量	单价	金额	数量	单价	金额	数量	单价	金额
4	1		月初余额							100	300	30 000
	1		（1）购入材料	50	300	15 000				150	300	45 000
	3		（2）发出材料				40	300	12 000	110	300	33 000
	30		本期发生额及余额	50	300	15 000	40	300	12 000	110	300	33 000

表 2.16　　总分类账

账户名称：原材料　　单位：元

2017 年		凭证号	摘　要	借方	贷方	借或贷	余额
月	日						
4	1		月初余额			借	40 000
	1		（1）购入材料	25 000		借	65 000
	3		（2）发出材料		28 000	借	37 000
	10		（3）购入材料	4 000		借	41 000
	30		本期发生额及余额	29 000	28 000	借	41 000

从以上“原材料”总分类账户及其所属的明细分类账户平行登记的结果可以看出，“原材料”总分类账户的期初余额为 40 000 元，借方本期发生额为 29 000 元，贷方本期发生额为 28 000 元，期末借方余额为 41 000 元。其所属的两个明细分类账

的期初余额合计为40 000元，本期借方发生额合计为29 000元，本期贷方发生额合计为28 000元，期末余额合计为41 000元。可见，总分类账和其所属的明细分类账的合计金额是相等的，说明“原材料”总分类账和明细分类账平行登记正确。

总分类账与明细分类账的平行登记的结果应当是相关数字相等，我们可以通过定期核对双方有关数字，来检查账户的记录是否正确、完整。如果通过核对发现有的数字不等，则表明账户的记录有误，应及时予以更正。在实务中，该项工作通常是在月末编制“明细分类账本期发生额及余额表”来进行的。如［例2.12］中，可以根据有关“应付账款”“原材料”的明细记录，来编制本期发生额及余额表，如表2.17、表2.18所示。

表2.17　应付账款明细分类账本期发生额及余额表　单位：元

2017年		供应单位名称	期初贷方余额	本期借方发生额	本期贷方发生额	期末贷方余额
月	日					
		华宜工厂	1 000	26 000	25 000	0
		达力工厂	8 000	8 000	4 000	4 000
		合　计	9 000	34 000	29 000	4 000

表2.18　原材料明细分类账本期发生额及余额表　单位：元

2017年		供应单位名称	期初借方余额	本期借方发生额	本期贷方发生额	期末贷方余额
月	日					
		A材料	10 000	14 000	16 000	8 000
		B材料	30 000	15 000	12 000	33 000
		合　计	40 000	29 000	28 000	41 000

从表2.17中可以看出，“应付账款”各明细分类账期初余额合计数、本期借方发生额合计数、本期贷方发生额合计数和期末贷方余额合计数分别和“应付账款”总分类账中的期初余额、本期借方发生额、本期贷方发生额和期末余额相等，说明总分类账与明细分类账的平行登记没有发生错误。

从表2.18中可以看出，“原材料”各明细分类账期初余额合计数、本期借方发生额合计数、本期贷方发生额合计数和期末贷方余额合计数分别和“原材料”总分类账中的期初余额、本期借方发生额、本期贷方发生额和期末余额相等，说明总分类账与明细分类账的平行登记没有发生错误。

本章小结

本章主要介绍了会计科目、会计账户、复式记账法、借贷记账法、总分类账与明细分类账的平行登记等内容。

会计科目作为对会计对象的具体内容进行分类核算的标志或者项目，是会计制度设计中的一项重要工作。设置会计科目要注意结合会计对象的特点和单位经济管理的要求，坚持统一性与灵活性相结合，做到简单明确和通俗易懂，并保持相对稳定。账户是具体提供记录经济业务发生增减变化的场所或工具，是根据会计科目开设的，具有一定的结构。账户按照会计要素所反映的经济内容可分为资产类账户、负债类账户、共同类账户、所有者权益类账户、成本类账户、损益类账户，这是账户最基本的分类；按照账户提供指标的详细程度分为总分类账户与明细分类账户，这种分类主要是为满足企业内部管理的需要。除此之外，账户还可以按列入会计报表分类、按会计主体分类以及按账户有无期末余额进行分类。这些分类的目的在于更加深入地认识账户之间的相互联系。

复式记账法是指对每一项经济业务所引起的资金运动，都要用相等的金额，同时在两个或两个以上相互联系的账户中进行登记的一种记账方法。借贷记账法是应用最为广泛的一种复式记账法，它以复式记账原理为基础，以“借”“贷”为记账符号，按照“有借必有贷，借贷必相等”的记账规则，在两个或两个以上的相互关联的账户中对每笔经济业务进行记录。采用借贷记账法，不同性质的账户，其结构也不相同；运用借贷记账法记录经济业务，一笔业务所涉及的几个账户之间必然存在着某种相互依存的关系，这种关系称为账户的对应关系。存在着对应关系的账户称为对应账户。在每项经济业务发生后，正式记入账户之前，必须先编制会计分录。一笔会计分录主要由会计科目、记账符号（方向）和记账金额三个要素构成。会计分录分为简单会计分录和复合会计分录。在实际工作中，编制会计分录的工作是通过编制记账凭证来完成的。

企业在会计核算中，既要提供总括的核算资料，又要提供详细的核算资料。为此，在账户的设置上既要设置总分类账户，又要设置明细分类账户。登记总分类账户与明细分类账户应遵循平行登记原理的要求，做到同时间、同方向、同金额登记。

思考题

1. 什么是会计科目？什么是会计账户？二者之间有什么联系和区别？
2. 什么是复式记账法？简述其记账的理论依据和基本原则。
3. 单式记账法与复式记账法有何异同？
4. 简述借贷记账法下账户的结构。
5. 试述借贷记账法的内容（如记账符号、账户结构、记账规则、试算平衡等）。
6. 为什么要同时设置总分类账户和明细分类账户？其平行登记的要点有哪些？

练习题

一、分析会计账户的名称及其所归属的会计要素

1. 资料：M 公司 2017 年 8 月 31 日有关财务内容如下：

（1）出纳人员保管的现金 200 元。

（2）存放在银行里的款项 250 000 元。

（3）向银行借入期限为 3 个月的借款 50 000 元。

（4）仓库中存放的材料 150 000 元。

（5）仓库中存放的完工产品 80 000 元

（6）车间正在加工生产的在产品 33 300 元。

（7）房屋、建筑物 900 000 元。

（8）投资者投入的资本 100 000 元。

（9）向银行借入 3 年期借款 350 000 元。

（10）应付给供应单位材料款 30 000 元。

（11）预收甲单位的购货款 15 000 元。

（12）月末欠缴的税金 2000 元。

（13）本月应付职工工资 100 000 元。

（14）采购员预借差旅费 4000 元。

（15）本月实现的利润 40 000 元。

（16）计提的盈余公积 2000 元。

2. 要求：分析判断上述各经济业务的账户名称及所属的会计要素，将结果填入下表（会计要素栏用“√”）。

序号	摘　要	账户名称	会计要素				
			资 产	负 债	所有者权益	成 本	损 益
1							
2							
3							
4							
5							
6							
7							
8							
9							
10							
11							
12							
13							
14							
15							
16							
17							
18							

二、练习账户的结构及账户金额的计算方法

1. 资料：兴隆公司 2017 年 12 月 31 日有关账户的资料如下：

账户名称	期初余额		本期发生额		期末余额	
	借　方	贷　方	借　方	贷　方	借　方	贷　方
银行存款	400 000		220 000	10 000	(　　)	
原材料	60 000		(　　)	80 000	90 000	
应付账款		70 000	70 000	60 000		(　　)
短期借款		45 000	(　　)	10 000		30 000
应收账款	(　　)		30 000	50 000	20 000	
实收资本		350 000	—	(　　)		620 000
应交税费		25 000	25 000	—		(　　)

2. 要求：根据账户期初余额、本期发生额和期末余额的计算方法，填列上表中的空缺部分。

三、熟悉各类账户的登记方法

资料：在下列各类账户与相关账户结构内容中：

①资产类账户

②负债类账户　　A. 增加记贷方，减少记借方，余额一般在贷方

③所有者权益类账户　　B. 增加记借方，减少记贷方，余额一般在借方

④费用成本类账户　　C. 增加记贷方，减少记借方，期末一般无余额

⑤收入类账户　　D. 增加记借方，减少记贷方，期末一般无余额

要求：请将左右两边相关内容用线连接起来。

四、练习借贷记账法的应用及试算平衡表的编制

1. 资料：南洋公司 2017 年 10 月初有关账户余额如下表所示：

单位：元

资　产	金　额	负债及所有者权益	金　额
库存现金	1 000	短期借款	195 000
银行存款	45 000	应付账款	142 000
原材料	90 000	应交税费	9 000
应收账款	47 700	长期借款	186 000
生产成本	60 000	实收资本	304 200
库存商品	22 500	资本公积	140 000
长期投资	180 000	盈余公积	70 000
固定资产	600 000		
合　计	1 046 200	合　计	1 046 200

该公司本月发生下列经济业务：

（1）购进机器设备一台，价值 10 000 元，以银行存款支付。

（2）从银行提取现金 1 000 元。

（3）投资者投入企业机器设备一批，作价 20 000 元。

（4）生产车间向仓库领用材料一批，价值 40 000 元，投入生产。

（5）用银行存款 22 500 元，偿还应付供货单位货款。

（6）向银行取得长期借款 150 000 元，存入银行。

（7）以银行存款上交所得税 9 000 元。

（8）用现金 800 元购买办公用品。

(9) 收到购货单位前欠货款 18 000 元，其中 16 000 元存入银行，其余部分收到现金。

(11) 以银行存款 48 000 元，归还银行短期借款 20 000 元和应付购货单位账款 28 000 元。

2. 要求：

(1) 根据以上资料编制会计分录，并记入有关账户。

(2) 编制发生额及余额试算平衡表。

五、练习总分类账户与明细分类账户的平行登记

资料：

1. 南洋公司 2017 年 8 月 31 日有关总分类账户和明细分类账户余额如下：

(1) 总分类账户：

“原材料”账户借方余额 400 000 元。

“应付账款”账户贷方余额 100 000 元。

(2) 明细分类账户：

“原材料——甲材料”账户 1 600 千克，单价 150 元，借方余额 240 000 元。

“原材料——乙材料”账户 400 千克，单价 100 元，借方余额 40 000 元。

“原材料——丙材料”账户 1 000 千克，单价 120 元，借方余额 120 000 元。

“应付账款——A 公司”账户贷方余额 70 000 元。

“应付账款——B 公司”账户贷方余额 50 000 元。

2. 该公司 2017 年 9 月份发生部分经济业务如下（不考虑增值税）：

(1) 以银行存款偿还 A 公司前欠货款 30 000 元。

(2) 购进甲材料 200 千克，单价 150 元，价款 30 000 元，以银行存款支付，材料入库。

(3) 生产车间向仓库领用材料一批，其中甲材料 400 千克，单价 150 元；乙材料 200 千克，单价 100 元；丙材料 500 千克，单价 120 元，共计领用材料金额 140 000 元。

(4) 以银行存款偿还 B 公司前欠货款 20 000 元。

(5) 向 A 公司购入乙材料 200 千克，单价 100 元，材料入库，货款 20 000 元暂欠。

(6) 向 B 公司购入丙材料 300 千克，单价 120 元，材料入库，货款 36 000 元暂欠。

3. 要求：

(1) 根据上述资料 2 的内容，编制会计分录。

(2) 开设“原材料”“应付账款”总分类账和明细分类账，登记期初余额，并平行登记总分类账和明细分类账，结出各账户本期发生额和期末余额。

(3) 编制“原材料”“应付账款”总分类账和明细分类账本期发生额及余额明细表。

拓展阅读

借贷记账法起源于1211年的意大利北部城邦佛罗伦萨。当时佛罗伦萨商业比较发达，银钱借贷十分频繁，钱庄业主为了记清楚账目，他们把整个账簿分为应收账款和应付账款，并为每一个债权人和债务人开设一个账户，即应收账款和应付账款。不过那时的记账方法基本还是单式记账，复式记账还处于萌芽阶段，账户也只是叙述式的，后来传到了热那亚。热那亚人对该方法进行了改进，将每个账户都分为左和右对照式，分别用借方和贷方表示。在应收账款和商品及现金账户下，账户借方登记别人欠我的，贷方登记别人还我的，借方减去贷方后的差额表示还有多少未收回的款项；在应付账款科目下，贷方登记我欠别人的，借方登记我还别人的，贷方减去借方后的差额表示还有多少未归回的款项，并在保留债权、债务的基础上又加入了商品和现金账户，并且采用复式记账。凡购买商品和收回现金都记于账户的借方，卖出商品或支付现金都记于账户的贷方。传到威尼斯后，威尼斯商人做了进一步改进，加入了收入、费用等损益账户和资本（权益）账户。出售商品不再直接减少商品账户，而是先记入收入账户的贷方，月末再贷记商品账户；收入要从借方定期转入利润的贷方，费用支出也不再直接减少利润，而是先记入费用的借方，月末从贷方转入利润的借方。收入和成本、费用，具有汇总和过渡性质，被称为暂记性账户，最终结果都要转入利润账户，利润的贷方减去利润的借方就是经营所得。利润账户也具有汇总和过渡性质，最终要归属于资本（权益）账户。收入、费用和资本账户是复式记账的基础，被美国会计学家称为“经济账户”。增加了收入、成本、费用和资本账户，复式记账法就完善起来，从而适应了商人的需要，当时被称为意大利式借贷记账法，也称威尼斯记账法。

1494年意大利数学家卢卡·帕乔利在他的《算术、几何与比例概要》一书中详细、全面、系统地介绍了威尼斯记账法，并从理论上给予了必要的阐述，使它的优点及方法为世人所接受。18世纪，借贷记账法传到了英国，增加了分录簿，上面载有摘要、会计科目、借方金额和贷方金额几个栏次，当经济业务发生和结束时，要求在分录簿上确定应借、应贷的账户和应借、应贷的金额，即在借方和贷方两个方面对经济业务进行对照登记，并简明扼要地说明经济业务。此分录簿被称为复式簿记，相当于今天的记账凭证，是会计记账的依据，后来被正式命名为复式簿记。

（资料来源：http://bbs.chinaacc.com/foram-3-69/tpoic-6644765.html）

第三章 制造业主要经济业务的核算

学习目标

同学们通过本章的学习，了解制造业的基本经营活动，掌握制造业生产经营过程总分类核算所涉及的主要账户的用途、结构；能运用借贷记账法处理制造业的基本经济业务，掌握制造业供、产、销过程中的费用归集和分配以及成本的计算和结转方法，掌握制造业营业收入的确定、利润的形成和分配的会计处理。

重点和难点

掌握运用借贷记账法的原理编制制造业筹资业务、材料采购业务、产品生产业务、销售业务以及利润的形成和分配业务的会计分录。

案例导入

格力电器：引领“中国制造”走向“中国创造”

成立于1991年的珠海格力电器股份有限公司是全球目前最大的集研发、生产、销售、服务于一体的国有控股专业化空调企业，2012年实现营业总收入1 001.10亿元，纳税超过74亿元，连续12年上榜美国《财富》杂志“中国上市公司100强”。2017年，格力电器实现营业总收入1 200.30亿元，同比增长19.90%；实现净利润108.13亿元，同比增长46.53%，继续保持稳健发展态势。

格力空调，是中国空调业唯一的“世界名牌”产品，业务遍及全球100多个国家和地区。家用空调年产能超过6 000万台（套），商用空调年产能550万台（套）；2005年至今，格力空调产销量连续9年领跑全球，用户超过3亿。

作为一家专注于空调产品的大型电器制造商，格力电器致力于为全球消费者提供技术领先、品质卓越的空调产品。在全球拥有珠海、重庆、合肥、郑州、武汉、石家庄、芜湖、巴西、巴基斯坦9大生产基地，7万多名员工，至今已开发出包括家用空调、商用空调在内的20大类、400个系列、7 000多个品种规格的产品，能充分满足不同消费群体的各种需求；拥有技术专利9 000多项，其中发明专利2 500多项，自主研发的超低温数码多联机组、永磁同步变频离心式冷水机组、多功能地暖户式中央空调、1赫兹变频空调、R290环保冷媒空调、无稀土变频压缩机、双级变频压缩机、光伏直驱变频离心机系统等一系列"国际领先"产品，填补了行业空白，改写了空调业百年历史。

在激烈的市场竞争中，格力空调先后中标2008年"北京奥运媒体村"、2010年南非"世界杯"主场馆及多个配套工程、2010年广州亚运会14个比赛场馆、2014年俄罗斯索契冬奥会配套工程等国际知名空调招标项目，在国际舞台上赢得了广泛的知名度和影响力，引领"中国制造"走向"中国创造"。（资料来源：http://www.docin.com/p-1307742998.html）

【思考】

格力电器是一家典型的制造业企业吗？它的主营业务和基本经营活动是什么？格力电器与那些单纯从事电器销售的商业企业的经营活动有何不同？

相对于其他行业而言，制造业的经济活动更为复杂多样，更为完整，生产经营过程中发生的经济业务也比较典型。因此，本章我们将以制造业的经济业务为例，学习账户和复式记账法的具体运用。

制造业为了组织生产经营活动，第一，必须通过一定的筹资渠道筹集一定数量的资金满足生产经营的需要。第二，必须将筹集的资金用于购置各种生产物质，如建造厂房、购买机器设备、购买材料等，为生产经营活动创造必要的条件。第三，必须组织产品生产。在生产过程中，一方面借助于机器设备等劳动资料对劳动对象进行加工，生产出社会需要的产品；另一方面会发生各项费用，并通过对费用的归集、分配，分摊到各种产品中去。第四，销售产品，确认收入，回笼资金。第五，实现利润并对利润进行分配或亏损进行弥补。第六，将未分配利润再次投入到生产经营中。可见，筹资、采购、生产、销售及利润形成与分配这五个环节在制造业的经营过程中不断地重复，其主要经济业务构成了制造业会计核算的主要内容。所以，本章将按照图3.1所示介绍制造业经营循环各阶段主要经济业务的会计处理。

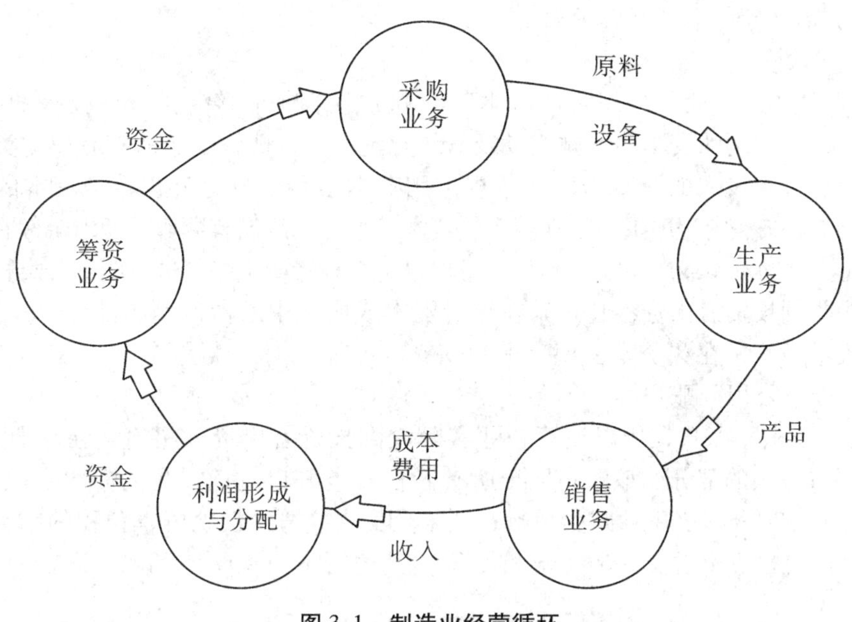

图 3.1　制造业经营循环

第一节　资金筹集业务的核算

资金的投入既是企业资金运动的起点，也是整个企业生产经营活动的起点。企业的成立，首先必须筹集到所需要的资金。企业筹集资金的方式，按照筹资渠道可以分为股权筹资和债务筹资。其中，股权筹资是指企业所有者投入的资本，即所有者权益，它形成企业的永久性资本，在承担企业经营风险的同时，也享有经营收益的分配。债务筹资是指企业向债权人借入的资本，如向银行举借的贷款等，这部分资本具有明确的还本付息期限，到期必须予以偿还，并受法律保护，通常称为负债。因此，资金筹集业务的核算主要包括所有者投入资本的核算和借入资本的核算两部分。

企业为了进行正常的生产经营活动，除了必须吸收所有者的投资外，还会经常向银行或其他非银行的金融机构借款，通过发行债券、赊购货物、推迟付款等方式筹集资金，这些资金均属于债权人投入的资金，形成企业的负债。本节只介绍企业向银行借入资金的核算，其余内容将在本章后面各节和“中级财务会计”等课程中介绍。

一、投入资本的核算

根据《中华人民共和国公司法》（以下简称《公司法》）规定，为了使企业具备与其生产经营相适应的资金数额，保证企业从事生产经营活动的需要，作为企业的所有者，必须向企业投入一定的资本金。投资者将资金投入企业，并成为企业的股东（或称为投资者），进而可以参与企业的经营决策，并获得企业盈利分配。企业吸收投资者的投资后，企业的资产增加了，同时投资者在企业所享有的权益也增加了。

（一）投入资本核算的账户设置

1.“实收资本”账户

“实收资本”（股份公司为“股本”）账户核算企业接受投资者投入的与企业注册资本数额相同的资本的增减变动及其结存情况。该账户属于所有者权益类账户，贷方登记投资者投入的资本，以及按规定用资本公积、盈余公积转增资本的数额；借方登记企业按法定程序报经批准减少的资本，平时一般没有数额；期末余额在贷方，反映企业实有的资本或股本额。本账户可按投资者设置明细账，进行明细分类核算。

企业收到投资者出资额超过其在注册资本或股本中所占份额的部分，作为资本溢价或股本溢价，在“资本公积”账户核算。

2.“资本公积”账户

“资本公积”账户，用以核算企业实际收到投资者出资额超出其在注册资本或股本中所占份额的部分。该账户属于所有者权益类账户，贷方登记资本公积的增加数额；借方登记资本公积的减少数额；期末余额在贷方，反映资本公积的结存数额。本账户可设置“资本溢价（股本溢价）”“其他资本公积”明细账，进行明细分类核算。

3.“库存现金”账户

“库存现金”账户核算企业库存现金的增减变动及其结存情况。该账户属于资产类账户，借方登记库存现金的增加数；贷方登记库存现金的减少数；期末余额在借方，反映企业持有的库存现金。本账户一般不进行明细分类核算。

4.“银行存款”账户

“银行存款”账户核算企业存入银行或其他金融机构的各种款项的增减变动及其结存情况。该账户属于资产类账户，借方登记银行存款的增加数；贷方登记银行存款的减少数；期末余额在借方，反映企业存在银行或其他金融机构的各种款项的实有数额。

5.“固定资产”账户

“固定资产”账户核算企业固定资产原始价值（原价）的增减变动及其结存情况。该账户属于资产类账户，借方登记增加固定资产的原始价值；贷方登记减少固定资产的原始价值；期末余额在借方，反映企业现有固定资产的账面原价。本账户可按固定资产类别和项目设置明细账，进行明细分类核算。

6.“无形资产”账户

“无形资产”账户核算企业无形资产成本的增减变动及其结存情况。无形资产包括专利权、非专利技术、商标权、著作权、土地使用权等。该账户属于资产类账户，借方登记无形资产的增加；贷方登记无形资产的减少；期末余额在借方，反映企业无形资产的成本。本账户可按无形资产项目设置明细账，进行明细分类核算。

（二）投入资本核算的账务处理

假定科达公司2017年1月份发生如下经济业务：

【例3.1】收到乐大厂投入的银行存款70 000元，现金5 000元。

这笔经济业务的发生，引起资产和所有者权益两个要素发生变化。一方面，引起企业的银行存款增加了 70 000 元，库存现金增加了 5 000 元，记入“银行存款”“库存现金”账户的借方；另一方面引起企业的实收资本增加了 75 000 元，应记入“实收资本”账户的贷方。应编制的会计分录为：

借：库存现金　　5 000
　　银行存款　　70 000
　贷：实收资本——乐大厂　　75 000

【例 3.2】永乐公司以商标权向企业投资，评估确认该商标权作价 50 000 元。

企业的商标权属于无形资产，以评估价 50 000 元确认。这笔经济业务的发生，一方面引起企业的无形资产增加了 50 000 元，应记入“无形资产”账户的借方；另一方面引起企业的实收资本增加了 50 000 元，应记入“实收资本”账户的贷方。应编制的会计分录为：

借：无形资产　　50 000
　贷：实收资本——永乐公司　　50 000

【例 3.3】平兴机械厂向企业投入设备 3 台，评估确认总价值为 510 万元。平兴机械厂投入资本占企业注册资本的总额为 500 万元。

这笔经济业务的发生，一方面引起企业的固定资产增加了 5 100 000 元，应记入“固定资产”账户的借方；另一方面引起企业的资本增加了 5 100 000 元，其中 5 000 000 元属于企业的注册资本，记入“实收资本”账户的贷方，超过注册资本的 100 000 元作为资本溢价，记入“资本公积”账户的贷方。应编制的会计分录为：

借：固定资产　　5 100 000
　贷：实收资本——平兴机械厂　　5 000 000
　　　资本公积——资本溢价　　100 000

二、银行借款的核算

企业自有资金不足以满足企业经营活动的需要时，可以通过从银行或其他金融机构借款的方式筹集资金，并按借款协议约定的利率承担支付利息及到期归还借款本金的义务。企业向银行或其他非银行的金融机构借入的各种款项，按照借款偿还期的长短可分为短期借款和长期借款。短期借款是指企业向银行或其他金融机构等借入的期限在 1 年以下（含 1 年）的各种借款，主要包括流动资金借款和季节性借款等。短期借款形成企业的流动负债。长期借款是指企业向银行或其他金融机构等借入的期限在 1 年以上的各种借款。这类借款一般用于固定资产的购建、改建和扩建等。长期借款形成企业的长期负债。

（一）银行借款核算的账户设置

1.“短期借款”账户

“短期借款”账户核算企业向银行或其他金融机构等借入的期限在 1 年以下（含 1 年）的各种借款的取得、偿还及结存情况。该账户属于负债类账户，贷方登记取得的各种短期借款；借方登记归还的各种短期借款；期末余额在贷方，反映企业尚未偿还的短期借款。本账户可按借款种类、贷款人和币种设置明细账，进行明细分类核算。

2."长期借款"账户

"长期借款"账户核算企业向银行或其他金融机构借入的期限在1年以上（不含1年）的各种借款的取得、应付未付利息、本息偿还及其结存情况。该账户属于负债类账户，贷方登记取得的各种长期借款及其应付未付的利息；借方登记归还的各种长期借款的本金和利息；期末余额在贷方，反映企业尚未偿还的长期借款的本金和利息。本账户可按贷款单位和贷款种类设置明细账，进行明细分类核算。

3."财务费用"账户

"财务费用"账户核算企业为筹集资金等而发生的各项费用，包括利息支出（减利息收入）、汇兑损益以及相关的手续费等。该账户属于损益类账户，借方登记企业发生的利息支出、汇兑损失及相关的手续费；贷方登记利息收入、汇兑收益及期末自本账户转入"本年利润"账户的余额；期末结转后本账户无余额。本账户可按费用项目设置明细账，进行明细分类核算。

4."应付利息"账户

"应付利息"账户核算企业按照合同约定应支付的利息。该账户属于负债类账户，贷方登记按合同利率计算确定的应付未付的利息；借方登记实际支付的利息；期末余额在贷方，反映企业应付未付的利息。本账户可按存款人或债权人设置明细账，进行明细分类核算。

（二）银行借款的账务处理

【例3.4】企业于2017年4月1日从工商银行取得期限为6个月，利率为6%的借款200 000元，款项存入银行。

这笔经济业务的发生，引起资产和负债两个要素发生变化。一方面使企业的银行存款增加了200 000元，应记入"银行存款"账户的借方；另一方面使企业的短期借款增加了200 000元，应记入"短期借款"账户的贷方。应编制的会计分录为：

借：银行存款　　　　200 000

　贷：短期借款——工行　　　　200 000

【例3.5】月末，预提应由本月负担的短期借款利息1 000元。

按照权责发生制基础，企业借入短期借款的利息应按月预提，到期支付。企业每月应计提的借款利息为：200 000×6%÷12=1 000（元）。这笔经济业务的发生，引起费用和负债两个要素发生变化。一方面引起企业的财务费用增加了1 000元，应记入"财务费用"账户的借方；另一方面引起企业的应付利息增加了1 000元。应记入"应付利息"账户的贷方。编制的会计分录为：

借：财务费用　　　　1 000

　贷：应付利息　　　　1 000

[例3.6]企业于2017年1月1日向建设银行借入期限为3年，利率为9%，到期一次还本付息的借款100 000元，款项已存入银行。

这笔经济业务的发生，引起资产和负债两个要素发生变化。一方面使企业的银行存款增加了100 000元，应记入"银行存款"账户的借方；另一方面使企业的长期借款增加了 100 000 元，应记入“长期借款”账户的贷方。应编制的会计分录为：

借：银行存款　　100 000

　贷：长期借款——建行　　100 000

［例 3.7］ 2017 年 12 月 31 日，计提上述长期借款利息。

按照权责发生制基础，对于到期一次还本付息的长期借款，企业应在每年年末计算其借款利息。每年应计提的借款利息为：100 000×9% = 9 000（元）。每年年末企业确认的应当归属于本年的借款利息导致企业的财务费用增加，同时形成企业对银行的一项负债。计提当年借款利息时，一方面引起企业的财务费用增加 9 000 元，记入“财务费用”账户的借方；另一方面引起企业的长期借款增加 9 000 元，记入“长期借款”账户的贷方。应编制的会计分录为：

借：财务费用　　9 000

　贷：长期借款——建行　　9 000

2018 年年末和 2019 年年末计提借款利息时作相同会计处理。

［例 3.8］ 2020 年 1 月 1 日上述借款到期，归还长期借款本息。

借款到期，企业应归还借款本金 100 000 元，支付在使用期内各年末已计提的借款利息 27 000 元。归还借款本息时，一方面引起企业的银行存款减少 127 000 元，记入“银行存款”账户的贷方；另一方面引起企业的长期借款减少 127 000 元，记入“长期借款”账户的借方。应编制的会计分录为：

借：长期借款——建行　　127 000

　贷：银行存款　　127 000

 第二节　材料采购业务的核算

制造业为了进行正常的生产经营活动，必须拥有一定数量的厂房、机器设备、原材料等劳动对象，这些经济资源大都是通过企业的供应过程取得的。供应过程是企业生产经营活动的第一阶段，是企业生产前的准备阶段。由于我国的固定资产一般是通过基本建设或者专项采购完成的，所以，企业的供应过程一般是指材料物资等劳动对象的采购过程，供应过程的核算一般是指材料采购业务的核算。

一、材料采购业务核算的内容

材料的采购过程是指从上游供应商经订货、运输、装卸等到材料物资验收入库及支付货款的全过程，其实质是通过材料物资采购形成企业的各种存货。材料采购业务是指在材料物资的采购过程中发生的经济业务，主要包括：材料采购成本的形成、材料验收入库、实际成本的结转、采购过程中与供货单位及其他相关单位之间发生的款项结算等业务。

二、材料采购业务核算的账户设置

1.“在途物资”账户

本账户用来核算企业外购材料的买价和采购费用，计算和确定材料采购的实际成本，属于资产类账户。其借方登记企业购入材料的买价和采购费用；贷方登记已办理完采购手续并已验收入库的原材料的实际采购成本；期末余额一般在借方，表示尚未验收入库的在途材料的采购成本。本账户可按供应单位和材料物资的品种设置明细账，进行明细分类核算。

2.“原材料”账户

本账户核算企业库存的各种材料的实际成本，属于资产类账户。其借方登记企业验收入库材料的实际成本；贷方登记企业发出材料的实际成本；期末余额在借方，反映企业期末库存材料的实际成本。本账户可按材料的保管地点（仓库）、材料的类别、品种和规格等设置明细账，进行明细分类核算。

3.“应付账款”账户

本账户核算企业因购买材料、商品和接受劳务供应等经营活动而应付给供应单位的款项，属于负债类账户。其贷方登记应付未付的应付账款；借方登记已偿付的应付账款；期末余额在贷方，反映企业尚未支付的应付账款金额。本账户可按债权人设置明细账，进行明细分类核算。

4.“应付票据”账户

本账户核算企业因购买材料、商品和接受劳务供应等开出、承兑的商业汇票，包括银行承兑汇票和商业承兑汇票，属于负债类账户。其贷方登记开出、承兑的商业汇票；借方登记到期已支付或转出的商业汇票；期末余额在贷方，反映企业尚未到期的商业汇票的票面金额。本账户可按债权人设置明细账，进行明细分类核算。

5.“预付账款”账户

本账户核算企业按照合同规定预付的款项，属于资产类账户。其借方登记企业预付或补付的款项；贷方登记收到所购物资按发票金额冲销的预付账款或退回多付的预付账款；期末余额一般在借方，反映企业实际预付的款项；期末如为贷方余额，反映企业尚未补付的款项。本账户可按供应单位设置明细账，进行明细分类核算。

预付款项不多的企业，也可以不设置本账户，将预付的款项直接记入“应付账款”账户。

6.“应交税费——应交增值税”账户

本账户核算企业按照税法规定应缴纳的增值税。其借方登记企业购进货物或接受应税劳务支付的进项税额、实际已缴纳的增值税等；贷方登记企业销售货物或提供应税劳务应缴纳的销项税额、出口货物退税、转出已支付或应分担的增值税等；期末如为借方余额，反映企业多缴或尚未抵扣的增值税；期末如为贷方余额，反映企业尚未缴纳的增值税。本账户还应分别设置“进项税额”“销项税额”“出口退税”“进项税额转出”“已交税金”等明细项目，进行明细分类核算。

[知识链接]

增值税是以法定增值额为征税对象征收的一种流转税。按照我国增值税暂行条例规定，增值税的纳税人分为一般纳税人和小规模纳税人。一般纳税人是依据销售商品或劳务的销售额，按规定的税率计算出销售税额，然后扣除取得商品或劳务时所支付的增值税额来计缴增值税，即当期应交增值税税额=当期增值税销项税额-当期准予抵扣的增值税进项税额。2017 年 7 月 1 日，财政部和国家税务总局对增值税税率结构进行简并，取消了13%的增值税税率，并明确了适用 11%税率的货物范围和抵扣进项税额规定。从 2018 年 5 月 1 日起，将制造业等行业增值税税率从 17%降至 16%，将交通运输、建筑、基础电信服务等行业及农产品等货物的增值税税率从 11%降至 10%。因此，当前，一般纳税人适用的税率有：16%、10%、6%和 0%等。小规模纳税人采取简易计税办法，按当期销售额的 3%（征收率）计缴增值税。

会计核算中，“应交税费 ——应交增值税”账户具体内容如下：

（1）“进项税额”项目，记录企业购入货物或接受应税劳务支付的、准予从销项税额中抵扣的增值税额。企业购入货物或接受应税劳务支付的进项税额，用蓝字登记；发生销售退回或销售折让，应冲销的进项税额，用红字登记。

（2）“已交税金”项目，记录企业实际已缴纳的增值税额。企业已缴纳的增值税额用蓝字登记；退回多交的增值税额用红字登记。

（3）“销项税额”项目，记录企业销售货物或提供应税劳务应向购买方收取的增值税额。企业销售货物或提供应税劳务应收取的销项税额，用蓝字登记；发生销售退回或销售折让，应冲销的销项税额，用红字登记。

（4）“出口退税”项目，记录企业向海关办理报关出口手续后，凭出口报关单等有关凭证，根据国家的出口退税政策，向主管出口退税的税务机关申报办理出口退税而收到退回的税款。出口货物退回的增值税额，用蓝字登记；出口货物办理退税后，又发生退货或者退关而补交已退的税款，用红字登记。

（5）“进项税额转出”项目，记录企业的购进货物、在产品、产成品等发生非正常损失以及其他原因而不应从销项税额中抵扣，按规定转出的进项税额。

三、材料采购成本的计算

（一）材料采购成本的构成

企业购入材料的采购成本，也称实际成本，一般由材料的买价和采购费用等构成。具体包括：

（1）买价。买价是指企业购入材料的发票账单上列明的价款。

（2）采购费用。采购费用是指企业在材料采购过程中发生的除买价和准予抵扣的增值税以外的各项费用，包括运输费、装卸费、保险费、仓储费、包装费、运输途中的合理损耗、入库前的挑选整理费、从国外进口材料支付的关税等。

（3）其他费用。如大宗物资的市内运杂费等。需要注意的是，市内零星运杂费和采购人员的差旅费等不构成材料的采购成本，直接计入当期的管理费用。

对于增值税一般纳税人随货款一并支付给供应单位的增值税属于价外税，不计入外购材料的采购成本。

对采购过程中发生的材料毁损、短缺等，除合理的损耗应计入采购成本外，其余的应区别不同情况进行会计处理，应从供应单位、外部运输机构等收回的材料短缺或其他赔偿，冲减材料的采购成本；因遭受意外灾害发生的损失和尚待查明原因的途中损耗，不得增加材料的采购成本，应暂作为“待处理财产损溢”进行核算，在查明原因后再做处理（详见第七章）。

（二）材料采购成本的计算

1. 共同性采购费用的分配方法

共同性采购费用是指在材料采购中由多种材料共同承担的采购费用。对于外购材料的采购费用凡能分清负担对象的，应直接计入所购材料的采购成本；凡不能分清负担对象的，应作为共同性采购费用，根据“谁受益，谁承担”的原则，选择合理的分配方法，分配后计入有关材料的采购成本。共同性采购费用的分配方法通常包括按所购货物的重量或采购价格等标准进行分配。其分配过程如下：

①确定费用分配标准：采购费用的分配标准有买价、重量、体积等。

②计算采购费用分配率：

某项采购费用分配率=该项待分配的采购费用总额÷各种材料的标准量之和

③计算各种材料应负担的采购费用

某种材料应负担的采购费用=该种材料的标准量×采购费用分配率

2. 材料采购成本的计算

外购材料的采购成本包括购入材料的总成本和单位成本。总成本等于购入材料的买价和采购费用之和，单位成本是总成本与购入材料的实物量之比。外购材料的采购成本一般是指购入材料的总成本，常常通过编制材料采购成本计算表来完成。

四、材料采购业务的核算举例

假定科达公司为增值税一般纳税人，验收入库材料的实际采购成本于月末一次结转。该公司 2017 年 7 月发生如下采购业务：

[例 3.9] 从长宏厂购入 A 材料 300 千克，单价 200 元，增值税进项税额为 10 200 元，代垫运费 600 元。货款及代垫运费均未支付。

该项业务中的运费是 A 材料单独发生的，应直接计入 A 材料的采购成本；因此，材料的买价 60 000 元及运费 600 元构成购入 A 材料的采购成本，支付给长宏厂的增值税进项税额准予从增值税销项税额中抵扣，减少企业的应交税费。所以，这笔经济业务的发生，一方面引起企业的材料采购成本（买价+运费）增加了 60 600 元，记入“在途物资”及其相关明细账户的借方，应交税费减少了 10 200 元；记入“应交税费——应交增值税”账户的借方；另一方面，由于货款、运费和增值税均未支付，引起企业的应付账款增加了 70 800 元，记入“应付账款”及其相关明细账户的贷方。其应编制的会计分录为：

借：在途物资——A 材料　　　　60 600

　　应交税费——应交增值税（进项税额）　　　　10 200

　　贷：应付账款——长宏厂　　　　70 800

［例 3.10］根据合同协议，企业以银行存款 30 000 元预付从中原厂购买 B 材料的货款。

这笔经济业务的发生，一方面引起企业的银行存款减少了 30 000 元，记入“银行存款”账户的贷方；另一方面预付供货单位购买材料的货款，形成企业的一项债权，引起企业预付账款增加了 30 000 元，记入“预付账款”及其相关明细账户的借方。应编制的会计分录为：

借：预付账款——中原厂　　　　30 000

　　贷：银行存款　　　　30 000

［例 3.11］从兴丰公司购入 A 材料 50 千克，单价 200 元，增值税进项税额为 1 700 元；购入 B 材料 300 千克，单价 100 元，增值税进项税额为 5 100 元；购入 A、B 两种材料共发生运费 910 元（按购入材料的重量比例分配）。企业开出商业汇票一张抵付上述款项，材料已运达企业。

本笔业务中购入材料发生的运费是为 A、B 两种材料共同发生的，属于共同性采购费用，由 A、B 两种材料共同承担，应选择一定的标准在 A、B 两种材料之间进行分配。本题选用 A、B 材料的重量作为分配标准。具体分配如下：

共同运费分配率＝910÷(50+300)＝2.6（元/千克）

A 材料应承担的运费＝50×2.6＝130（元）

B 材料应承担的运费＝300×2.6＝780（元）

材料的买价及运费均属于材料采购成本，支付给长宏厂的增值税进项税额准予从增值税销项税额中抵扣，减少企业的应交税费，企业开出商业汇票抵付货款，表明企业对兴丰公司承担了一项债务。因此，这笔经济业务的发生，一方面引起企业 A 材料的采购成本增加 10 130 元，B 材料的采购成本增加 30 780 元，记入“在途物资”及其相关明细账户的借方；应交税费减少了 6 800 元，记入“应交税费——应交增值税”账户的借方；另一方面引起企业的应付票据增加了 47 710 元，记入“应付票据”账户的贷方。其应编制的会计分录为：

借：在途物资——A 材料　　　　10 130

　　　　　　——B 材料　　　　30 780

　　应交税费——应交增值税（进项税额）　　　　6 800

　　贷：应付票据　　　　47 710

［例 3.12］以银行存款 70 800 元，偿还企业所欠长宏厂的购货款。

这笔经济业务的发生，一方面引起企业的银行存款减少了 70 800 元，记入“银行存款”账户的贷方；另一方面引起企业对长宏厂的应付账款减少了 70 800 元，记入“应付账款”及其相关明细账户的借方。其应编制的会计分录为：

借：应付账款——长宏厂　　　　70 800

　　贷：银行存款　　　　70 800

［例 3.13］收到中原厂发来的 B 材料 200 千克，单价 100 元，对方代垫运费 800

元，增值税进项税额为 3 400 元。所有款项均以预付款抵付，并退回余款，结清预付款。

企业原预付中原厂 B 材料的货款 30 000 元，以预付款抵付的货款、代垫运费及支付的增值税进项税额共计 24 200 元，应退回余款 5 800 元。这笔经济业务的发生，一方面引起企业 B 材料的采购成本增加了 20 800 元，记入“在途物资”及其相关明细账户的借方；应交税费减少了 3 400 元，记入“应交税费——应交增值税”账户的借方；银行存款增加了 5 800 元，记入“银行存款”账户的借方；另一方面引起企业的预付账款减少了 30 000 元，记入“预付账款”及其相关明细账户的贷方。其应编制的会计分录为：

借：在途物资——B 材料　　20 800
　　应交税费——应交增值税（进项税额）　　3 400
　　银行存款　　5 800
　贷：预付账款——中原厂　　30 000

［例 3.14］月末，本月购入的 A、B 材料全部验收入库，计算并结转入库材料的实际采购成本。

将材料验收入库，结转其实际采购成本前，应先计算入库材料的实际成本。企业本月购入且已验收入库 A、B 材料的实际采购成本为：

A 材料的实际采购成本＝60 600+10 130＝70 730（元）

B 材料的实际采购成本＝30 780+20 800＝51 580（元）

这笔经济业务的发生，表明材料的采购业务已经完成，材料验收入库，月末应结转入库材料的实际采购成本。结转方法：将计算并确定的材料实际采购成本从“在途物资”账户的贷方转入“原材料”账户的借方，以反映入库材料的实际成本。其应编制的会计分录为：

借：原材料　　122 310
　　——A 材料　　70 730
　　——B 材料　　51 580
　贷：在途物资　　122 310
　　——A 材料　　70 730
　　——B 材料　　51 580

根据上述材料采购业务，科达公司编制 2017 年 7 月材料采购成本计算。见表 3.1。

表 3.1　　**材料采购成本计算表**

2017 年 7 月　　单位：元

成本项目	A 材料		B 材料	
	总成本	单位成本	总成本	单位成本
买价	70 000	200	50 000	100
采购费用	730	2.086	1 580	3.16
采购成本	70 730	202.086	51 580	103.16

第三节　生产业务的核算

产品生产过程是企业主要的经营活动阶段。产品的生产过程，一方面是产品的形成过程，即企业的劳动者借助于机器、设备等劳动资料，将原材料等劳动对象进行加工，生产出符合设计要求的一定种类和数量的产品的过程；另一方面也是物化劳动和活劳动的耗费和产品制造成本的形成过程。

一、生产业务核算的内容及账户设置

（一）生产业务核算的内容

在产品的生产过程中，企业必然要发生固定资产的磨损、材料及劳动力的消耗等各种生产费用。企业在一定期间为生产产品所发生的各项生产费用，应按成本计算对象进行归集和分配，并在期末计算出完工产品的生产成本。因此，该过程主要包括生产费用的发生、归集和分配以及产品生产成本的计算结转等业务的核算。

（二）产品生产成本的构成

制造企业在生产过程中所发生的用货币表现的各种耗费，称为生产费用，主要包括为生产产品所消耗的原材料、辅助材料、燃料和动力，生产工人的工资及职工福利费等职工薪酬，厂房和机器设备等固定资产的折旧费，以及管理和组织生产、为生产服务而发生的各种费用。这些生产费用，需要按照一定种类的产品进行归集和分配，以计算产品的生产成本。生产费用按计入产品成本的方式不同，可分为直接费用和间接费用。直接费用是指与产品生产有直接关系的、直接计入产品成本的费用，包括直接材料和直接人工等。直接材料是指企业在生产产品和提供劳务过程中所消耗的直接用于产品生产的构成产品实体的各种原材料及主要材料、外购半成品以及有助于产品形成的辅助材料等。直接人工是指企业在生产产品和提供劳务过程中直接从事产品生产的工人工资、奖金、津贴、补贴及按职工工资总额计提的职工福利费等各种薪酬。间接费用，又称为制造费用，是指企业各生产车间为组织和管理生产而发生的、不能直接计入产品成本，需要通过一定方法分配计入产品成本的各项间接支出，包括生产车间管理人员的工资及福利费、生产车间固定资产折旧费、修理费、办公费、差旅费、水电费、劳动保护费、机物料消耗、季节性停工损失等。直接材料、直接人工和制造费用是生产费用按经济用途所做的分类，统称为成本项目。

在生产过程中，企业还会发生一些与生产某种产品没有直接联系，属于某一生产经营期间被耗用的费用，这些费用称为期间费用，包括管理费用、财务费用和销售费用。企业的行政单位为组织生产经营活动而发生的各项费用称为管理费用，如管理人员的薪酬、折旧费、修理费、办公费等。企业为筹集生产经营所需资金等而发生的各项费用称为财务费用，包括利息支出（减利息收入）、汇兑损益以及相关的手续费等。企业销售产品和材料、提供劳务的过程中发生的各种费用称为销售费用，包括保险费、包装费、展览费和广告费、商品维修费、预计产品质量保证损失、运输费、装卸费等以及为销售本企业产品而专设销售机构的职工薪酬、业务费、折旧费等经营费用。管理费用、财务费用和销售费用属于期间费用，直接从当期收入中扣除，计入当期损益，而不能计入产品成本。

（三）核算账户设置

1.“生产成本”账户

“生产成本”账户是归集和分配企业进行产品生产所发生的各项生产费用，并正确计算完工产品的生产成本。该账户属于成本类账户，借方登记应计入产品成本的各项直接费用以及期末分配转入产品成本的制造费用；贷方登记企业已完工并已验收入库的产成品的生产成本；期末余额在借方，反映企业尚未加工完成的在产品成本。本账户可按成本核算对象设置明细账，并按照规定的成本项目设置专栏，进行明细分类核算。

2.“制造费用”账户

“制造费用”账户核算企业生产车间（部门）为生产产品和提供劳务而发生的各项间接费用。该账户属于成本类账户，借方登记企业发生的各项制造费用；贷方登记期末按照一定方法分配计入产品“生产成本”账户的制造费用；期末分配结转后，本账户无余额。本账户可按不同的生产车间、部门设置明细账，并按费用项目设置专栏，进行明细分类核算。

3.“管理费用”账户

“管理费用”账户核算企业为组织和管理企业生产经营所发生的各项管理费用，包括企业在筹建期间内发生的开办费、董事会和行政管理部门在企业的经营管理中发生的或者应由企业统一负担的公司经费（包括行政管理部门职工工资及福利费、物料消耗、低值易耗品摊销、办公费和差旅费等）、工会经费、董事会费（包括董事会成员津贴、会议费和差旅费等）、聘请中介机构费、咨询费（含顾问费）、诉讼费、业务招待费、技术转让费、矿产资源补偿费、研究费用、排污费等。本账户属于损益类账户，借方登记本期发生的各项管理费用，贷方登记期末转入“本年利润”账户的管理费用；期末结转后本账户无余额。本账户可按费用项目设置明细账，进行明细分类核算。

4.“库存商品”账户

“库存商品”账户核算企业库存的各种商品的实际成本。该账户属于资产类账户，借方登记已完工并验收入库的各种产品的实际成本；贷方登记因销售等发出的各种产品的实际成本；期末余额在借方，反映企业库存商品的实际成本。该账户可按库存商品的种类、品种和规格等设置明细账，进行明细分类核算。

5.“应付职工薪酬”账户

“应付职工薪酬”账户核算企业应付给职工的各种薪酬，包括工资、奖金、津贴、职工福利、社会保险费、住房公积金等。该账户属于负债类账户，贷方登记应由本期负担但尚未支付的职工薪酬；借方登记实际支付的职工薪酬；期末余额一般在贷方，反映企业应付未付的职工薪酬。该账户按职工薪酬类别设置明细账，并按职工薪酬的组成内容分设专栏进行明细分类核算。

6. “累计折旧”账户

“累计折旧”账户核算企业固定资产的累计折旧。该账户属于资产类账户，贷方登记按月计提的固定资产折旧；借方登记企业因出售、报废、毁损等原因减少固定资产时应转销的累计折旧额；期末余额在贷方，反映企业固定资产的累计折旧额。该账户可按固定资产的类别或项目设置明细账，进行明细分类核算。

7. “其他应付款”账户

“其他应付款”账户核算企业除应付票据、应付账款、预收账款、应付职工薪酬、应付利息、应付股利、应交税费、长期应付款等以外的其他各项应付、暂收的款项。该账户属于负债类账户，贷方登记企业发生的其他各种应付、暂收款项；借方登记支付的其他各种应付、暂收款项；期末余额在贷方，反映企业应付未付的其他应付款项。该账户可按其他应付款的项目和对方单位（或个人）设置明细账，进行明细分类核算。

二、生产过程主要经济业务的核算举例

（一）材料费用的核算

［例 3.15］2017 年 7 月科达公司仓库发出材料汇总情况如下：

生产 A 产品领用甲、乙材料共计 42 900 元，生产 B 产品领用甲、丙材料共计 116 750 元；车间和厂部行政管理部门分别领用甲材料 15 750 元和 9 450 元。经统计，材料耗用情况为：甲材料耗用 3 800 件，计 119 700 元；乙材料耗用 2 000 千克，计 11 400 元；丙材料耗用 5 000 千克，计 53 750 元。

仓库发出材料应按不同的用途分别记入不同的账户：直接用于生产产品的材料费用，记入“生产成本”及其相关明细账户；用于车间一般耗用的材料费用，记入“制造费用”账户；用于厂部行政管理部门一般耗用的材料费用，记入“管理费用”账户；同时减少企业的原材料库存，记入“原材料”及其相关明细账户。因此，应编制的会计分录为：

借：生产成本——A 产品	42 900	
——B 产品	116 750	
制造费用	15 750	
管理费用	9 450	
贷：原材料——甲材料		119 700
——乙材料		11 400
——丙材料		53 750

（二）人工费用的核算

［例 3.16］月末，结算本月应付职工工资 180 000 元，其中生产 A 产品的生产工人工资 60 000 元，生产 B 产品的生产工人工资 90 000 元，车间管理人员工资 10 000 元，厂部行政管理人员工资 20 000 元。

企业结算的应付职工工资，应根据职工所在岗位的不同分别记入不同的账户：

生产工人工资，记入“生产成本”及其相关明细账户；车间管理人员工资，记入“制造费用”账户；厂部行政管理人员工资，记入“管理费用”账户；同时形成企业对职工的一项债务，记入“应付职工薪酬”账户。因此，应编制的会计分录为：

借：生产成本——A 产品　　60 000
　　　　　　——B 产品　　90 000
　　制造费用　　10 000
　　管理费用　　20 000
　贷：应付职工薪酬　　180 000

［例 3.17］月末，按工资总额的 14%计提职工福利费。

在我国，企业除了向职工支付工资以外，还应按工资总额的一定比例计提职工福利费，用于职工集体福利、生活困难补助等方面的支出。计提的职工福利费，按企业职工工资的构成，根据职工所在岗位的不同分别记入不同的账户：按生产工人工资计提的职工福利费，记入“生产成本”及其相关明细账户；按车间管理人员工资计提的职工福利费，记入“制造费用”账户；按厂部行政管理人员工资计提的职工福利费，记入“管理费用”账户；同时形成企业对职工的一项债务，记入“应付职工薪酬”账户。月末，应计提职工福利费的具体计算如下：

按 A 产品生产工人工资计提的职工福利费＝60 000×14%＝8 400（元）

按 B 产品生产工人工资计提的职工福利费＝90 000×14%＝12 600（元）

按车间管理人员工资计提的职工福利费＝10 000×14%＝1 400（元）

按厂部行政管理人员工资计提的职工福利费＝20 000×14%＝2 800（元）

因此，这笔经济业务应编制的会计分录为：

借：生产成本——A 产品　　8 400
　　　　　　——B 产品　　12 600
　　制造费用　　1 400
　　管理费用　　2 800
　贷：应付职工薪酬　　25 200

［**知识链接**］

职工薪酬，是指企业为获得职工提供的服务而给予各种形式的报酬以及其他相关支出。职工薪酬包括：职工工资、奖金、津贴和补贴；职工福利费；医疗保险费、养老保险费、失业保险费、工伤保险费和生育保险费等社会保险费；住房公积金；工会经费和职工教育经费；非货币性福利；因解除与职工的劳动关系给予的补偿；其他与获得职工提供的服务相关的支出。

［例 3.18］开出现金支票从银行提取现金 180 000 元，并发放职工工资。

这是两笔业务。第一笔是从银行提取现金，导致银行存款的减少和库存现金的增加；第二笔是用现金发放职工工资，导致库存现金减少和应付职工薪酬的减少。应编制的会计分录为：

①借：库存现金　　180 000

贷：银行存款　　180 000

②借：应付职工薪酬　　180 000

贷：库存现金　　180 000

（三）固定资产折旧费用的核算

［例3.19］月末，按规定计提本月固定资产折旧费10 000元，其中车间生产用固定资产计提折旧费3 000元，厂部管理部门用固定资产计提折旧费7 000元。

企业的固定资产在使用过程中，其实物形态始终保持不变，但其价值会随着使用被逐渐地损耗。对于固定资产的损耗价值不直接减少固定资产原值，不记入“固定资产”账户，而是记入“累计折旧”账户。每月末企业应按规定计提固定资产折旧，计提的固定资产折旧按固定资产使用部门的不同分别记入不同的账户：生产车间使用固定资产计提的折旧费用，记入“制造费用”账户；厂部行政管理部门使用固定资产计提的折旧费用，记入“管理费用”账户。应编制的会计分录为：

借：制造费用　　3 000

管理费用　　7 000

贷：累计折旧　　10 000

（四）其他费用的核算

［例3.20］以银行存款支付本月的生产用机器设备保险费1 500元。

机器设备保险费属于制造费用的核算范围。这笔经济业务的发生，一方面引起企业的银行存款减少了1 500元，另一方面引起企业的制造费用增加了1 500元，分别记入“银行存款”账户的贷方和“制造费用”账户的借方。其应编制的会计分录为：

借：制造费用　　1 500

贷：银行存款　　1 500

［例3.21］用现金支付车间办公费1 550元。

车间使用的办公费属于制造费用的核算范围。这笔经济业务的发生，一方面引起企业的库存现金减少了1 550元，记入“库存现金”账户的贷方；另一方面引起企业的制造费用增加了1 550元，记入“制造费用”账户的借方。应编制的会计分录为：

借：制造费用　　1 550

贷：库存现金　　1 550

［例3.22］租入厂房一间，租期3个月，以存款预付租金6 600元。

根据权责发生制基础，预付固定资产租金应由租赁期内每月平均分摊。而预付厂房租金是由非购销活动产生的预付费用，按会计准则规定，应通过“其他应付款”账户核算。因此，预付租金时，一方面形成企业的其他应付款的债权，记入“其他应付款”账户的借方；另一方面减少企业的银行存款，记入“银行存款”账户的贷方。应编制的会计分录为：

借：其他应付款　　6 600

贷：银行存款　　6 600

[例 3.23] 分摊应由本月负担的租入厂房租金 2 200 元。

租入厂房租金属于车间发生的间接费用，应记入“制造费用”账户的借方，分摊租入厂房租金时，应转销其他应付款，记入“其他应付款”账户的贷方。应编制的会计分录为：

借：制造费用　　2 200

　贷：其他应付款　　2 200

[例 3.24] 期末用银行存款支付本月应由产品负担的水电费 1 800 元。

本月产品负担的水电费是由 A、B 两种产品共同负担的费用，应先行归集记入“制造费用”账户，不能直接记入“生产成本”账户。应编制的会计分录为：

借：制造费用　　1 800

　贷：银行存款　　1 800

（五）制造费用分配的核算

[例 3.25] 月末汇总并结转本月发生的制造费用 37 200 元，其中计入 A 产品的制造费用为 14 880 元，计入 B 产品的制造费用为 22 320 元。假设制造费用选择生产工人工资比例进行分配。

对于企业在产品生产过程中发生的制造费用，先在“制造费用”账户中进行归集，月末应将月份内归集的制造费用，按照一定的标准分配结转入各产品成本中去。制造费用的分配标准可选择生产工人工资比例、机器工时比例、耗用直接材料比例等。将企业本月发生的制造费用汇总可知，本月发生制造费用共 37 200 元，应由 A、B 两种产品共同负担。这里选择生产工人工资比例进行分配。具体分配如下：

制造费用分配率=37 200/（60 000+90 000）= 0.248

A 产品应负担的制造费用=60 000×0.248=14 880（元）

B 产品应负担的制造费用=90 000×0.248=22 320（元）

因此，应编制的会计分录为：

借：生产成本——A 产品　　14 880

　　　　　　——B 产品　　22 320

　贷：制造费用　　37 200

（六）产品生产成本的计算和结转

月末，企业应编制“生产成本明细账”，计算在产品成本及完工产品的总成本和单位成本。完工产品入库后，还应结转入库产品的生产成本。

[例 3.26] 本月 A 产品 500 件，B 产品 1 000 件，全部完工并验收入库，计算并结转其成本。期末汇总 A、B 产品的生产成本，其中 A 产品成本总额为 126 180 元，B 产品成本总额为 241 670 元。假设 A、B 两种产品均是本月投产的。

根据该经济业务和“生产成本——A 产品”“生产成本——B 产品”两个账户中所汇总的资料，编制 A、B 两种产品的“生产成本明细账”如表 3.2、表 3.3 所示。

表 3.2　　生产成本明细账

完工数量：500 件

产品名称：A 产品　　2017 年 7 月　　月末在产品：0

2017 年		凭证号（略）	摘　要	借　方				贷　方
月	日			直接材料	直接人工	制造费用	合 计	
7			材料费用分配	42 900			42 900	
			工资费用分配		60 000		60 000	
			职工福利费分配		8 400		8 400	
			制造费用分配			14 880	14 880	
			生产费用合计	42 900	68 400	14 880	126 180	126 180
			单位成本	85. 8	136. 8	29. 76	252. 36	252. 36

表 3.3　　生产成本明细账

完工数量：1 000 件

产品名称：B 产品　　2017 年 7 月　　月末在产品：0

2017 年		凭证号（略）	摘　要	借　方				贷　方
月	日			直接材料	直接人工	制造费用	合 计	
7			材料费用分配	116 750			116 750	
			工资费用分配		90 000		90 000	
			职工福利费分配		12 600		12 600	
			制造费用分配			22 320	22 320	
			生产费用合计	116 750	102 600	22 320	241 670	241 670
			单位成本	116. 75	102. 6	22. 32	241. 67	241. 67

完工 A、B 产品入库后，一方面引起企业的库存产品增加，记入“库存商品”及其相关明细账户的借方；另一方面引起企业的生产成本减少，记入“生产成本”及其相关明细账户的贷方。其会计分录为：

借：库存商品——A 产品　　126 180

　　　　　　——B 产品　　241 670

　贷：生产成本——A 产品　　126 180

　　　　　　　——B 产品　　241 670

第四节　销售业务的核算

销售过程是企业生产经营活动的最后一个环节，也是产品价值的实现过程。企业能否将所生产的产品顺利地销售出去，直接关系着企业在激烈的市场竞争中能否生存和发展。

一、销售业务核算的内容及账户设置

（一）销售业务核算的内容

在产品的销售过程中，一方面企业要将产品及时地销售给购货单位；另一方面要按照销售价格向购货单位收取货款，以实现销售收入；同时，还要按照税法规定计算和缴纳各种销售税金及附加、发生销售费用等。因此，销售过程核算的主要经济业务包括正确确认产品销售收入的实现、与购买单位办理货款结算、支付各项销售费用、计算并缴纳销售税金及附加、结转已售产品的生产成本等。

（二）核算账户设置

1.“主营业务收入”账户

“主营业务收入”账户核算企业确认的销售商品、提供劳务等主营业务的收入。该账户属于损益类账户。其贷方登记已经实现的主营业务收入；借方登记销售退回或折让减少的主营业务收入以及期末转入“本年利润”账户的净收入；期末结转后本账户无余额。该账户可按主营业务的种类设置明细账，进行明细分类核算。

2.“主营业务成本”账户

“主营业务成本”账户核算企业确认的销售商品、提供劳务等主营业务收入时应结转的成本。该账户属于损益类账户。其借方登记本月已实现收入的产品应结转的主营业务成本；贷方登记销售退回或折让减少的主营业务成本以及期末转入“本年利润”账户的主营业务成本；期末结转后本账户无余额。该账户可按主营业务的种类设置明细账，进行明细分类核算。

3.“税金及附加”账户

“税金及附加”账户核算企业经营活动发生的消费税、城市维护建设税、资源税、教育费附加及车船税、房产税、城镇土地使用税和印花税等相关税费。该账户属于损益类账户，借方登记企业按规定计算确定的与经营活动相关的各种税费，贷方登记期末转入“本年利润”账户的税金及附加；期末结转后本账户无余额。

4.“销售费用”账户

“销售费用”账户核算企业销售商品和材料、提供劳务的过程中发生的各种费用，包括保险费、包装费、展览费和广告费、商品维修费、预计产品质量保证损失、运输费、装卸费等，以及为销售本企业商品而专设的销售机构（含销售网点、售后服务网点等）的职工薪酬、业务费、折旧费等经营费用。该账户属于损益类账户，借方登记发生的各项销售费用；贷方登记期末转入“本年利润”账户的销售费用；期末结转后本账户无余额。该账户可按费用项目设置明细账，进行明细分类核算。

5.“应收账款”账户

“应收账款”账户核算企业因销售商品、提供劳务等经营活动应收取的款项。该账户属于资产类账户，借方登记企业发生的应收账款；贷方登记收回的应收账款；期末余额一般在借方，反映企业尚未收回的应收账款。该账户可按债务人设置明细账，进行明细分类核算。

6. “应收票据”账户

“应收票据”账户核算企业因销售商品、提供劳务等而收到的商业汇票，包括银行承兑汇票和商业承兑汇票。该账户属于资产类账户，借方登记企业因销售商品、提供劳务等而接受的商业汇票的票面金额；贷方登记商业汇票到期、实际收到的商业汇票的票面金额；期末余额在借方，反映企业持有的商业汇票的票面金额。该账户可按开出、承兑商业汇票的单位设置明细账，进行明细分类核算。企业还应当同时设置“应收票据备查簿”，逐笔登记商业汇票的种类、号数和出票日、票面金额、交易合同号和付款人、承兑人、背书人的姓名或单位名称、到期日、背书转让日、贴现日、贴现率和贴现净额以及收款日和收回金额、退票情况等资料。商业汇票到期结清票款或退票后，在备查簿中应予注销。

7. “预收账款”账户

“预收账款”账户核算企业按照合同规定预收的款项。该账户属于负债类账户。其贷方登记企业按照合同规定向购货单位预收的款项；借方登记按照合同规定向购货单位发出商品抵付的货款；期末余额一般在贷方，反映企业预收的款项。该账户可按购货单位设置明细账，进行明细分类核算。

企业预收账款情况不多的，也可以不设置本账户，将预收的款项直接记入“应收账款”账户。

8. “其他应收款”账户

“其他应收款”账户核算企业除应收票据、应收账款、预付账款、应收股利、应收利息、长期应收款等以外的其他各种应收、暂付款项。该账户属于资产类账户。其借方登记企业发生的其他各种应收、暂付款项；贷方登记企业收回或转销的其他各种应收、暂付款项；期末余额在借方，反映企业尚未收回的其他应收款项。该账户可按对方单位（或个人）设置明细账，进行明细分类核算。

9. “应交税费”账户

“应交税费”账户核算企业按照税法等规定计算应缴纳的各种税费，包括增值税、消费税、所得税、资源税、城市维护建设税、教育费附加等。该账户属于负债类账户。其贷方登记按照税法等规定计算出的应交未交的各种税费；借方登记已缴纳的各种税费；期末余额一般在贷方，反映企业尚未缴纳的税费。本账户可按应交的税费项目设置明细账，进行明细分类核算。

二、销售业务的核算举例

［例 3.27］科达公司向东明公司销售 A 产品 800 件，每件售价 600 元，价款共计 480 000 元，增值税销项税额 81 600 元，产品已发出，货款及增值税均未收到。

这笔经济业务的发生表明，企业售出产品同时取得了收取货款的权利，产品销售收入已经实现。产品销售是企业的主营销售业务，其实现的收入记入“主营业务收入”及其相关明细账户的贷方；同时，企业向购货方收取的增值税，形成企业的一项负债，记入“应交税费——应交增值税”及其相关明细账户的贷方；企业销售产品应收而尚未收到的款项，形成企业的一项债权，记入“应收账款”及其相关明细账户的借方。应编制的会计分录为：

借：应收账款——东明公司　561 600
　贷：主营业务收入——A 产品　480 000
　　应交税费——应交增值税（销项税额）　81 600

[例 3.28] 向明光厂销售 B 产品 500 件，单价 800 元，价款共计 400 000 元，增值税销项税额 68 000 元，产品已发出，货款及增值税均已收到，存入银行。

这笔经济业务的发生表明，企业售出产品同时收到了货款及增值税，产品销售收入已经实现。实现的产品销售收入，记入“主营业务收入”及其相关明细账户的贷方；同时，企业向购货方收取的增值税，形成企业的一项负债，记入“应交税费——应交增值税”及其相关明细账户的贷方；企业收到的银行存款，记入“银行存款”账户的借方。应编制的会计分录为：

借：银行存款　468 000
　贷：主营业务收入——B 产品　400 000
　　应交税费——应交增值税（销项税额）　68 000

[例 3.29] 以银行存款支付上述所售产品运费 11 000 元。

销售过程中发生的运费属于销售费用，表明费用的增加，记入“销售费用”账户的借方；以银行存款支付销售费用，表明银行存款的减少，记入“银行存款”账户的贷方。应编制的会计分录为：

借：销售费用　11 000
　贷：银行存款　11 000

[例 3.30] 15 天后收到东明公司前欠货款，存入银行。

收到购货单位支付的前欠货款，表明企业应收账款债权的减少，记入“应收账款”及其相关明细账户的贷方；款项存入银行，表明银行存款的增加，记入“银行存款”账户的借方。应编制的会计分录为：

借：银行存款　561 600
　贷：应收账款——东明公司　561 600

[例 3.31] 计算本期已售库存商品应缴纳的消费税 4 277 元。

按照我国税法规定，企业实现产品销售收入后，应按一定比例计算销售税金及教育费附加。当企业计算出当月销售税金及教育费附加后，一方面表明企业销售税金及教育费附加的增加，记入“税金及附加”账户的借方；另一方面企业计算出应交而未交的销售税金及教育费附加，形成企业的一项负债，记入“应交税费”及其相关明细账户的贷方。应编制的会计分录为：

借：税金及附加　4 277
　贷：应交税费——应交消费税　4 277

[例 3.32] 期末结转本期已售产品的实际成本，其中已售 A 产品的总成本为 201 888 元，B 产品的总成本为 120 835 元。

企业实现销售收入后，应计算并结转当期已售产品的实际成本，以便与营业收入相配比。结转已售产品的实际成本时，一方面表明企业主营业务成本的增加，记入“主营业务成本”及其相关明细账户的借方；另一方面产品已售出，表明企业库存商品的减少，记入“库存商品”及其相关明细账户的贷方。企业本月销售 A 产品 800 件，B 产品 500 件，从例 3. 27、例 3. 28 可知，每件 A 产品的成本为 252. 36 元，每件 B 产品的成本为 241. 67 元，则本期所售 A 产品的总成本为 201 888 元，B 产品的总成本为 120 835 元。应编制的会计分录为：

借：主营业务成本——A 产品　　201 888
　　　　　　　　——B 产品　　120 835
　贷：库存商品——A 产品　　201 888
　　　　　　　——B 产品　　120 835

需要说明的是，对于已售产品的实际成本，会计既可以采用逐笔结转，也可以采用期末一次结转。实际工作中已售产品成本的结转并非在收入实现的同时进行，而是一般在期末汇总后一次结转。

第五节　利润形成及分配业务的核算

利润是企业在一定会计期间形成的经营成果，数量上表现为各项收入与各项费用相抵后的差额，反映了企业一定时期的获利能力。企业在一定会计期间内实现的净利润，应按照国家和企业的利润分配政策进行分配。因此，经营成果的核算包括利润形成的核算和利润分配的核算。

一、利润的形成及其核算

（一）利润形成核算的内容及账户设置

1. 利润形成核算的内容

利润包括三个层次：营业利润、利润总额和净利润。有关利润的计算方法如下：

（1）营业利润=营业收入-营业成本-税金及附加-管理费用-财务费用-销售费用-资产减值损失+公允价值变动收益+投资收益

其中：

营业收入=主营业务收入+其他业务收入

营业成本=主营业务成本+其他业务成本

（2）利润总额=营业利润+营业外收入-营业外支出

其中，营业外收入（或支出）是指企业发生的与日常经营活动无直接关系的各项利得（或损失）。

（3）净利润=利润总额-所得税费用

所得税是企业使用政府所提供的各种服务而向政府应尽的义务，是按企业的利润所得额征收的（亏损企业不缴纳该项税收）、应从当期利润总额中扣除的一种费用。对企业而言，向国家缴纳所得税，意味着企业经济利益的减少。因此，所得税符合费用要素的定义，应作为一项费用处理。

2. 利润形成核算的账户设置

（1）“本年利润”账户

“本年利润”账户核算企业实现的净利润（或发生的净亏损）。该账户属于所有者权益类账户。其贷方登记由有关收入类账户转入的企业取得的各项收入；借方登记由有关费用类账户转入的企业发生的各项费用；期末如有贷方余额，反映企业实现的净利润，期末如有借方余额，反映企业发生的净亏损。年度终了，企业应将本年实现的净利润或发生的净亏损全部转入“利润分配——未分配利润”账户，结转后本账户应无余额。

（2）“其他业务收入”账户

“其他业务收入”账户核算企业确认的除主营业务活动以外的其他经营活动实现的收入，包括出租固定资产、出租无形资产、出租包装物和商品、销售材料和技术转让等实现的收入。该账户属于损益类账户，贷方登记企业确认的其他业务收入；借方登记期末转入“本年利润”账户的其他业务收入；期末结转后本账户无余额。本账户可按其他业务收入的种类设置明细账，进行明细分类核算。

（3）“其他业务成本”账户

“其他业务成本”账户核算企业确认的除主营业务活动以外的其他经营活动所发生的支出，包括销售材料的成本、出租固定资产的折旧额、出租无形资产的摊销额、出租包装物的成本或摊销额等。本账户属于损益类账户，借方登记企业发生的其他业务成本；贷方登记期末转入“本年利润”账户的主营业务成本；期末结转后本账户无余额。本账户可按其他业务成本的种类设置明细账，进行明细分类核算。

除主营业务活动以外的其他经营活动发生的相关税费，也在“税金及附加”账户核算。

（4）“投资收益”账户

“投资收益”账户核算企业确认的投资收益或投资损失。本账户属于损益类账户，借方登记发生的投资损失或期末结转入“本年利润”账户的投资收益；贷方登记增加的投资收益或期末结转入“本年利润”账户的投资损失；期末结转后本账户无余额。本账户可按投资项目设置明细账，进行明细分类核算。

（5）“营业外收入”账户

“营业外收入”账户核算企业发生的各项营业外收入，包括非流动资产处置利得、非货币性资产交换利得、债务重组利得、政府补助、盘盈利得、捐赠利得等。本账户属于损益类账户，贷方登记企业取得的各项营业外收入；借方登记期末转入“本年利润”账户的营业外收入；期末结转后本账户无余额。本账户可按营业外收入项目设置明细账，进行明细分类核算。

（6）“营业外支出”账户

“营业外支出”账户核算企业发生的各项营业外支出，包括非流动资产处置损失、非货币性资产交换损失、债务重组损失、公益性捐赠支出、非常损失、盘亏损失等。本账户属于损益类账户，借方登记企业发生的各项营业外支出；贷方登记期末转入“本年利润”账户的营业外支出；期末结转后本账户无余额。本账户可按营业外支出项目设置明细账，进行明细分类核算。

（7）“所得税费用”账户

“所得税费用”账户核算企业确认的应从当期利润总额中扣除的所得税。本账户属于损益类账户，借方登记企业按照税法规定计算确定的当期应交所得税；贷方登记期末转入“本年利润”账户的所得税费用；期末结转后本账户无余额。

（二）利润形成的核算举例

[例 3.33] 出售乙材料一批，价值 40 000 元，应交增值税 6 800 元，款已收，存入银行。

材料销售属于企业的其他销售业务。企业售出材料同时收到了货款及增值税，表明材料销售收入已经实现。一方面实现的材料销售收入，记入“其他业务收入”及其相关明细账户的贷方；同时，企业向购货方收取的增值税，形成企业的一项负债，记入“应交税费——应交增值税”及其相关明细账户的贷方；企业收到的银行存款，记入“银行存款”账户的借方。应编制的会计分录为：

借：银行存款　　46 800

　贷：其他业务收入——材料销售　　40 000

　　应交税费——应交增值税（销项税额）　　6 800

[例 3.34] 期末结转上述材料的实际成本 27 000 元。

结转已售材料的实际成本时，一方面表明企业其他业务成本的增加，记入“其他业务成本”及其相关明细账户的借方；另一方面材料已售出，表明企业库存原材料的减少，记入“原材料”及其相关明细账户的贷方。应编制的会计分录为：

借：其他业务成本——材料销售　　27 000

　贷：原材料——乙材料　　27 000

[例 3.35] 收到一笔职工的罚款计 3 000 元，存入银行。

企业取得的罚款收入，应作为营业外收入，记入“营业外收入”账户的贷方；同时款项存入银行，记入“银行存款”账户的借方。其应编制的会计分录如下：

借：银行存款　　3 000

　贷：营业外收入　　3 000

[例 3.36] 向青少年基金会捐赠 15 000 元，已通过银行转账支付。

向青少年基金会的捐赠是企业的公益性捐赠支出，应作为营业外支出的增加，记入“营业外支出”账户的借方；同时通过银行支付，银行存款的减少，记入“银行存款”账户的贷方。其应编制的会计分录为：

借：营业外支出　　15 000

　贷：银行存款　　15 000

[例 3.37] 采购员出差归来报销差旅费 1 450 元，退回余款 50 元，结清预借款。

采购员报销的差旅费应由管理费用承担。管理费用的增加，记入“管理费用”账户的借方；企业职工个人退回的款项，增加了企业的库存现金，记入“库存现金”账户的借方；同时，报销的差旅费应冲销企业的其他应收款，记入“其他应收款”账户的贷方。应编制的会计分录为：

借：管理费用　　1 450
　　库存现金　　50
　贷：其他应收款　　1 500

［例 3.38］企业向银行结汇支付银行手续费 2 300 元。

结汇时银行收取的手续费应由财务费用承担。财务费用增加，记入“财务费用”账户借方；用银行存款支付银行手续费，使银行存款减少，记入“银行存款”账户的贷方。应编制的会计分录为：

借：财务费用　　2 300
　贷：银行存款　　2 300

［例 3.39］计算利润总额，结转各损益类账户。

利润总额的计算如下：

①营业利润=营业收入-营业成本-税金及附加-管理费用-财务费用-销售费用-资产减值损失+公允价值变动收益+投资收益
=(480 000+400 000+40 000)-(201 888+120 835+27 000)-4 277-40 700-2 300-11 000
=512 000（元）

②利润总额=营业利润+营业外收入-营业外支出
=512 000+3 000-15 000=500 000（元）

为了对本期的收入与成本费用进行比较，计算本期的利润或亏损额，确定本期的经营成果，期末，应编制结转分录，将所有收入类账户、成本费用类账户的余额转入“本年利润”账户，结清各损益类账户。应编制的会计分录如下：

（1）企业将所有收入类账户的余额转入“本年利润”账户，引起收入的减少，记入相关收入账户的借方；同时引起本年利润的增加，记入“本年利润”账户的贷方。应编制的会计分录为：

借：主营业务收入——A 产品　　480 000
　　　　　　　——B 产品　　400 000
　　其他业务收入——材料销售　　40 000
　　营业外收入　　3 000
　贷：本年利润　　923 000

（2）企业将所有费用类账户的余额转入“本年利润”账户，引起费用的减少，记入相关成本费用账户的贷方；同时引起本年利润的减少，记入“本年利润”账户的借方。应编制的会计分录为：

借：本年利润　　423 000
　贷：主营业务成本——A 产品　　201 888
　　　　　　　　——B 产品　　120 835
　　　其他业务成本——材料销售　　27 000
　　　税金及附加　　4 277

销售费用　11 000
管理费用　40 700
财务费用　2 300
营业外支出　15 000

[例 3.40] 按利润总额计算并结转所得税费用（所得税税率为 25%）。

按照税法的规定，企业实现了利润，应按利润总额的一定比例计算并上交所得税。企业计算所得税费用时，一方面引起了所得税费用的增加，记入“所得税费用”账户的借方；另一方面形成企业的一项负债，记入“应交税费”及其相关明细账户的贷方。本期企业应上交的所得税费用为：500 000×25%＝125 000（元）。应编制的会计分录为：

（1）借：所得税费用　125 000
　　贷：应交税费——应交所得税　125 000

（2）“所得税费用”账户属于损益类账户，期末也应将其余额转入“本年利润”账户。企业将“所得税费用”账户的余额转入“本年利润”账户时，一方面引起所得税费用的减少，记入“所得税费用”账户的贷方；同时引起本年利润的减少，记入“本年利润”账户的借方。应编制的会计分录为：

借：本年利润　125 000
　贷：所得税费用　125 000

二、利润的分配及其核算

（一）利润分配核算的内容及账户设置

1. 利润分配核算的内容

企业的利润分配是企业根据国家有关利润分配政策和投资协议规定，对企业在一定期间所实现的可供分配的利润进行的分配。可供分配的利润是指企业本年实现的净利润加上年初未分配利润或减去年初未弥补亏损后的余额。

企业税后利润分配的主要内容包括弥补以前年度亏损、提取盈余公积以及向投资者分配利润等。

（1）弥补以前年度亏损。按照我国企业所得税法规定，企业纳税年度发生的亏损，准予向以后年度结转，用以后连续五年的税前利润弥补，从第六年开始，只能用税后利润弥补。但是，企业在汇总计算缴纳企业所得税时，其境外营业机构的亏损不得抵减境内营业机构的盈利。如果税后利润还不足以弥补亏损的，则可以用企业发生亏损以前提取的盈余公积来弥补。盈余公积中可以用于弥补亏损的数额，应与其注册资本相比，超过注册资本 25%的部分。

（2）提取盈余公积。盈余公积是指企业按照国家有关规定从净利润中提取的公积金。提取盈余公积的主要目的，是对投资者的利润分配进行限制，扩大公司生产经营规模，增强企业自我发展和承受风险的能力。经股东大会或类似机构决议，盈余公积可以用来弥补亏损和按规定程序转增资本，符合条件的企业，也可以用盈余公积分配现金股利。盈余公积一般可以分为法定盈余公积和任意盈余公积。我国

《公司法》规定，有限责任公司和股份有限公司应当按照公司当年税后利润的10%提取法定公积金，提取的法定公积金累计额达到公司注册资本的50%以上时，可以不再提取。公司从税后利润中提取法定公积金后，经公司董事会或者股东大会决议，还可以从税后利润中提取任意公积金，提取比例视企业情况而定。法定公积金转增资本时，所留存的该项公积金不得少于转增资本前公司注册资本的25%。

（3）向投资者分配利润。公司弥补亏损和提取公积金后所余税后利润，为可供向投资者分配的利润，企业可以按投资协议、合同或法律的规定向投资者进行分配。

可供分配的利润按照上述顺序分配后，剩余的即为未分配利润或未弥补亏损。

2. 利润分配核算的账户设置

（1）“利润分配”账户

“利润分配”账户核算企业利润的分配（或亏损的弥补）和历年分配（或弥补）后的余额。该账户属于所有者权益类账户，借方登记已分配的利润或年度终了企业自“本年利润”账户转入的本年发生的净亏损；贷方登记年度终了企业自“本年利润”账户转入的本年实现的净利润，同时，还应将“利润分配”账户所属其他明细账户的余额转入“利润分配——未分配利润”明细账户。结转后，“利润分配”账户除“未分配利润”明细账户外，其他明细账户应无余额。期末如有贷方余额，反映企业的未分配利润；期末如有借方余额，反映企业未弥补的亏损。本账户应当分“提取法定盈余公积”“提取任意盈余公积”“应付现金股利或利润”和“未分配利润”等设置明细账，进行明细分类核算。

（2）“盈余公积”账户

“盈余公积”账户核算企业从净利润中提取的盈余公积。该账户属于所有者权益类账户，贷方登记企业按规定提取的盈余公积；借方登记用盈余公积弥补亏损或转增资本的数额；期末余额在贷方，反映企业盈余公积的实有数。本账户应当分别按“法定盈余公积”“任意盈余公积”设置明细账，进行明细分类核算。

（3）“应付股利”账户

“应付股利”账户核算企业根据股东大会或类似机构审议批准的利润分配方案确定应分配的现金股利或利润。该账户属于负债类账户，贷方登记企业计算出的应支付的现金股利或利润；借方登记实际支付的现金股利或利润；期末余额在贷方，反映企业应付未付的现金股利或利润。本账户可按投资者设置明细账，进行明细分类核算。

（二）利润分配核算举例

［例3.41］年末经董事会决定，按当年净利润的10%提取法定盈余公积，按5%提取任意盈余公积。

净利润=利润总额-所得税费用=500 000-125 000=375 000（元）

提取的法定盈余公积=375 000×10%=37 500（元）

提取的任意盈余公积=375 000×5%=18 750（元）

法定盈余公积和任意盈余公积的提取，一方面会引起盈余公积的增加，记入“盈余公积”及其相关明细账户的贷方；另一方面会引起企业的利润分配数增加，记入“利润分配”及其相关明细账户的借方。应编制的会计分录为：

借：利润分配——提取法定盈余公积　　37 500
　　　　　　——提取任意盈余公积　　18 750
　贷：盈余公积——法定盈余公积　　37 500
　　　　　　　——任意盈余公积　　18 750

［例 3.42］年末经董事会决定，按可供向投资者分配的利润的 60%向投资者进行分配。

可供投资者分配的利润＝净利润－提取的法定盈余公积－提取的任意盈余公积
＝375 000－37 500－18 750＝318 750（元）

应分配给投资者的利润＝318 750×60%＝191 250（元）

企业向投资者分配利润，一方面会引起企业的利润分配数增加，记入“利润分配”及其相关明细账户的借方；另一方面会引起应付股利的增加，记入“应付股利”账户的贷方。其应编制的会计分录为：

借：利润分配——应付股利　　191 250
　贷：应付股利　　191 250

［例 3.43］以银行存款向投资者支付股利。

这笔业务的发生，一方面企业的银行存款减少，记入“银行存款”账户的贷方；另一方面使应付股利减少，记入“应付股利”账户的借方。应编制的会计分录为：

借：应付股利　　191 250
　贷：银行存款　　191 250

［例 3.44］将“本年利润”账户和“利润分配”账户所属其他明细账户的余额转入“利润分配——未分配利润”明细账户。

①企业将“本年利润”账户的余额转入“利润分配——未分配利润”明细账户。“本年利润”账户的余额表明企业当年实现的净利润或者发生的净亏损，利润的分配或者亏损的弥补并不是直接通过“本年利润”账户反映的，而是通过“利润分配”账户来反映。所以，年度终了，应将“本年利润”账户的余额转入“利润分配——未分配利润”明细账户。将本年实现的净利润转入“利润分配——未分配利润”明细账户时，一方面引起企业的本年利润减少，记入“本年利润”账户的借方；另一方面引起企业的“利润分配——未分配利润”的增加，记入“利润分配——未分配利润”账户的贷方。应编制的会计分录为：

借：本年利润　　375 000
　贷：利润分配——未分配利润　　375 000

②将“利润分配”账户所属其他明细账户的余额转入“利润分配——未分配利润”明细账户。一方面引起企业“利润分配”账户所属其他明细账户余额的减少，记入“利润分配”账户所属其他明细账户的贷方；另一方面引起企业的“利润分配——未分配利润”的减少，记入“利润分配——未分配利润”账户的借方。应编制的会计分录为：

借：利润分配——未分配利润　　247 500
　贷：利润分配——提取法定盈余公积　　37 500
　　　　　　　——提取任意盈余公积　　18 750
　　　　　　　——应付股利　　191 250

本章小结

本章主要介绍了在借贷记账法下，对极具代表性的制造业的整个生产经营活动的基本经济业务如何进行会计处理。制造业的生产经营活动主要包括筹资、供应、生产、销售和利润形成及分配五个环节。相应地，制造企业的主要经济业务核算也应包括筹资业务的核算、材料采购业务的核算、产品生产业务的核算、销售业务的核算和利润形成及分配业务的核算五个方面。

思考题

1. 企业资金筹集的途径有哪些？如何进行会计处理？
2. 材料采购业务核算的主要经济业务有哪些？如何进行会计处理？
3. 产品生产业务核算的主要经济业务有哪些？如何进行会计处理？
4. 销售业务核算的主要经济业务有哪些？如何进行会计处理？
5. 企业的经营成果是如何实现的？
6. 怎样计算净利润？
7. 利润分配的主要内容有哪些？分配的顺序如何？
8. 利润的形成及其分配，如何进行会计处理？

练习题

某企业 2017 年 10 月份发生如下经济业务：

（1）1 日从长宏工厂购入甲材料 300 千克，单价 200 元，增值税进项税额为 10 200 元，运费 200 元。全部款项尚未支付，材料验收入库。

（2）2 日收到国家增拨的投资 200 000 元存入银行。

（3）3 日从银行取得借款 50 000 元，期限 6 个月，年利率 5.8%，利息于季末结算。所借款项存入银行。

（4）4 日收到美联公司投入的生产线，双方协商作价为 560 000 元。

（5）5 日从兴丰工厂购入甲材料 100 千克，单价 200 元，增值税 3 400 元；乙材料 100 千克，单价 100 元，增值税 1 700 元，购入材料共发生运费 1 600 元（按材料重量比例分配）。上述款项全部用存款支付，材料验收入库。

（6）6 日以存款 30 000 元向中原工厂预付购买乙材料的货款。

（7）6 日以存款 70 400 元，偿还所欠长宏工厂的货款。

（8）7 日从帝恒工厂购入乙材料 50 千克，单价 120 元，运费 200 元，增值税额为 1 020 元，开出企业承兑 3 个月到期的商业汇票一张，材料尚未运达企业。

（9）8 日以现金 300 元购买车间办公用品。

（10）9 日从银行提取现金 190 000 元，支付职工工资。

（11）14 日收到中原工厂发来的已预付货款的乙材料 200 千克，单价 115 元，对方代垫运费 800 元，增值税额 3 910 元，材料已验收入库。

（12）15 日收到中原工厂退回的货款。

（13）15 日售给某公司 A 产品 200 件，单价 320 元，增值税税率 17%，收到对方承兑的商业汇票一张。

（14）19 日销售 B 产品 2 000 件，每件售价 18 元，增值税税率 17%，货已发出款未收到。

（15）20 日以银行存款 3 000 元支付产品广告费用。

（16）21 日以存款购入车间用办公用品及劳保用品 1 200 元。

（17）21 日租入厂房一间，租期 3 个月，以存款预付租金 4 500 元。

（18）25 日开出转账支票一张，支付税费 5 000 元。

（19）27 日以银行存款 800 元预付明年订阅报纸杂志费。

（20）31 日摊销应由本月负担的厂房租金 1 500 元。

（21）31 日计提本月固定资产折旧 4 000 元，其中车间固定资产折旧 2 600 元；厂部固定资产折旧 1 400 元。

（22）31 日本月购入的甲、乙材料全部验收入库，计算并结转入库材料的实际采购成本。

（23）31 日预提应由本月负担的短期借款利息 3 000 元。

（24）31 日本月仓库发出下列材料：产品耗用材料 100 000 元，其中：生产 A 产品领用甲材料 51 000 元；生产 B 产品领用乙材料 49 000 元；生产车间一般消耗领用甲材料 900 元；行政管理部门一般消耗领用乙材料 1 200 元。

（25）31 日计提本月职工工资，其中 A 产品生产工人工资 50 000 元，B 产品生产工人工资 80 000 元，车间管理人员工资 40 000 元，企业行政管理人员工资 20 000 元；并按工资总额的 14%计提职工福利费。

（26）31 日将本月发生制造费用在 A、B 产品之间按生产工时比例进行分配，其中 A 产品生产工时 3 000 小时，B 产品生产工时 2 000 小时。

（27）31 日本月生产的 A、B 产品全部完工，验收入库，计算并结转完工产品的实际生产成本。

（28）31 日计算本月 A、B 产品应交消费税 2 000 元。

（29）31 日结转产品销售成本，其中：A 产品 40 000 元；B 产品 10 000 元。

(30) 31日将有关损益账户转入“本年利润”。

(31) 31日计算并结转所得税费用，所得税税率25%。

(32) 31日按税后利润的10%提取法定盈余公积，5%提取任意盈余公积。

(33) 31日向投资者分配利润1 000元。

(34) 31日将净利润转入“利润分配”。

要求：根据上述经济业务编制会计分录。

拓展阅读

关于固定资产购置业务的核算

(一) 固定资产的含义

固定资产是指同时具备下列两个特征的有形资产：一是为生产商品、提供劳务、出租或经营管理而持有的；二是使用寿命超过一个会计年度。这里的使用寿命是指企业使用固定资产的预计期间，或者该固定资产所能生产产品或提供劳务的数量。

(二) 固定资产核算的账户设置

1.“固定资产”账户

“固定资产”账户，用以核算企业持有固定资产的原价。该账户属于资产类账户。其借方登记固定资产取得成本的增加数，贷方登记固定资产取得成本的减少数，期末余额在借方，表示固定资产原价的结余数。企业应当按照固定资产的类别或项目设置明细分类账户进行明细分类核算。

在对固定资产进行确认时，必须同时满足下列两个条件：一是与该固定资产有关的经济利益很可能流入企业，二是固定资产的成本能够可靠地计量。

2.“在建工程”账户

“在建工程”账户，用以核算企业基本建设、技术改造等在建工程发生的支出。该账户属于资产类账户。其借方登记工程支出的增加数，贷方登记结转完工工程的成本，期末余额在借方，表示企业尚未完工的在建工程的价值。本账户应按“建筑工程”“安装工程”“待摊支出”等设置明细账户进行明细分类核算。

企业购入不需要安装的固定资产，其发生的有关成本，直接计入“固定资产”账户。但企业购入需要安装的固定资产，在未达到预定可使用状态之前，应将其在购建过程中发生的全部支出，先记入“在建工程”账户，待其安装完毕交付使用时再从“在建工程”账户转入“固定资产”账户。

第四章　会计账户分类

学习目标

同学们通过本章的学习，认识会计账户分类的意义；理解会计账户不同的分类标准；掌握会计账户按经济内容、按用途和结构分类的基本内容。

重点和难点

熟悉会计账户的不同分类标准，准确掌握在借贷记账法下按经济内容、用途和结构分类的各会计账户的结构和登记方法。

案例导入

某化工集团股份有限公司成立于1996年3月，是一家跨十余省（市）、跨行业的大型企业集团和国有控股上市公司。该公司主要生产经营销售硫化碱、硫酸钡、硫酸镁及洗涤剂等系列产品，销量在全国同类产品中处于领先地位，其中不少产品品牌被评为“中国驰名商标”；公司拥有成熟的市场营销体系，市场服务网络遍布全国各地，多种产品还远销20多个国家和地区。目前，该公司设有7个分公司、15个子公司，总资产35亿元，年销售收入25亿元以上。2017年1月该公司发生的部分经济业务如下：

1月8日，从上海某贸易公司购买原材料250 000元，已验收入库，货款尚未支付。

1月10日，从工商银行借入短期借款6 000 000元，存入银行。

1月12日，以现金支付购买零星办公用品费950元。

【思考】

为什么要对会计账户进行分类？会计账户分类的标准有哪些？对上述公司1月份发生的部分经济业务进行核算时会涉及哪些会计账户？这些账户从会计账户分类的角度看，属于什么性质的账户？

设置账户是会计核算的基本方法之一。为了更好地掌握账户的设置和运用，对各种账户进行适当分类是十分必要的。对账户进行分类有不同的分类标准。在会计实务中，最常见的分类方法有按账户所反映的经济内容分类和按账户的用途和结构进行分类。下面将分别予以讲述。

第一节　账户按经济内容分类

账户的经济内容就是账户所反映的会计对象的具体内容。以经济内容对账户进行分类是账户最基本的分类，也是对账户进行其他分类的基础。通过这种分类，可以将账户分为资产类、负债类、所有者权益类、成本费用类和损益类等。

一、资产类账户

资产类账户就是核算和监督资产增减变动及其结存情况的账户。按资产的流动性划分，资产类账户可分为流动资产类账户和非流动资产类账户。

流动资产类账户主要包括："库存现金""银行存款""其他货币资金""应收账款""预付账款""其他应收款""材料采购""原材料""库存商品"等账户。非流动资产类账户主要有："长期股权投资""投资性房地产""固定资产""无形资产""无形资产减值准备""长期待摊费用"等账户。

二、负债类账户

负债类账户用以反映企业负债的增减变动及其结存情况。根据负债形成时所确定的偿还期不同，负债类账户可分为流动负债类账户和非流动负债类账户。

流动负债类账户主要包括："短期借款""应付票据""应付账款""预收账款""其他应付款""应交税费""应付职工薪酬""应付利息""应付股利"等账户。非流动负债类账户主要包括："长期借款""应付债券""长期应付款""专项应付款"等账户。

三、所有者权益类账户

所有者权益类账户用来反映所有者权益的增减变化及结存情况的账户。按所有者权益形成方式不同，所有者权益类账户可以分为投入资本类账户和留存收益类账户。

反映投资者投入资本类账户有：“实收资本”“资本公积”等账户；反映留存收益类账户有：“盈余公积”“本年利润”“利润分配”等账户。

四、成本类账户

成本类账户是用来反映企业制造成本或劳务成本的发生和结转情况的账户，主要包括：“生产成本”“制造费用”“劳务成本”等账户。

五、损益类账户

损益类账户是用来反映企业在一定时期内所取得的各项收入和发生的与当期收入相配比的各项成本、费用或损失情况的账户。一般来说，损益类账户可以划分为收入类账户和费用类账户两大类。

收入类账户主要有：“主营业务收入”“其他业务收入”等账户。费用类账户主要有：“主营业务成本”“其他业务成本”“税金及附加”“销售费用”“管理费用”“财务费用”等。

第二节　账户按用途和结构分类

账户按用途和结构分类，是在账户按经济内容分类的基础上，对用途和结构基本相同的账户进行的适当归类。所谓账户的用途，是指账户的作用，即通过账户的记录能够提供什么核算指标，本质上是指设置或运用账户的目的是什么；而账户的结构是指在账户中如何记录经济业务，以获得必要的核算指标，也就是账户的借方和贷方各登记什么，以及其余额各记录反映的是什么样的内容。通过账户按用途和结构分类，可以找出账户在提供核算资料上的规律性，从而更好地运用账户。

账户按用途和结构的不同可以分为盘存账户、结算账户、调整账户、集合分配账户、成本计算账户、跨期摊提账户、损益账户、财务成果账户、资本账户九大类。

一、盘存账户

盘存账户用来核算和监督企业各种财产物资、货币资金增减变动及结存情况，它包括了企业主要的资产账户。盘存账户在结构上的特点是：“借方”登记各项财产物资和货币资金的增加数，“贷方”登记其减少数，账户余额在“借方”，借方期末余额表示各项财产物资和货币资金的期末实有数额。另外，盘存账户所反映的内容属于资产性质，可以通过实地盘点（如财产、物资、库存现金）和与银行对账（如银行存款）核对账面数额与实际结存数额是否相符，除货币资金账户外，可以在明细分类账中提供实物数量和价值两种指标。需要注意的是，“生产成本”账户的期初、期末余额表示在产品，也具有盘存账户的性质。

盘存账户有：“库存现金”“银行存款”“原材料”“库存商品”“固定资产”账

户等。其结构如图 4.1 所示。

借方	账户名称 贷方
期初余额：财产物资、货币资金的期初实有数 本期发生额：财产物资、货币资金的增加数	本期发生额：财产物资、货币资金的减少数
期末余额：财产物资、货币资金的期末实有数	

图 4.1 盘存账户

二、结算账户

结算账户是用来核算和监督企业与其他单位和个人之间债权、债务结算情况的账户。此类账户的特点在于应按结算单位或个人设置明细分类账户，以便反映结算单位和个人结算业务的具体情况，以定期进行核对；其性质可以根据其账户期末余额的方向来判断，当余额在“借方”时，属于债权结算账户，当余额在“贷方”时，属于债务结算账户；其总账和明细账只提供货币信息。

结算账户按其结算的性质又可分为债权结算账户、债务结算账户和债权债务结算账户。

1. 债权结算账户

债权结算账户是用来核算和监督企业与其他单位和个人之间债权结算情况的账户。其反映的内容属于资产性质，因此也称结算资产账户，账户的“借方”登记企业债权的增加数，“贷方”登记企业债权的减少数，期末余额在“借方”，表示企业尚未收回的债权数额。主要包括：“应收账款”“应收票据”“应收股利”“应收利息”“其他应收款”“预付账款”等账户。其格式如图 4.2 所示。

借方	账户名称 贷方
期初余额：债权的期初实有数 本期发生额：债权的增加数	本期发生额：债权的减少数
期末余额：债权的期末实有数	

图 4.2 债权结算账户

2. 债务结算账户

债务结算账户是用来核算和监督企业与其他单位和个人之间债务结算情况的账户。其反映的内容均属负债性质，因此也称为结算负债账户，“借方”登记企业债务的减少数，“贷方”登记企业债务的增加数，期末余额在“贷方”，表示企业尚未清偿的债务数额。主要包括：“应付账款”“应付票据”“应付债券”“应付职工薪酬”“应付股利”“应交税费”“其他应付款”“短期借款”“长期借款”“预收账款”账户等。其格式如图 4.3 所示。

借方	账户名称　　　　　　　　　　贷方
期初余额：债务的期初实有数 本期发生额：债务的减少数	本期发生额：债务的增加数
	期末余额：债务的期末实有数

图 4.3　债务结算账户

3. 债权债务结算账户

债权债务结算账户，又称往来结算账户，是用来核算和监督企业与其他单位或个人以及企业内部之间债权债务往来结算情况的账户。由于在具体会计核算工作中，相互之间的往来结算的性质会经常变动，有时是企业的债权，有时则是企业的债务，因此，为了简化核算，《企业会计准则——应用指南》规定，预付货款情况不多的企业，也可以将预付货款直接记入“应付账款”账户的借方，这样“应付账款”账户同时核算和监督企业应付账款和预付货款的增减变动情况，从而成为一个债权债务结算账户。同样，预收货款很少的企业也可将预收货款直接记入“应收账款”账户的贷方。有的企业为了简化手续，还可设置“其他往来”等资产负债双重性质的账户，“借方”登记企业债权的增加数或债务的减少数，“贷方”登记企业债务的增加数或债权的减少数，余额在“借方”的为债权，余额在“贷方”的为债务。

债权债务结算账户反映的内容兼具资产、负债双重性质，因此，也可称为结算资产负债账户。其结构如图 4.4 所示。

借方	账户名称　　　　　　　　　　贷方
期初余额：应收款项大于应付款项的差额 本期发生额：应收款项的增加数或应付款项的减少数	期初余额：应付款项大于应收款项的差额 本期发生额：应付款项的增加数或应收款项的减少数
期末余额：应收款项大于应付款项的差额(债权)	期末余额：应付款项大于应收款项的差额(债务)

图 4.4　债权债务结算账户

三、调整账户

在会计核算中，由于管理上的需要或其他原因，对于某些资产或负债，有的需要用两种不同的数字，设置和应用两个账户来记录和反映。其中一个账户核算和监督其原始数额，另一个账户则用来核算和监督其原始数额的调整数额，将原始数额和调整数额相加或相减，就可以求得现有的实有数额，从而全面地反映同一会计对象。因而，把核算和监督原始数额的账户称为被调整账户，把核算和监督其调整数额的账户称为调整账户。

调整账户根据调整方式的不同，可分为备抵调整账户、附加调整账户和备抵附加调整账户。

1. 备抵调整账户

备抵调整账户亦称抵减调整账户，是用来抵减被调整账户的余额，以求得被调整账户实际余额的账户。如“累计折旧”账户是“固定资产”账户的备抵账户，“坏账准备”是“应收账款”账户的备抵账户。

备抵账户的特点是：调整账户与被调整账户的记账方向和余额方向相反，如果被调整账户以借方反映其增加数，贷方反映其减少数，余额在借方，其调整账户则以贷方反映其增加数，借方反映其减少数，余额在贷方。备抵调整方式可用公式表示如下：

被调整账户账面余额-备抵调整账面账户余额=被调整账户实际余额

图4.5、图4.6描述了“固定资产”账户和“累计折旧”账户之间的调整关系。

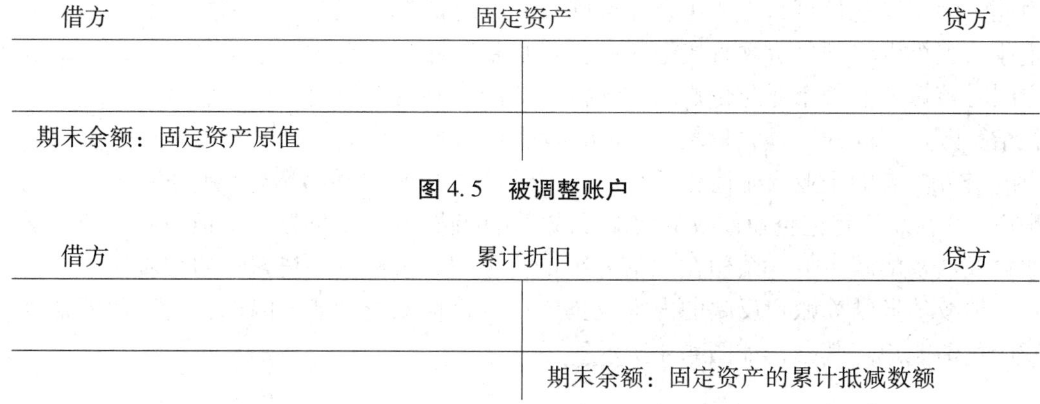

图4.5 被调整账户

图4.6 调整账户

固定资产净值=固定资产原值-固定资产的累计抵减数额

从图4.5、图4.6可以看出，“累计折旧”（调整账户）结合被调整的“固定资产”账户，从不同的角度描述了固定资产的使用情况，既有固定资产原值，又有固定资产的磨损值和净值数额，从而说明固定资产的新旧程度，这样为企业确保固定资产的有效利用提供了全面、系统的信息。

2. 附加调整账户

附加调整账户也称补充账户，是用来增加被调整账户的账面余额，以求得被调整账户实际余额的账户。该类账户同备抵账户的调整方式刚好相反，即将被调整账户的期末余额与调整账户的期末余额相加，便可得出被调整账户期末的实有数额。其特点是它与被调整账户的性质相同，在账户结构的方向上保持一致。

附加调整账户在实际工作中运用较少，比较典型的有“应付债券”账户下设的“债券面值”和“债券溢价”两个明细账户，“债券溢价”明细账户就是“债券面值”明细账户的附加调整账户。附加调整账户的调整方式可用公式表示如下：

被调整账户账面余额+附加调整账户账面余额=被调整账户的实际余额

3. 备抵附加调整账户

备抵附加调整账户是指既可以用来抵减也可以用来附加被调整账户的账面余额，

以求得被调整账户实际余额的账户。备抵附加调整账户兼有备抵账户和附加账户的作用：当其余额与被调整账户的余额方向相反，起备抵作用；反之，当其余额与被调整账户的余额方向相同，则起附加作用。用公式将其调整方式表示如下：

被调整账户账面余额±备抵附加调整账户账面余额=被调整账户的实际余额

比如，在产品制造企业中，其设置的“材料成本差异”账户就是一个典型的备抵附加调整账户。当其采用计划成本核算原材料时，“原材料”账户按计划成本核算，同时设置“材料成本差异”账户反映原材料的实际成本调整额，并以该账户调整“原材料”账户的账面余额。因而，这两个账户即形成了被调整与调整的关系。其关系如图 4.7～图 4.10 所示。

借方　　　　原材料	贷方
期末余额：结存材料的计划成本	

图 4.7　被调整账户

借方　　　　材料成本差异	贷方
期末余额：结存材料的超支成本差异	

图 4.8　备抵附加调整账户

结存材料的实际成本= 结存材料的计划成本+结存材料的超支成本差异

借方　　　　原材料	贷方
期末余额：结存材料的计划成本	

图 4.9　被调整账户

借方　　　　材料成本差异	贷方
	期末余额：结存材料的节约成本差异

图 4.10　备抵附加调整账户

结存材料的实际成本= 结存材料的计划成本-结存材料的节约成本差异

从图 4.7～图 4.10 可以看出，备抵附加调整账户的特点是：同时具备抵减和附加两种调整职能。当两个账户的期末余额同方向时起附加作用，如“材料成本差异”账户就成为“原材料”账户的附加调整账户；当其方向不同时则起备抵作用，如“材料成本差异”账户此时便成为“原材料”账户的抵减调整账户。

四、集合分配账户

集合分配账户是用来归集和分配生产经营过程中某一阶段所发生的成本费用，并借以核算和监督该阶段费用预算执行情况和费用分配情况的账户。如“制造费用”账户就是典型的集合分配账户。此类账户的特点是日常工作中主要用于那些不能直接计入某一成本计算对象的间接费用，期末用一定方法并以某种分配标准将其归集的费用全部分配转出。这类账户具有明显的过渡性特点，其账户的“借方”登记归集发生的各项费用的发生数，“贷方”则登记分配转出的费用数额，期末分配转出后一般无余额。其格式和登记方法如图 4. 11 所示。

借方　　　　　账户名称	贷方
发生额：本期某种费用的发生额	发生额：本期某种费用的分配转出额
期末：一般无余额	

图 4. 11　集合分配账户

五、成本计算账户

成本计算账户是用来核算和监督企业某一时期生产成本的归集和分配的账户。主要包括：“生产成本”“在建工程”等账户。此类账户具备以下特点：按成本对象（产品）设置明细账，并按成本项目设置专栏进行明细分类核算；提供实物和价值两种核算指标。

成本计算账户的“借方”登记应计入成本而发生的各项费用，“贷方”登记转出的完工产品的实际成本，期末余额在“借方”，表示在产品的实际成本。其格式和登记方法如图 4. 12 所示。

借方　　　　　账户名称	贷方
期初余额：期初在产品的实际成本 发生额：本期计入成本的各项费用	发生额：本期转出的完工产品成本
期末余额：期末在产品实际成本	

图 4. 12　成本计算账户

六、跨期摊提账户

跨期摊提账户是用来核算和监督应由几个会计期间共同负担的费用，并将这些费用在各个会计期间进行分摊和预提的账户。该类账户的设置和运用，是为了使费用的确认建立在权责发生制的基础上，分清计入成本计算对象（产品）的时期界限，正确计算成本和利润，以便有根据地评价各期间的经营业绩和经营责任。

跨期摊提账户可分为资产类跨期摊提账户和负债类跨期摊提账户。

1. 资产类跨期摊提账户

资产类跨期摊提账户主要用来核算和监督分摊期在一年以上的各种费用的发生和摊销情况。如“长期待摊费用”账户，其格式如图 4. 13 所示。

借方　　　　　　　　　长期待摊费用	贷方
期初余额：期初已发生或支付但尚未摊配完的费用 发生额：本期发生应由本期和以后各期摊配的费用	发生额：按照一定标准分摊的应由本期成本或损益对象负担的费用
期末余额：截至本期期末尚未摊配的费用	

图 4. 13　跨期摊提账户

2. 负债类跨期摊提账户

负债类跨期摊提账户是用来核算和监督根据规定已预先从成本或有关损益中提取，但尚未实际支付或发生的各项费用。但是，根据财政部于2006 年颁布的《企业会计准则——应用指南》规定，原本属于负债类跨期摊提账户的“预提费用”账户已取消，在会计科目中无此科目，在资产负债表中也取消了该项目。

按照新准则，企业预提的短期借款利息在“应付利息”账户中核算。预提利息时，借记“财务费用”，贷记“应付利息”；支付利息时，借记“应付利息”，贷记“银行存款”。企业应付租入固定资产租金在“其他应付款”账户核算。

七、损益账户

损益账户是用来汇集企业在某一期间内从事经营活动或其他活动的各项收入、收益或支出，并如期结转该项收入、收益或支出的账户。

按该类账户汇集的性质和经济内容，损益账户可以分为收入类结转账户和支出类结转账户。

1. 收入类结转账户

收入类结转账户是用来汇集和结转企业在某一期间内从事经营活动或其他活动的各项收入、收益的账户。这类账户主要有“主营业务收入”“其他业务收入”“投资收益”“营业外收入”等账户。

收入类结转账户是一种过渡性账户，“贷方”登记收入的增加额，反映企业收入、收益的形成或确认，“借方”登记当期收入、收益的减少数或转销数；该类账户当期收入、收益结转到“本年利润”账户后，期末无余额。其格式如图 4. 14 所示。

借方　　　　　　　　　账户名称	贷方
发生额：本期收入、收益的减少数和期末转入“本年利润”账户的数额	发生额：本期实现的收入、收益数额
	期末余额：无余额

图 4. 14　收入类结转账户

2. 费用类结转账户

费用类结转账户是用来核算和监督企业在某一时期内所发生的应计入当期损益的各项费用或损失的账户。主要包括“主营业务成本”“销售费用”“管理费用”“财务费用”“营业外支出”等账户。

费用类结转账户也是一种过渡性质的账户，其“借方”登记当期费用发生的增加数，“贷方”登记当期费用发生的减少数以及期末转入“本年利润”账户的费用数额，期末结转后无余额。其格式如图 4.15 所示。

借方　　　　账户名称	贷方
发生额：支出发生额	发生额：本期费用的减少数和期末转入“本年利润”的费用数额
期末余额：无余额	

图 4.15　费用类结转账户

八、财务成果账户

财务成果账户是用来核算和监督企业在一定期间全部经营活动的最终成果的账户。主要包括“本年利润”等账户，它是结合收入和费用要素的纽带，在会计账户体系中具有十分重要的地位。

该类账户只提供价值信息，账户的“贷方”登记期末从收入类账户转入的数额，“借方”登记期末各项费用类账户转入的数额，期末余额如在“借方”，表示企业发生的亏损净额，如在“贷方”，表示实现的净利润额。年终决算时，将“本年利润”账户结转“利润分配”账户后，年末无余额。其格式如图 4.16 所示。

借方　　　　账户名称	贷方
发生额：应计入本期损益的各项成本费用及税金	发生额：应计入本期损益的各项收入和收益
期末余额：发生的亏损净额	期末余额：实现的净利润额

图 4.16　财务成果账户

九、资本账户

资本账户是用来核算和监督所有者投入企业资本的增减变化及其结存情况的账户。主要包括“实收资本”“资本公积”和“盈余公积”等账户。该类账户具备以下特点：只提供价值信息，并按投资人或资本形成渠道设置明细账，反映企业资本形成的具体情况，同时也反映所有者对企业净资产的要求权。其账户的“贷方”登记资本的增加额，“借方”登记资本的减少额，余额在“贷方”，反映期末各种资本的实有数额。

由于资本账户反映企业从外部取得的投资和内部形成的积累，因而，反映外部投资的账户“实收资本”一定是贷方余额，反映企业内部形成的资本积累的账户“资本公积”“盈余公积”有时可能出现货方无余额的情况，但是，均不会出现借方余额，否则，就说明所有者权益受到侵犯或者账务处理上有错误。

其账户的格式如图 4.17 所示。

借方	账户名称　　　　　　　　贷方
发生额：资本的减少数额	期初余额：期初结存的各项资本实有数 发生额：资本的增加数额
	期末余额：期末资本结存额

图 4.17　资本账户

本章小结

本章介绍了会计账户的分类，并对各类账户的结构和使用进行了论述。按照经济内容可以把账户分为资产类账户、负债类账户、所有者权益类账户、成本费用类账户、损益类账户等；按照用途和结构对账户进行分类，可以把账户分为盘存账户、结算账户、调整账户、集合分配账户、成本计算账户、跨期摊提账户、损益账户、财务成果账户、资本账户九大类。

对账户进行分类，目的在于从不同的角度与层面加深对账户的认识和理解，掌握各类账户之间的联系和区别，从而提高实际运用账户的技能，达到科学使用账户的目的。同时，通过揭示不同账户在反映经济信息上的关系，可以正确认识各会计要素的经济内容，对经济业务的数据按不同的要求进行适当归类，形成财务会计报告所需要的包括财务信息在内的经济管理信息，为企业经营管理活动提供科学、系统的信息资料，更好地服务于会计主体的经营管理工作，以实现会计的目标。

思考题

1. 账户可以按哪些分类标准进行分类？每一类具体包括哪些账户？
2. 总分类账和明细分类账的关系是什么？
3. 举例说明如何使用备抵附加账户。
4. 结算账户包括哪些？如何使用这些账户？

第五章　会计凭证

学习目标

同学们通过本章的学习，了解会计凭证的种类；熟悉会计凭证保管要求；掌握原始凭证和记账凭证的填制与审核方法。

重点和难点

掌握常见原始凭证、记账凭证的判断、编制和审核方法。

案例导入

某市有A、B两所小学。城区的A小学向乡镇的B小学处理一批课桌椅，双方约定价值为2 700元。B小学校长交给A小学出纳2 700元现金，并要求A小学出纳将盖章后的空白收据给他，由他自己带回B小学按实际金额填写入账。A小学出纳答应了B小学校长的要求。后来，B小学校长将该批桌椅开具了15 000元金额，并在B小学进行了报销。此事被举报后，B小学校长受到了相关处理。

【请思考】

在该案例中，你怎么看待A小学出纳和B小学校长的行为？原始凭证应如何填制和审核？

第一节　会计凭证的意义和种类

一、会计凭证的概念

会计凭证是记录经济业务，明确经济责任，作为记账依据的书面证明。为了保证会计记录能如实反映企业的经济活动情况，保证账户记录的真实性、准确性，记账必须严格以会计凭证为依据。

任何单位当经济业务发生或完成时，都必须办理凭证手续，由执行和完成该业务的有关人员，从单位外部取得或自行填制有关凭证，以书面形式记录和证明所发生的经济业务的日期、内容、数量和金额等，并在凭证上签名或盖章，对该业务的合法性、真实性和正确性负责。例如，企业从外部购进材料时，应由业务经办人员取得购货发票并签名或盖章；企业收到购入的材料时，要填制收料单。各种发票、收料单等都属于会计凭证。所有会计凭证都要由有关人员审核无误后才能作为记账的依据。

二、会计凭证的意义

填制和审核会计凭证是会计核算工作的起点，是对经济业务活动进行核算和监督的基本环节，也是会计核算的一种专门方法。做好这一工作，对于保证会计核算工作的真实性和正确性，提高会计核算质量和发挥会计的作用，都具有非常重要的意义。

（一）会计凭证是记录经济业务的载体，为记账提供依据

任何单位日常发生的经济业务，如货币资金的收付，财产物资的增减变动，销售收入的取得以及各种费用的发生等，都必须由经办人员将其核心内容填在相应的会计凭证上，进行初步归类记录。随着经济业务的执行和完成，记载经济业务执行和完成情况的会计凭证，应按规定的流转程序最终汇集到财会部门。为了保证会计账簿记录的正确性，会计人员应对会计凭证所记录的经济业务的合理性、合法性及真实性进行审核。只有审核合格的会计凭证，才能作为记账的依据。

（二）会计凭证是明确经济责任，强化内部控制的手段

任何单位发生的经济业务，都是由有关部门和人员协同完成的。由于会计凭证记录了经济业务发生的时间及内容，并经有关部门和经办人员签章，这就将有关部门和人员联系在一起，相互促进，相互监督，促使有关部门和人员严格按照政策、法令、制度办事，即使有违法乱纪或经济纠纷事件发生，也可以借助会计凭证确定相关部门或人员所负的经济责任，并由此做出正确的裁决。

（三）会计凭证是监督经济活动，控制经济运行的有效方法

通过会计凭证的审核，可以监督各项经济业务的合法性，检查经济业务是否符合国家的有关法律、制度，是否符合单位目标和财务计划；检查经济业务有无违法乱纪的现象，有无铺张、浪费、贪污、盗窃等损害公共财产的行为发生；可以及时发现经济运行中存在的问题和管理制度中存在的漏洞，及时加以制止和纠正，以改

善经营管理，提高经济效益。

三、会计凭证的种类

会计凭证按填制程序和用途不同，可分为原始凭证和记账凭证两大类。

（一）原始凭证

原始凭证是在经济业务发生时直接取得或填制的，用以证明经济业务发生或完成情况，明确经济责任，具有法律效力并作为记账原始依据的证明文件。例如，销货发票是由销货单位根据实际销售商品的名称、数量、金额等进行填制的，以证明企业销售商品的情况；出库单是由仓库保管员根据发放材料的品名、规格、实际数量和金额等填制的，以反映库存材料的减少情况。凡是不能证明经济业务发生或完成的单据，如材料请购单、生产通知单、经济合同、对账单等，都不能作为记账的原始依据，而只能作为原始凭证的附件。

原始凭证可以按不同标志分类。

1. 原始凭证按其来源不同，可分为外来原始凭证和自制原始凭证

外来原始凭证是指在经济业务发生或完成时，从外单位或个人处直接取得的原始凭证。如供货单位开具的“发货票”（包括增值税专用发票和普通销货发票），运输部门出具的“运费收据”，银行转来的各种结算凭证等。“增值税专用发票”格式如表 5.1 所示。

表 5.1　　××增值税专用发票

发票联

年　月　日　　　　No. 03244365

<table>
<tr><td rowspan="2">购货单位</td><td>名称</td><td colspan="3"></td><td>纳税人登记号</td><td colspan="2"></td></tr>
<tr><td>地址、电话</td><td colspan="3"></td><td>开户银行及账号</td><td colspan="2"></td></tr>
<tr><td colspan="2">货物或应税劳务名称</td><td>计量单位</td><td>数量</td><td>单价</td><td>金额</td><td>税率（%）</td><td>税额</td></tr>
<tr><td colspan="2"></td><td></td><td></td><td></td><td></td><td></td><td></td></tr>
<tr><td colspan="2"></td><td></td><td></td><td></td><td></td><td></td><td></td></tr>
<tr><td colspan="2"></td><td></td><td></td><td></td><td></td><td></td><td></td></tr>
<tr><td colspan="2"></td><td></td><td></td><td></td><td></td><td></td><td></td></tr>
<tr><td colspan="2">合　计</td><td></td><td></td><td></td><td></td><td></td><td></td></tr>
<tr><td colspan="8">价税合计（大写）</td></tr>
<tr><td rowspan="2">销货单位</td><td>名称</td><td colspan="3"></td><td>纳税人登记号</td><td colspan="2"></td></tr>
<tr><td>地址、电话</td><td colspan="3"></td><td>开户银行及账号</td><td colspan="2"></td></tr>
<tr><td>备注</td><td colspan="7"></td></tr>
</table>

第二联：发票联　购货方记账

主管：　　会计：　　审核：　　记账：　　收料：

自制原始凭证是指在经济业务发生或完成时，由本单位经办业务的部门和人员自行填制的用以办理业务手续的凭证。如单位内部自制的“借款单”“收料单”“领料单”等。“借款单”的格式如表 5.2 所示。借款单一般一式四联，第一联为借款底单，由借款人留存；第二联为还款结算凭证；第三联为付款凭证；第四联为借款人借款结算回执。

表 5.2　借款单

年　月　日　　　　顺序第　号

<table>
<tr><td colspan="2">借款单位：</td><td colspan="2">借款人：</td><td>注意事项</td></tr>
<tr><td colspan="4">借款金额：　　　　¥________</td><td rowspan="4"></td></tr>
<tr><td>借款事由</td><td colspan="2">单位负责人（盖章）</td><td>报销事项</td></tr>
<tr><td></td><td colspan="2"></td><td>核销金额________
交回金额________
补付金额________</td></tr>
</table>

2. 原始凭证按其填制手续不同，可分为一次凭证、累计凭证和汇总凭证

一次凭证是指用以记录和反映一项或同时若干项同类性质的经济业务，其填制手续是一次完成的会计凭证。外来原始凭证都是一次凭证，大多数自制原始凭证也是一次凭证，如“收料单”“领料单”等。

累计凭证是指在一定期间内（通常是一个月）连续多次记载若干不断重复发生的同类经济业务，期末根据累计数记账的原始凭证。如“限额领料单”（见表 5.3）就是一种累计凭证。

表 5.3　（企业名称）限额领料单

领料部门：

用途：　　　　2017 年 1 月

发料仓库：

<table>
<tr><td rowspan="2">材料编号</td><td rowspan="2">材料名称规格</td><td rowspan="2">计量单位</td><td rowspan="2">计划投产量</td><td rowspan="2">单位消耗定额</td><td rowspan="2">领用限额</td><td colspan="3">实　发</td></tr>
<tr><td>数量</td><td>单价</td><td>金额</td></tr>
<tr><td>11011</td><td>钢板 205cm</td><td>千克</td><td>2 000</td><td>0.5</td><td>1 000</td><td>950</td><td>2 000</td><td>1 900 000</td></tr>
<tr><td rowspan="2">领用日期</td><td colspan="3">领　用</td><td colspan="4">退　料</td><td rowspan="2">限额结余数量</td></tr>
<tr><td>数量</td><td>领料人</td><td>发料人</td><td>数量</td><td>退料人</td><td colspan="2">收料人</td></tr>
<tr><td>5</td><td>300</td><td></td><td></td><td></td><td></td><td colspan="2"></td><td>700</td></tr>
<tr><td>15</td><td>350</td><td></td><td></td><td></td><td></td><td colspan="2"></td><td>350</td></tr>
<tr><td>25</td><td>300</td><td></td><td></td><td></td><td></td><td colspan="2"></td><td>50</td></tr>
</table>

生产计划部门（签章）　　供销部门（签章）　　仓库（签章）

汇总凭证是根据许多同类经济业务的原始凭证，定期加以汇总而编制的作为记账依据的凭证。如在会计期末根据领料单汇总编制的“发出材料汇总表”“差旅费报销单”等，如表5.4、表5.5所示。

表5.4　　发出材料汇总表

年　月　日　　单位：

会计科目	领料部门	领用材料		合　计
		原材料	周转材料	
生产成本	甲产品			
	乙产品			
制造费用	一车间			
	二车间			
管理费用	行政部门			
本月领料合计				

表5.5　　差旅费报销单

年　月　日　　附单据　张

出差事由：																补充说明
起日		止日		起止地点	交通费	住宿费			饮食补贴			公杂费			合计	
月	日	月	日			标准	天数	金额	标准	天数	金额	标准	天数	金额		
报销数会计（人民币大写）									小写金额：__________							
出差人员					工作部门						职务(称)					

负责人审批：　　经办人：

3. 原始凭证按其用途不同，可分为通知凭证、执行凭证和计算凭证

通知凭证是指要求、批示或命令企业进行某项经济业务的原始凭证。如“罚款通知书”“付款通知单”“银行进账单”等。“银行进账单”格式，如表5.6所示。

表 5.6　　　　××银行进账单（回单或收款通知）　**1**

第　号

<table>
<tr><td rowspan="3">收款人</td><td>全称</td><td></td><td rowspan="3">付款人</td><td colspan="3">全称</td><td colspan="7"></td><td rowspan="8">此联是收款人开户行交给收款人的回单或收款通知</td></tr>
<tr><td>账号</td><td></td><td colspan="3">账号</td><td colspan="7"></td></tr>
<tr><td>开户银行</td><td></td><td colspan="3">开户银行</td><td colspan="7"></td></tr>
<tr><td colspan="4" rowspan="2">人民币
（大写）</td><td>千</td><td>百</td><td>十</td><td>万</td><td>千</td><td>百</td><td>十</td><td>元</td><td>角</td><td>分</td></tr>
<tr><td></td><td></td><td></td><td></td><td></td><td></td><td></td><td></td><td></td><td></td></tr>
<tr><td colspan="2">票据种类</td><td></td><td colspan="11" rowspan="3">收款人开户银行盖章</td></tr>
<tr><td colspan="2">票据张数</td><td></td></tr>
<tr><td colspan="3">单位主管　　会计　　复核　　记账</td></tr>
</table>

执行凭证是证明某项经济业务已经完成的原始凭证。如“销货发票”“收料单”“领料单”等。而计算凭证则是对已完成的经济业务进行计算而编制的原始凭证。如“产品成本计算单”“制造费用分配表”“工资计算表”等。其中“制造费用分配表”格式如表 5.7 所示。

表 5.7　　　　制造费用分配表

年　月

<table>
<tr><td colspan="2">应借科目</td><td>生产工时</td><td>分配率</td><td>分配金额</td></tr>
<tr><td rowspan="2">明　细
科　目</td><td></td><td></td><td></td><td></td></tr>
<tr><td></td><td></td><td></td><td></td></tr>
<tr><td colspan="2">合　计</td><td></td><td></td><td></td></tr>
</table>

4. 原始凭证按其格式不同，可分为通用凭证和专用凭证

通用凭证是指在一定范围内具有统一格式和使用方法的凭证。这里的一定范围，既可以是全国范围，也可以是某省、某市、某地区或某个系统。如全国统一使用的“银行承兑汇票”，某一地区统一印制的“通用手工发票”等。

专用凭证是指一些单位具有特定内容和专门用途的原始凭证。如“增值税专用发票”“差旅费报销单”等。

（二）记账凭证

记账凭证是指会计人员根据审核无误的原始凭证或原始凭证汇总表填制的，用来记载经济业务简要内容，确定会计分录，作为登记账簿直接依据的会计凭证。

由于原始凭证来源广泛，种类繁多，数量庞大，格式不一，不能清楚地表明应记入的会计科目名称和方向。因此为了便于登记账簿，需要根据原始凭证反映的不同经济业务，加以归类和整理，填制具有统一格式的记账凭证，并将原始凭证附于记账凭证的后面作为记账凭证的附件。这样，不仅可以简化记账工作，减少差错，而且有利于原始凭证的保管，便于对账和查账，提高会计工作的质量。

记账凭证可以按不同标志进行分类。

1. 记账凭证按反映的经济业务内容不同，可分为专用记账凭证和通用记账凭证

（1）专用记账凭证

专用记账凭证是专门用来记录某一类经济业务的记账凭证。按经济业务是否涉及货币资金的收付，又可将其分为收款凭证、付款凭证和转账凭证三种。

收款凭证是用来记录库存现金和银行存款等货币资金收款业务的记账凭证，它是根据有关库存现金和银行存款收款业务的原始凭证填制的，包括现金收款凭证和银行存款收款凭证。其格式见表5.8。

表5.8 收款凭证

总　　号

借方科目：　　　　年　月　日　　　　银收字第　号

摘　要	贷方科目		金　额	记账（√）
	总账科目	明细科目		
附单据　张	合　　计			

核准：　　复核：　　记账：　　制单：

付款凭证是用来记录库存现金和银行存款等货币资金付款业务的记账凭证，它是根据有关库存现金和银行存款付款业务的原始凭证填制的，包括现金付款凭证和银行存款付款凭证。其格式见表5.9。

表5.9 付款凭证

总　　号

贷方科目：　　　　年　月　日　　　　银付字第　号

摘　要	借方科目		金　额	记账（√）
	总账科目	明细科目		
附单据　张	合　　计			

核准：　　复核：　　记账：　　制单：

收款凭证和付款凭证是登记现金日记账、银行存款日记账以及有关明细分类账和总账等账簿的依据，也是出纳人员收、付款项的依据。

转账凭证是用来记录与库存现金、银行存款等货币资金收付无关的转账业务的记账凭证。在经济业务中，凡是不涉及库存现金和银行存款收付的业务，称之为转账业务。转账凭证是根据有关转账业务的原始凭证填制的，是登记有关明细分类账和总分类账等账簿的依据。其格式如表5.10所示。

表 5.10　　　　　　　　　　**转账凭证**

总　　号

年　月　日　　　　　　　　转字第　号

摘　要	总账科目	明细科目	借方金额	贷方金额	记账（√）
附单据　张	合　计				

核准：　　　　复核：　　　　记账：　　　　制单：

（2）通用记账凭证

通用记账凭证是指使用统一的一种格式，来反映所有经济业务的记账凭证。在规模较小、经济业务数量不多、收付款业务较少的单位，为了简化凭证，可以使用通用记账凭证。其格式见表 5.11。

表 5.11　　　　　　　　　　**记账凭证**

年　月　日　　　　　　　　记字第　号

<table>
<tr><td rowspan="2">摘要</td><td rowspan="2">一级科目</td><td rowspan="2">明细科目</td><td rowspan="2">记账（√）</td><td colspan="10">借方金额</td><td colspan="10">贷方金额</td><td rowspan="5">附件

张</td></tr>
<tr><td>千</td><td>百</td><td>十</td><td>万</td><td>千</td><td>百</td><td>十</td><td>元</td><td>角</td><td>分</td><td>千</td><td>百</td><td>十</td><td>万</td><td>千</td><td>百</td><td>十</td><td>元</td><td>角</td><td>分</td></tr>
<tr><td></td><td></td><td></td><td></td><td></td><td></td><td></td><td></td><td></td><td></td><td></td><td></td><td></td><td></td><td></td><td></td><td></td><td></td><td></td><td></td><td></td><td></td><td></td><td></td></tr>
<tr><td></td><td></td><td></td><td></td><td></td><td></td><td></td><td></td><td></td><td></td><td></td><td></td><td></td><td></td><td></td><td></td><td></td><td></td><td></td><td></td><td></td><td></td><td></td><td></td></tr>
<tr><td>合　计</td><td></td><td></td><td></td><td></td><td></td><td></td><td></td><td></td><td></td><td></td><td></td><td></td><td></td><td></td><td></td><td></td><td></td><td></td><td></td><td></td><td></td><td></td><td></td></tr>
</table>

会计主管（签章）　记账（签章）　出纳（签章）　审核（签章）　制单（签章）

2. 记账凭证按其填制方式不同，可分为单式记账凭证和复式记账凭证

（1）单式记账凭证

单式记账凭证是指将某项经济业务所涉及的每个会计科目，分别填制一张记账凭证，即每张记账凭证只填列一个会计科目，其对应科目只做参考，不凭以记账。其中，填列借方科目的凭证称为借项记账凭证，填列贷方科目的凭证称为贷项记账凭证。这样，每笔经济业务至少要填制两张单式记账凭证，用分数编号将其联系起来，以便查对。现举例说明其格式和填制方法。

如 2017 年 3 月 1 日，王某因公出差，经批准借支差旅费 800 元，现金付讫。

这笔经济业务所编制的单式记账凭证如表 5.12、表 5.13 所示。

表 5.12　　借项记账凭证

对应科目：库存现金　　2017 年 3 月 1 日　　凭证编号：$1\frac{1}{2}$

摘　要	一级科目	二级或明细科目	金额	记账（√）
借支差旅费	其他应收款	王某	800	

会计主管（签章）　记账（签章）　复核（签章）　出纳（签章）　填制（签章）

表 5.13　　贷项记账凭证

对应科目：其他应收款　　2017 年 3 月 1 日　　凭证编号：$1\frac{2}{2}$

摘　要	一级科目	二级或明细科目	金额	记账（√）
借支差旅费	库存现金		800	

会计主管（签章）　记账（签章）　复核（签章）　出纳（签章）　填制（签章）

（2）复式记账凭证

复式记账凭证是指在一张凭证上完整地列出该笔经济业务所涉及的全部会计科目。上述专用记账凭证和通用记账凭证均属于复式记账凭证。在实际工作中，复式记账凭证的使用较为普遍。一般格式与转账凭证基本相同。

3. 记账凭证按其填制手续不同，可分为一次记账凭证、汇总记账凭证和科目汇总表

（1）一次记账凭证

一次记账凭证是只包括一笔会计分录并一次编制完成的记账凭证。它也可称为分录凭证。以上通用格式和专用格式记账凭证均属于一次记账凭证。

（2）汇总记账凭证

汇总记账凭证是指将一定时期内同类一次记账凭证，定期加以汇总而编制的记账凭证。根据汇总记账凭证登记总账，可以减少登记总账的工作量。按汇总科目的方向不同，汇总记账凭证又可分为汇总收款凭证、汇总付款凭证和汇总转账凭证。其格式分别如表 5.14、表 5.15、表 5.16 所示。

表 5.14　　汇总收款凭证

借方科目：　　年　月　　汇收字　号

贷方科目	金　额				总账页数	
	1-10 日	11-20 日	21-31 日	合计	借方	贷方
合　计						

会计主管（签章）　记账（签章）　复核（签章）　出纳（签章）　填制（签章）

表 5.15　　　　　　　　　　　　**汇总付款凭证**

贷方科目：　　　　　　　　　　　年　月　　　　　　　　　汇付字　号

借方科目	金　额				总账页数	
	1-10 日	11-20 日	21-31 日	合计	借方	贷方
合　计						

会计主管（签章）　记账（签章）　复核（签章）　出纳（签章）　填制（签章）

表 5.16　　　　　　　　　　　　**汇总转账凭证**

贷方科目：　　　　　　　　　　　年　月　　　　　　　　　汇转字　号

借方科目	金　额				总账页数	
	1-10 日	11-20 日	21-31 日	合计	借方	贷方
合　计						

会计主管（签章）　记账（签章）　复核（签章）　出纳（签章）　填制（签章）

（3）科目汇总表

科目汇总表是根据一次记账凭证定期整理、汇总各账户的借、贷方发生额，并据以登记总账的一种记账凭证。根据科目汇总表登记总账，不仅可以减少登记总账的工作量，还可以减少记账差错。科目汇总表的格式见表 5.17。

表 5.17　　　　　　　　　　　　**科目汇总表**

年　月　日至　月　日　　　　　　　　科汇第　号

会计科目	账　页	本期发生额		记账凭证起讫号数
		借方	贷方	
合　计				

会计主管（签章）　记账（签章）　复核（签章）　制表（签章）

以上会计凭证的分类，可概括为表 5.18。

表5.18　　会计凭证分类表

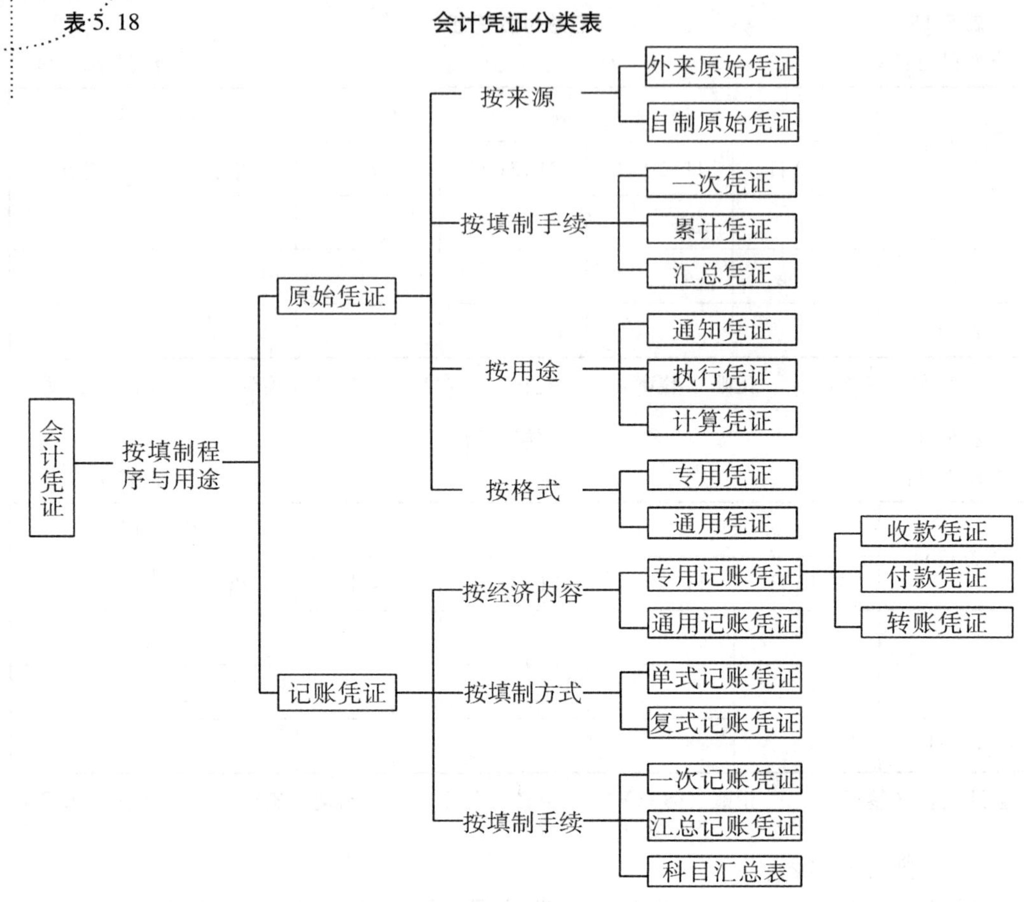

第二节　原始凭证的填制与审核

一、原始凭证的基本内容

原始凭证种类繁多，来源广泛，形式多样，但每一种原始凭证都必须客观、真实地记录和反映经济业务的发生或完成情况，都必须明确有关部门及人员的责任。这就决定了各种原始凭证必须具备以下几个方面的基本内容：

（1）原始凭证的名称；

（2）填制凭证的日期及编号；

（3）接受原始凭证的单位名称；

（4）经济业务简要内容；

（5）经济业务的数量、计量单位、单价和金额；

（6）填制凭证单位的名称和有关人员的签章。

在实际工作中，根据经营管理和特殊业务的需要，原始凭证除包含以上基本内容外，还要列入一些补充内容，如与该业务有关的计划、定额和合同号码等项目，这样可以充分发挥原始凭证的作用。

二、原始凭证的填制

（一）原始凭证的填制要求

原始凭证是根据经济业务活动的执行和完成情况来填制，是具有法律效力的书面证明，是会计核算最基础的原始资料。因此，为了保证原始凭证能够正确、及时、清晰地反映各项经济业务活动的真实情况，提高会计核算的质量，并真正使其具有法律效力，原始凭证的填制必须遵循以下要求：

1. 记录真实

原始凭证必须严格认真地按照各项经济业务的实际发生和完成情况进行填写，凭证上记载的日期、经济业务的内容、所有的数据都必须真实可靠，与实际情况相符合。经办人员和有关部门负责人，不得填制虚假的经济业务或者事项，并在原始凭证上签字或者盖章，对凭证的真实性、正确性负责。原始凭证记载的各项内容均不得涂改，发现凭证填写有错误时，应当由开出单位重开或者更正，并在更正处加盖开出单位的公章或者有关部门的专用章。

2. 手续完备

原始凭证的填写必须手续完备，只有手续完备的原始凭证才能明确经济责任，也才能确保凭证的合法性、真实性。从外单位取得的原始凭证，必须盖有填制单位的公章或专用章；从个人处取得的原始凭证，必须有填制人员的签名或盖章；对外开出的原始凭证必须加盖本单位的公章或专用章；单位自制的原始凭证必须有经办业务的部门和人员签名或盖章。

3. 内容完整

原始凭证所要求填列的项目必须逐项填写齐全，不得省略和遗漏。如果项目填写不全，则不能作为经济业务的合法证明，也不能作为有效的会计凭证。尤其需要注意的是，年、月、日要按照填制原始凭证的实际日期填写；名称要写全，不能简化；品名或用途要填写明确，不能含糊不清；有关人员的签章必须齐全。

4. 书写规范

各种原始凭证的书写要用蓝黑墨水，文字要简练，字迹要清晰、工整，易于辨认，不得使用未经国务院批准的简化字。

（1）对阿拉伯数字应当逐个写清楚，不得连写，在数字前面应当填入币种符号，币种符号与阿拉伯数字之间不得留有空白；凡阿拉伯数字前面写有币种符号的，数字后面不再写货币单位；属于套写的原始凭证，一定要写透，不要上面清楚，下面模糊。

（2）对所有以“元”为单位的阿拉伯数字，除表示单价等情况外，一律填写到“角分”；无“角分”的，“角”位和“分”位可写“00”，或者符号“—”；有“角”无“分”的，“分”位应当写“0”，不得用符号“—”代替。

（3）对汉字大写数字金额，如零、壹、贰、叁、肆、伍、陆、柒、捌、玖、拾、佰、仟、万、亿等，一律用正楷或者行书体书写，不得用0、一、二、三、四、

五、六、七、八、九、十等简化字代替，不得随意自造简化字。大写金额数字到“元”或“角”为止的，在“元”或“角”字之后应当填入“整”或“正”字；大写金额数字到“分”的，“分”字后面不填入“整”或“正”字。

（4）对大写金额数字前未印有货币名称的，应当加填货币名称，货币名称与金额数字之间不得留有空白。

（5）当阿拉伯金额数字中间有“0”时，汉字大写金额要写“零”字；阿拉伯数字金额中间连续有几个“0”时，汉字大写金额中只写一个“零”字；阿拉伯金额数字“元”位是“0”，或者数字中间连续有几个“0”“元”位也是“0”但“角”位不是“0”时，汉字大写金额可以只写一个“零”字，也可以不写“零”字。例如，人民币 9 800.60 元，可以写成“人民币玖仟捌佰元零陆角整”，也可以写成“人民币玖仟捌佰元陆角整”。

5. 填制及时

每笔经济业务发生或完成后，为了防止因时过境迁、记忆模糊而造成错误地反映经济业务的有关内容，经办业务的有关部门和人员必须及时填制或取得原始凭证，做到不拖延，不积压，并按规定的程序及时送交财会部门。

（二）常用原始凭证填制举例

1. 普通发票的填制

在填制普通发票时，第一，要写清购货单位的名称全称，不能过于简略，如仅填写××公司，不写明是××市公司或××县公司；第二，要根据凭证格式和内容逐项填写齐全；第三，要如实填写，不能按购货人的要求填写；第四，经办人员和销货单位要签章。下面以通用手工发票的填写为例，见图 5.1。

四川省内江市地方税务局通用手工发票

发票联

发票代码 251101351002
发票号码 00045226
验证码 81363687

付款单位：内江大千文化传播有限公司

项目内容	金额 千	百	十	元	角	分	备注
桶装水服务费		9	2	0	0	0	
合计人民币（大写）玖佰贰拾元整	¥	9	2	0	0	0	

第一联 发票联

收款单位名称： 开票人 王斌 2014 年 2 月 26 日

收款单位税号： 发票查询网址：www.sc-l-tax.gov.cn

511011099800430 发票专用章

图 5.1

2. 收料单的填制

收料单是在外购的材料物资验收入库时填制的原始凭证，一般一式三联，一联验收人员留底，一联交仓库保管员据以登记明细账，一联连同发票交财会部门办理结算。其格式如表 5. 19 所示。

表 5. 19　　　　**收料单**

供货单位：××贸易公司　　　　凭证编号：5-01

收料日期：2017 年 3 月 1 日　　　　收料仓库：1 号仓库

材料类别	材料编号	材料名称及规格	计量单位	数量		金额			
				应收	实收	单价	买价	运杂费	合计
	1001	甲材料	千克	5	5	500	2 500	500	3 000
备注：						合计			3 000

仓库保管员（签章）：李文　　　　收料人（签章）：王力

3. 领料单的填制

为了便于分类汇总，领料单要“一料一单”地填制，即一种原材料填写一张单据。领用原材料需经有关负责人批准后，方可填制领料单。审批人、发料人、收料人均应在领料单上签章，无签章或签章不全的均属无效，不能作为记账的依据。见表 5. 20。

表 5. 20　　　　**领料单**

领料单位：一车间　　　　2017 年 3 月 1 日　　　　3 仓库发料第 1 号

用途	甲产品用			产品批量			订单号	
材料类别	材料编号	材料名称	规格	计量单位	数量		单价	金额
					请领	实发		
化工	20	棉纱		千克	10	10	8	80
备注：								

发料人（签章）：李文　审批人（签章）：刘兵　领料人（签章）：李勇　记账（签章）

4. 支票的填制

支票是出票人签发的、委托办理支票存款业务的银行在见票时无条件支付确定金额给收款人或者持票人的票据。它适用于在同一票据交换区域需要支付各种款项的单位和个人。支票包括现金支票、转账支票和普通支票。支票上印有“现金”字样的为现金支票，现金支票只能用于支取现金；支票上印有“转账”字样的为转账支票，转账支票只能用于转账；支票上未印有“现金”或“转账”字样的为普通支票，普通支票可以用于支取现金，也可用于转账。转账支票的格式见图 5. 2。

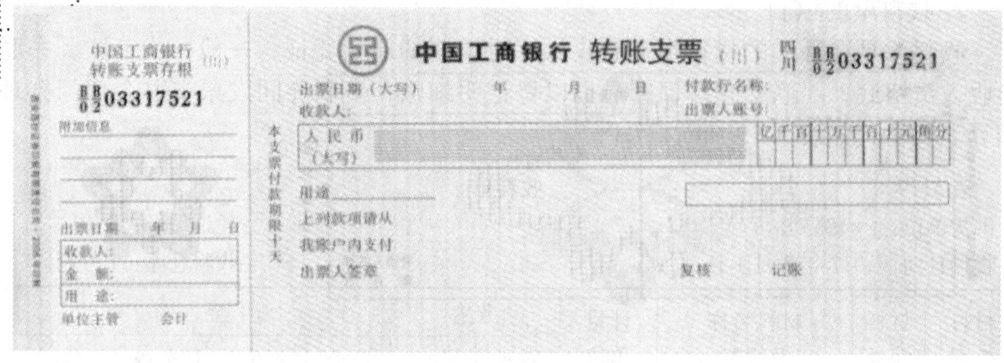
中国工商银行
转账支票存根
BB 02 03317521
附加信息
出票日期 年 月 日
收款人：
金 额：
用 途：
单位主管 会计

中国工商银行 转账支票 四川 BB 02 03317521
出票日期（大写） 年 月 日 付款行名称：
收款人： 出票人账号：
本支票付款期限十天
人民币（大写） 亿 千 百 十 万 千 百 十 元 角 分
用途
上列款项请从
我账户内支付
出票人签章 复核 记账

图 5.2 转账支票的格式

转账支票的填制方法：

（1）签发日期应填写实际出票日期，支票正联的出票日期必须使用大写汉字，支票存根部分的出票日期可用阿拉伯数字书写。正联的出票日期填写应注意两个问题：

①月为壹至壹拾的，日为壹至玖和壹拾、贰拾、叁拾的，应在其前加“零”。

②日为拾壹至拾玖的，应在其前加“壹”。例如，1 月 15 日，应写成零壹月壹拾伍日；10 月 20 日，应写成零壹拾月零贰拾日；11 月 5 日，应写成壹拾壹月零伍日。

（2）收款单位名称应填写全称，并与预留银行印鉴中单位名称一致。

（3）大写金额应紧接“人民币”书写，不得留有空白，以防加填；大小写金额要相符。

（4）阿拉伯小写金额数字前面，均应填写人民币符号“￥”。

（5）如实填写用途，支票正联与存根联的用途应一致。

（6）在签发人签章处按预留银行全部印鉴分别盖章，不得遗漏，盖章应端正、清晰。

（7）转账支票签发后，将支票从存根联与正联之间沿骑缝线剪开，正联交给收款人办理转账，存根联留下作为记账依据。

［**知识链接**］

虚开发票罪，是指为了牟取非法经济利益，违反国家发票管理规定，虚开增值税专用发票和用于骗取出口退税、抵扣税款发票以外的发票的行为。根据我国《刑法修正案（八）》的规定，犯本罪情况严重的，处二年以下有期徒刑、拘役或者管制，并处罚金；情节特别严重的，处二年以上七年以下有期徒刑，并处罚金。单位犯本罪的，对单位判处罚金，并对其直接负责的主管人员和其他直接责任人员，依照前款的规定处罚。

三、原始凭证的审核

为了保证原始凭证内容的真实性和合法性，会计部门对一切外来的和自制的原始凭证都要进行严格审核。只有审核合格的原始凭证，才能作为编制记账凭证和登记账簿的依据。

（一）原始凭证审核的内容

1. 合规性审核

原始凭证的合规性审核是指审查原始的填制是否符合规定的要求。审核的内容主要包括原始凭证格式所规定的内容是否清楚地填写齐全，数字、金额计算是否正确，大小写金额是否相符；办理凭证的手续是否完备，有无违反审批权限等。对于外来原始凭证，还应注意审核接受凭证的单位是否填写正确，是否有填制单位的签章。

2. 合法性审核

原始凭证的合法性审核是指审查发生的经济业务是否符合国家的政策、法令、制度和计划的规定。审核的主要内容包括凭证所记录的内容与经济业务的实际情况是否相符；有无涂改、刮擦、挖补等现象；经济活动的内容是否符合规定的开支标准；是否履行了规定的手续；是否符合预算、计划的要求；是否符合国家的政策、法令、制度等的规定。

（二）原始凭证审核后的处理

原始凭证的审核是一项十分重要而严肃的工作，会计人员必须坚持原则，依法办事。经审核的原始凭证，应根据不同情况进行处理：

（1）对于完全符合要求的原始凭证，应及时编制记账凭证并据以登记有关账簿。

（2）对不真实、不合法的原始凭证，不予受理。对弄虚作假、严重违法的原始凭证，在不予受理的同时，应当予以扣留，并及时向单位领导人报告，请求查明原因，追究当事人的责任。

（3）对记载不准确、计算有错误、不完整的原始凭证，应予以退回，并要求经办人员按照国家统一的规定进行更正、补充。

第三节　记账凭证的填制与审核

一、记账凭证的基本内容

记账凭证是由会计人员根据审核无误的原始凭证或原始凭证汇总表填制的，其主要作用是登记账簿。为了满足登记账簿的要求，记账凭证应具备以下一些共同的基本内容：

（1）记账凭证的名称；

（2）记账凭证的填制日期和编号；

（3）经济业务的内容摘要；

（4）记账符号、账户（含一级、二级或明细账户）名称和金额；

（5）记账标记；

（6）所附原始凭证的张数；

（7）会计主管、记账、审核和填制人员的签章；收付款凭证还要有出纳人员的签章。

二、记账凭证的填制及要求

（一）记账凭证的填制依据

记账凭证是进行会计处理的直接依据，应根据审核合格的原始凭证或原始凭证汇总表进行填制。对于有些无法取得原始凭证的经济业务，如错账更正以及结账等，则应由会计人员根据有关账簿资料来编制记账凭证。

（二）记账凭证的填制要求

记账凭证的填制除了做到“真实可靠、内容完整、填写及时、书写规范”外，还必须遵循以下基本要求：

（1）确定所用记账凭证的种类。任何单位，记账凭证的格式一经选定不宜随意变更，以免造成编号、装订、保管等方面的混乱和不便。

（2）各种记账凭证应当每月连续编号。记账凭证的编号一般以月为单位顺序编号，并分别写明“字”和“号”。“字”表示记账凭证的种类；“号”表示每张记账凭证的序号。若采用“收”“付”“转”三种记账凭证，则某月第一笔付款业务填制的付款凭证编号为“付字第1号”，以此类推；若采用通用记账凭证，字简化为“记”，某月编制的记账凭证从“记字第1号”开始，以此类推。一笔经济业务需要填制两张以上记账凭证时，可以采用分数编号法编号。如一笔转账经济业务需要编制两张转账凭证，该凭证的顺序号如为第5号，则这笔业务可编制转字第$5\frac{1}{2}$号、第$5\frac{2}{2}$号两张转账凭证。

（3）记账凭证的摘要应当简明、正确，科目使用必须符合《企业会计准则——应用指南》的规定。不能在摘要中出现含混不清的记载，科目一旦选定不得随意改动，科目的名称与核算内容要相符，并同时注明记账方向，以便记账。

（4）同一张记账凭证应反映相同性质的经济业务。记账凭证可以根据每一张原始凭证填制，或者根据若干张同类原始凭证汇总填制，也可以根据原始凭证汇总表填制，但不得将不同内容和类别的原始凭证汇总填制在一张记账凭证上。

（5）记账凭证应附有原始凭证，并注明张数。除结账和更正错误的记账凭证可以不附原始凭证外，其他记账凭证必须附有原始凭证，并要注明所附原始凭证的张数。如果一张原始凭证涉及几张记账凭证，可以把原始凭证附在一张主要的记账凭证后面，并在其他记账凭证上注明附有该原始凭证的记账凭证的编号或者附原始凭证复印件。

一张原始凭证所列支出需要几个单位共同负担的，应当将其他单位负担的部分，开给对方原始凭证分割单，进行结算。原始凭证分割单必须具备原始凭证的基本内容，包括凭证名称、填制凭证日期、填制凭证单位名称或者填制人姓名、经办人的签名或者盖章、接受凭证单位名称、经济业务内容、数量、单价、金额和费用分摊情况等。

（6）记账凭证的填制应做到“金额栏”数字准确，角分位不留空白。如凭证填制完成后“金额栏”仍有空行，应当自“金额栏”最后一笔金额数字下的空行处至“合计栏”上的空行处画线注销。如果在填制记账凭证时发生错误，应当重新填制。但已经登记入账的记账凭证，在当年内发现填写错误时，可以用红字填写一张与原内容相同的记账凭证，在摘要栏注明“注销某月某日某号凭证”字样，同时再用蓝字重新填制一张正确的记账凭证，注明“订正某月某日某号凭证”字样。如果会计科目没有错误，只是金额错误，也可以将正确数字与错误数字之间的差额，另编一张调整的记账凭证，调增金额用蓝字，调减金额用红字。发现以前年度记账凭证有错误，应当用蓝字填制一张更正的记账凭证。

（7）记账凭证填制完成后，应当进行复核和检查，以确保手续齐备，责任清楚。对已办妥的收款或付款凭证及所附原始凭证，出纳人员要当即加盖“收讫”“付讫”戳记，以免重收或重付。

（三）记账凭证填制方法举例

1. 收款凭证的编制

收款凭证根据库存现金和银行存款收款业务的原始凭证填制。收款凭证左上方的“借方科目”，按收款的性质应填写“库存现金”或“银行存款”，右上方应填写凭证编号。收款凭证的编号一般按“现收字×号”和“银收字×号”分类，收付业务量少的单位也可不分“现收”与“银收”，而按收款业务发生的先后顺序统一编号，如“收字×号”；日期填写编制本凭证的具体日期；“摘要”填写经济业务的简要说明；“贷方科目”填写与收入库存现金或银行存款相对应的会计科目；“金额栏”填写该笔业务实际收到库存现金或银行存款的金额；“记账符号”供记账员在根据收款凭证登记有关账簿以后做记号用，表示该项金额已经记入相关账户，避免重记或漏记；“附件 张”是指本记账凭证所附原始凭证的张数；最下边分别由有关人员签章以明确经济责任。

如某企业 2017 年 3 月 1 日收到大华公司原欠货款 585 000 元。其编制的收款凭证如表 5.21 所示。

表 5.21 收款凭证

借方科目：银行存款　　2017 年 3 月 1 日　　银收字第 1 号

摘要	贷方科目		记账	金额									
	一级科目	明细科目		千	百	十	万	千	百	十	元	角	分
收回大华公司原欠货款	应收账款	大华公司	√			5	8	5	0	0	0	0	0
合计						5	8	5	0	0	0	0	0

附件 1 张

会计主管（签章）　记账（签章）万彬　出纳（签章）张彤　审核（签章）廖宏　制单（签章）张恺

2. 付款凭证的填制

付款凭证根据库存现金和银行存款付款业务的原始凭证填制。付款凭证的填制方法与收款凭证基本相同，不同的只是左上方由“借方科目”换成“贷方科目”，凭证中间“贷方科目”换成“借方科目”。

如某企业2017年3月1日用银行存款支付广告费60 000元。所编制的付款凭证如表5.22所示。

表5.22 付款凭证

贷方科目：银行存款　　2017年3月1日　　银付字第1号

摘　要	借方科目		记账	金　额										
	一级科目	明细科目		千	百	十	万	千	百	十	元	角	分	
付电视台广告费	销售费用	广告费	√				6	0	0	0	0	0	0	附件1张
合　计							6	0	0	0	0	0	0	

会计主管(签章)　记账(签章)万彬　出纳(签章)张彤　审核(签章)廖宏　制单(签章)张恺

对于货币资金相互转化的业务，如将库存现金存入银行或从银行提取库存现金，为了防止重复记账，只需填制付款凭证，不再填制收款凭证。

3. 转账凭证的填制

转账凭证根据不涉及库存现金和银行存款收付的转账业务的原始凭证填制。转账凭证将经济业务所涉及的全部会计科目，按照先借后贷的顺序分别记入“一级科目”栏和“明细科目”栏，并按应借、应贷方向分别记入“借方金额”或“贷方金额”栏。其他项目的填列与收、付款凭证相同。

如某企业2017年1月20日将购入的甲材料150 000元验收入库。其编制的转账凭证如表5.23所示。

表5.23 转账凭证

2017年1月20日　　转字38号

摘　要	一级科目	明细科目	借方金额										记账	贷方金额										
			千	百	十	万	千	百	十	元	角	分		千	百	十	万	千	百	十	元	角	分	
材料入库	原材料	甲材料			1	6	0	0	0	0	0	0	√											附件1张
	在途物资	甲材料											√			1	6	0	0	0	0	0	0	
合　计					1	6	0	0	0	0	0	0				1	6	0	0	0	0	0	0	

会计主管(签章)　记账(签章)万彬　出纳(签章)　审核(签章)廖宏　制单(签章)张恺

三、记账凭证的审核

记账凭证是登记账簿的直接依据。为了保证账簿记录的正确性，提高会计信息的质量，记账前必须由专人对记账凭证进行审核。记账凭证的审核包括合规性审核和技术性审核两个方面的内容。

1. 合规性审核

记账凭证的合规性审核，主要是审核记账凭证是否附有原始凭证，记账凭证的内容与所附原始凭证的内容是否一致，金额是否相等，所附原始凭证的张数与记账凭证所填列的附件张数是否一致。

2. 技术性审核

记账凭证的技术性审核，主要在于审核记账凭证中会计分录的编制是否正确，使用的会计科目是否正确，账户对应关系是否清晰，借方金额与贷方金额是否相等，会计科目及其所核算的内容是否符合会计制度的相关规定，记账凭证有关项目是否填列齐全，有关人员签章是否完备。

在审核中，如发现错误，应立即查明原因，予以更正。只有经过审核无误的记账凭证，才能作为记账的依据。

第四节　会计凭证的传递与保管

一、会计凭证的传递

会计凭证的传递，是指会计凭证从填制或取得到归档保管整个过程中，在单位内部有关部门和人员之间按照规定的时间、路线进行传递和处理的程序。

各种会计凭证，它们所记录的经济业务不尽相同，所应据以办理的业务手续和所需的时间也不尽相同。因此，应当为各种会计凭证设定一个合理的传递程序。例如，对于采购材料业务的凭证传递，应明确规定由谁填制材料请购单、由谁审批、由谁签订经济合同；材料运达企业后，需要多长时间验收入库，谁负责填制收料单，收料后，谁在何时把收料单送交会计部门及其他有关部门；会计部门由谁负责审核收料单、谁负责编制记账凭证、谁负责登记明细账、谁负责登记总账、谁负责归档保管凭证等。可见，合理地组织会计凭证的传递，对于及时处理和登记经济业务，协调单位内部各部门、各环节的工作，加强经济责任制，确保会计信息的及时性，实行会计监督，保障会计工作的顺利进行，具有十分重要的作用。

会计凭证的传递，主要包括凭证的传递路线、传递时间和交接手续等三个方面的内容。

（一）规定凭证的传递路线

各单位应根据经济业务特点，内部组织机构设置和人员分工情况，以及经营管理上的需要，明确规定各种会计凭证的联数和流程。做到既要使各有关部门和人员能利用凭证了解经济业务情况，并按照规定手续进行处理和审核；又要避免会计凭证在不必要的环节上停留。总之，会计凭证传递的各环节，既要按规定办理凭证手续，又要避免不必要的环节，从而保证会计凭证沿着最合理、最便捷的路线传递。

（二）规定凭证在各环节的停留时间

确定凭证的传递时间应考虑各环节的工作内容和工作量，以及在正常情况下完成该项工作所需要的时间，使凭证在传递的各个环节能够得到及时正确地处理。一切会计凭证的传递和处理，必须在所属会计期间内完成，不允许跨期，否则将影响会计信息的相关性和及时性。

（三）建立凭证传递的交接签收制度

为了确保会计凭证的安全和完整，防止会计凭证在传递过程出现遗失、毁损，在凭证传递的各个环节应建立凭证的交接签收制度，做到责任明确，手续完备。

在实际工作中，会计凭证的传递路线、停留时间和传递手续，应根据各单位情况的变化及时加以调整和完善，使会计凭证的传递更加科学、合理。

二、会计凭证的保管

会计凭证是各项经济活动的历史记录，是重要的经济资料和会计档案。各单位在完成经济业务手续和记账之后，必须将会计凭证加以整理归档，并送交档案部门妥善保管。

（一）会计凭证的保管办法

（1）每月记账完毕，记账凭证应当连同所附的原始凭证或者原始凭证汇总表，按照编号顺序，折叠整齐，按期装订成册，并加具封面，注明单位名称、年度、月份和起讫日期、凭证种类、起讫号码，由装订人在装订线封签处签名或者盖章。会计凭证封面格式，如表 5.24 所示。

表 5.24　　会计凭证封面

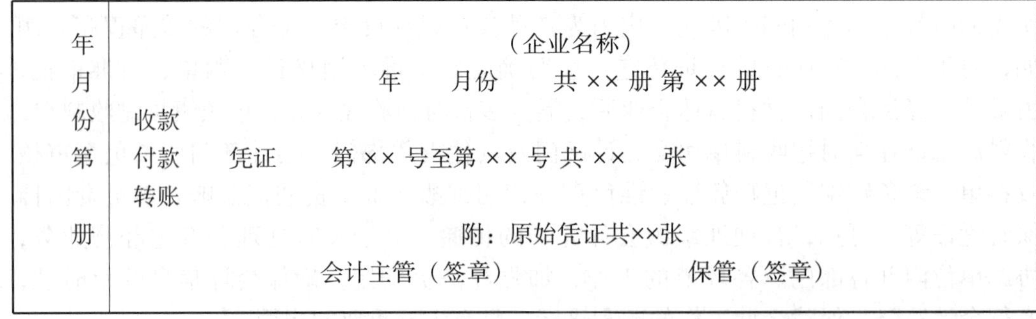

年 月 份 第 册	（企业名称） 年　月份　共××册第××册 收款 付款　凭证　第××号至第××号共××　张 转账 附：原始凭证共××张 会计主管（签章）　保管（签章）

（2）对于数量过多的原始凭证，可以单独装订保管，但应在其封面上注明记账凭证日期、编号、种类，同时在记账凭证上注明"附件另订"及原始凭证名称及编号。对各种经济合同、存出保证金以及涉外经济文件等重要原始凭证，应当另编目录，单独登记保管，并在相关的记账凭证和原始凭证上相互注明日期和编号。

（3）原始凭证不得外借，其他单位如因特殊原因需要使用原始凭证时，经本单位会计机构负责人、会计主管人员批准，方可查阅或复制。向外单位提供的原始凭证复制件，应当在专设的登记簿上登记，并由提供人员和查阅、收取人员共同签名或者盖章。

（4）从外单位取得的原始凭证如有遗失，应当取得原开出单位盖有公章的证明，并注明原来凭证的号码、金额和内容等，由经办单位会计机构负责人、会计主管人员和单位领导人批准后，才能代作原始凭证。如果确实无法取得证明的，如火车票、轮船票、飞机票等凭证，由当事人写出详细情况的说明，由经办单位会计机构负责人、会计主管人员和单位领导人批准后，可代作原始凭证。

（5）每年装订完成的会计凭证，在年度终了后，可暂由会计机构保管一年，期满之后，应当由会计机构编制移交清册，移交本单位档案机构统一保管；未设立档案机构的，应当在会计机构内部指定专人保管，出纳人员不得兼管会计档案。

（二）会计凭证的保管期限

按照我国《会计档案管理办法》规定，原始凭证、记账凭证的保管期限为30年；银行对账单、银行存款余额调节表的保管期限为10年。

（三）会计凭证的销毁

保管期满的会计凭证，可按规定程序销毁。按规定销毁会计凭证时，必须开列清单，报经批准后，由档案部门和会计部门共同派员监销。在销毁会计凭证前，监销人员应认真清点核对；销毁后，在销毁清册上签名或盖章，并将监销情况报告本单位负责人。保管期满而未结清的债权债务原始凭证和涉及其他未了事项的原始凭证，不得销毁，应当单独抽出立卷，直至保管至未了事项完成时为止。

本章小结

本章主要介绍了会计凭证的概念和意义、种类和格式，会计凭证填制和审核的要求和方法，以及会计凭证的传递和保管等内容。

填制和审核会计凭证是会计核算的专门方法。会计凭证是记录经济业务，明确经济责任的书面证明，是登记会计账簿的依据。按填制程序和用途不同，会计凭证可以分为原始凭证和记账凭证两大类。原始凭证是在经济业务发生时直接取得或填制的，用以证明经济业务发生或完成情况，明确经济责任，具有法律效力并作为记账原始依据的证明文件。记账凭证是会计人员根据审核无误的原始凭证或原始凭证汇总表编制的，用来确定经济业务应借、应贷会计科目和金额而填制的会计凭证，是登记账簿的直接依据。原始凭证与记账凭证应按规定的方法进行填制，并应符合有关的填制要求，会计凭证应由专人进行审核。为了提高会计核算工作的效率，保证会计信息的及时性，各单位应合理规划会计凭证的传递路线和规定在各传递环节上停留的时间，并办好凭证传递的交接手续。会计凭证应当定期整理归档，并按规定的期限进行妥善保管。

思考题

1. 会计凭证在会计核算中有何意义？
2. 原始凭证和记账凭证各应具备哪些内容？
3. 什么是收款凭证、付款凭证和转账凭证？
4. 填制原始凭证和记账凭证时，各应遵循哪些基本要求？
5. 如何审核原始凭证和记账凭证？
6. 什么是会计凭证的传递？为什么要进行会计凭证的传递？
7. 在会计凭证传递时应注意哪些问题？

练习题

1. 目的：练习记账凭证的填制。

2. 资料：某企业 2017 年 1 月发生如下经济业务：

（1）1 日从林达公司购入 B 材料一批，价款 40 000 元，增值税 6 800 元，材料已验收入库，货款尚未支付。

（2）2 日以银行存款支付车间水费 3 600 元。

（3）2 日职工李红因工出差暂借差旅费 1 000 元，以现金支付。

（4）3 日采购员王强报市内交通费 40 元，以现金支付。

（5）4 日收到新星工厂归还的前欠货款 28 700 元，存入银行。

（6）5 日向银行借入短期借款 16 000 元，存入银行。

（7）6 日企业管理部门购买办公用品 200 元，以现金支付。

（8）7 日以银行存款支付上月应交增值税 3 200 元和应交所得税 10 000 元。

（9）8 日售给天龙公司 A 产品 1 000 件，每件售价 90 元（不含增值税），增值税 15 300 元，全部款项收存银行。

（10）9 日以银行存款偿还前欠林达公司公司货款及税款 46 800 元。

（11）10 日向银行提取现金 19 600 元，备发工资。

（12）11 日以现金支付本月职工工资 19 600 元。

（13）11 日从银行提取现金 2 000 元备用。

（14）13 日领用 B 材料 16 000 元，其中生产 A 产品耗用 12 000 元，管理部门消耗 4 000 元。

（15）14 日车间成本核算员报销零星办公费 36 元，以现金付讫。

（16）15 日职工李红出差归来，实报差旅费 760 元，交回余款 240 元。

（17）16 日预提银行短期借款利息 600 元。

（18）20 日从胜利工厂购 A 材料一批，价款 80 000 元，增值税 13 600 元，尚未支付。

（19）21 日以银行存款支付广告费 4 000 元。

（20）21 日售出 C 产品 1 200 件，单价 120 元，增值税 24 480 元，款项尚未收到。

（21）24 日银行扣收短期借款利息 1 800 元。

（22）25 日以银行存款 50 000 元归还银行借款。

（23）26 日以银行存款 10 920 元支付电费，其中生产车间电费 10 000 元，行政管理部门电费 920 元。

（24）28 日计提固定资产折旧 18 000 元，其中生产车间应提折旧 14 000 元，行政管理部门应提折旧 4 000 元。

（25）29 日分配本月职工工资，其中生产工人工资 11 200 元，车间管理人员工资 3 600 元，行政管理人员工资 4 800 元。

（26）30 日将本月发生的制造费用 34 436 元转入生产成本。

（27）30 日结转本月生产完工的产品成本 164 000 元。

（28）30 日将本月主营业务收入 354 000 元，主营业务成本 152 000 元，管理费用 13 320 元，财务费用 600 元，营业费用 4 000 元，转入本年利润账户。

3. 要求：根据以上资料编制收款凭证、付款凭证和转账凭证。

第六章　会计账簿

学习目标

同学们通过本章的学习，理解会计账簿的意义、会计账簿的分类；掌握不同账簿的设置、适用范围和登记方法；掌握会计账簿正确的使用规则，包括启用规则、登账规则和错账更正的规则以及账簿的更换与保管的规则；基本掌握对账和结账的方法。

重点和难点

掌握不同账簿的设置、适用范围和登记方法；掌握错账的更正方法。

案例导入

股东知情权之账簿查阅权

2010 年 1 月 6 日江苏省宿迁市中级人民法院依照《公司法》《中华人民共和国民事诉讼法》做出二审（终审）判决：被上诉人 JD 公司于本判决生效之日起十日内提供自公司成立以来的公司会计账簿（含总账、明细账、日记账、其他辅助性账簿）和会计凭证（含记账凭证、相关原始凭证及作为原始凭证附件入账备查的有关资料）供四名上诉人查阅，驳回其他上诉请求。上述材料由四名上诉人在 JD 公司正常营业时间内查阅，查阅时间不得超过十个工作日。至此，历经了大半年的诉讼最终尘埃落定，四名上诉人取得了查阅公司账簿及相关凭证资料的权利。

该案件中，四名上诉人是 JD 的股东，起诉至法院称：因 JD 公司在经营形势大好的情况下却拖欠大量债务，从未进行过分红，四人作为股东对JD公司情况无法知悉，故依法要求行使股东知情权，了解公司的实际情况，但JD公司对此非法阻挠，严重侵犯了四人作为股东的合法权益。请求判令四人对JD公司依法行使知情权，查阅、复制JD公司的会计账簿、议事录、契约书、通信、纳税申报书等（含会计原始凭证、传票、电传、书信、电话记录、电文等）所有公司资料。JD公司辩诉称：JD公司从未不同意四原告查阅、复制公司章程、股东会会议记录和财务会计报告，鉴于四原告具有不正当目的，请求驳回其要求查阅、复制JD公司会计账簿的诉讼请求。JD公司所称的不正当目的，是因为四名原告之一和该公司因另一起债务纠纷正处于仲裁中。一审判决驳回了四名上诉人的请求。

四名上诉人不服一审判决，向中级人民法院提起上诉，最终取得了查阅公司账簿及相关凭证的权利。(资料来源：http://www.docin.com/p-1966122924.html)

【思考】

为什么四名股东在查阅了公司财务报告后仍然认为无法了解公司的具体状况？在案例中，双方争论的焦点是会计账簿的查阅权，那么会计账簿到底可以提供什么信息？

 第一节 会计账簿的意义和种类

一、会计账簿的意义

会计账簿，简称账簿，是以审核无误的会计凭证为依据，用以全面、系统、连续、分类记录各项经济业务的簿籍，是由具有一定专门格式、相互联系的若干账页所组成。从形式上看，账簿一般是由若干具有专门格式的账页组成的簿籍；从内容上看，账簿记载的是账户记录。在会计实务中，会计人员将会计科目填入某个账页后，该账页就成为记录、反映该会计科目所规定核算内容的账户。一个或者若干个账户记录汇集在一起即成为账簿。

设置和登记账簿是会计核算的专门方法之一，是对会计凭证的归集，也是编制会计报表的基础，因此，它是连接会计凭证和会计报表的中间环节。

合理设置和登记账簿，对加强经济核算，改善和提高经营管理有着重要的意义。主要表现在以下四个方面：

(1) 账簿可以全面、系统、连续地反映企业的经济活动，为会计报表的编制提供数据资料。在会计实务中，会计人员根据发生的经济业务填制会计凭证后，再根据会计凭证登记账簿。这个环节简称记账。填制和审核会计凭证，可以及时、真实地记录经济业务，并能核算和监督经济业务的完成情况。但是会计凭证记录的会计信息比较分散，往往是一张凭证记录一项经济业务，因此会计凭证的数量多、信息零散，不能系统、全面、连续地反映企业的经济活动。通过账簿的设置与登记，将

会计凭证上大量分散的信息进行分类归集，对经济业务进行全面、系统、连续地记录，为经营管理提供总括和分类的会计信息。账簿提供的数据资料也是编制会计报表的基础。

（2）账簿是确保财产物资的安全完整及合理使用的重要手段。账簿提供的账存数是财产物资清查的重要依据。在实际工作中，实地盘点可以得出实存数，将实存数与账存数核对，可以检查财产物资的保存是否完整。平时通过设置和登记账簿，可以连续反映各项财产物资的增减变化及结存情况，结合库存实际情况，能够及时反映财产物资使用的具体情况和存在的问题，起到控制财产物资合理使用的作用，有效保护财产物资的安全。

（3）账簿为考核和分配企业经营成果提供依据。账簿的设置和登记可以反映企业财务成果的形成，并通过账簿记录可以计算和确定出企业财务成果的规模大小，为按规定的方法和程序进行利润分配或亏损弥补成为可能。而且，账簿详细地记录了企业财务成果的形成过程，也为考核和分配提供了依据。

（4）账簿是会计分析和会计检查的重要依据。账簿记录提供了费用、收入、利润和成本等核算资料。通过对这些核算资料的分析，可以了解企业的方针、制度的贯彻是否到位，也能考核资金、成本、利润计划的执行情况。通过对账簿记录和计划的对比分析，能够发现经营管理中存在的问题，落实责任，加强控制。

二、会计账簿的种类

（一）账簿按用途分类

账簿按用途可分为序时账簿、分类账簿、联合账簿和备查账簿。

1. 序时账簿

序时账簿，又称日记账，是指按照经济业务发生的先后顺序逐日逐笔进行连续登记的账簿。序时账簿按其所记录的不同内容又可分为普通日记账和特种日记账。

（1）普通日记账，又称通用日记账，是用来登记企业全部经济业务发生情况的日记账。在普通日记账中，会计人员将企业每天发生的经济业务按照先后顺序编制会计分录逐笔登记到普通日记账中。因此，它又称为分录账簿。

（2）特种日记账，是用来登记企业某一类特定经济业务发生情况的日记账。在特种日记账中，会计人员将企业该类经济业务按照发生时间的先后顺序逐笔记入账簿中，以反映这一特定项目的详细情况。企业通常将重要的项目单独设置特种日记账。最常见的是现金日记账和银行存款日记账。

2. 分类账簿

分类账簿是对全部经济业务按照账户进行分类分户登记的账簿，简称分类账。分类账按照所反映内容的详细程度，又可分为总分类账和明细分类账。总分类账（简称总账），是按照总分类账户或总分类科目开设账页，对企事业单位全部经济业务进行总括分类登记，并进行总分类核算的分类账，也称一级账。明细分类账（简称明细账），是按照明细分类账户或明细分类科目开设账页，对企业某一类经济业务进行明细分类登记，并进行明细分类核算的分类账。总分类账提供总括指标，明细分类账提供详细指标，两者相辅相成，互为补充。

3. 联合账簿

联合账簿，简称联合账，是将序时账簿与分类账簿相结合设置的账簿。它兼有序时账簿和分类账簿的作用，如将日记账与总账结合设置的日记总账。

4. 备查账簿

备查账簿亦称备查簿、备查登记簿或辅助账簿，是指对某些在日记账和分类账中未能记载或记载不全的经济业务进行补充登记的账簿。设置和登记备查账簿，可以对某些经济业务的内容提供必要的参考资料。各企业、单位可以根据实际需要来设置这类账簿。备查账主要用于登记资产负债表表内（或分类账账内）需要说明原因的重要交易或事项，或资产负债表表外（或分类账账外）的重要交易或事项。它可以补充说明总分类账和明细分类账所不能详细反映的资料，具有备查备忘的基本作用。例如，分类账内没有反映的担保事项或者分类账内虽已记录但性质重要的应收票据，都需要在备查账上进行登记说明；在用的低值易耗品即使采用不同的低值易耗品摊销办法，也无法详细记录使用和保管情况，因此需要在备查账中进行记录。

备查账对完善企业会计核算，加强企业内部控制与管理，强化对重要经济业务事项的监督，明确会计交接责任和准确填列财务会计报告附注内容等，都具有重要意义。企业设置的备查账簿一般包括应收账款备查簿、应收票据备查簿、受托加工来料备查簿、在用低值易耗品备查簿等。

（二）账簿按外表形式分类

账簿按外表形式不同，可分为订本式账簿、活页式账簿和卡片式账簿。

1. 订本式账簿

订本式账簿，简称订本账，是在启用前进行顺序编号并固定装订成册的账簿。这种账簿的账页固定，既可以防止散失，又可以防止抽换账页，较为安全。但是如果分类账采用这种账簿，要为每一账户预留若干空白账页，若留页不够会影响账户的连续记录，留页过多又会造成浪费。而且这种账簿，在同一时间内只能由一人登记，不便于记账人员分工，使用起来欠灵活。因此，订本式账簿一般适用于具有统驭性、重要性的账簿，如现金日记账、银行存款日记账、总分类账等。

2. 活页式账簿

活页式账簿，简称活页账，是将账页装在账夹内便于随时取放的账簿。在启用前没有编写账页顺序号，在使用过程中将各张账页置放于活页账夹内，或者临时拴扎成册的账簿。采用这种账簿，可以根据实际的需要增添账页，不会造成浪费，使用比较灵活，便于分工记账。但是，这种账簿的账页容易散失和被抽换。因此，在采用这种账簿时，空白账页在使用后必须连续编号，并且有关人员在账页上盖章，并应定期装订成册，以防止弊端的产生。活页式账簿一般适应于明细分类账。

3. 卡片式账簿

卡片式账簿，简称卡片账，是由某些专门格式的、分散的卡片作为账页组成的账簿。卡片通常放置于卡片箱中，数量可根据经济业务的需要增减，并且可跨年度使用无须更换账页。采用这种账簿，灵活方便，可以使记录的内容详细具体，也便于分类汇总和根据管理的需要转移卡片。但这种账簿的账页容易散失和被抽换。因此，使用时应将卡片连续编号，使用完毕不再登记账时，应将卡片穿孔固定保管，以保证安全。卡片式账簿一般适应于账页需要随着物资使用或存放地点的转移而重新排列的明细账，如固定资产明细分类账。

账簿的分类及构成见表 6.1。

表 6.1　　会计账簿的分类及构成

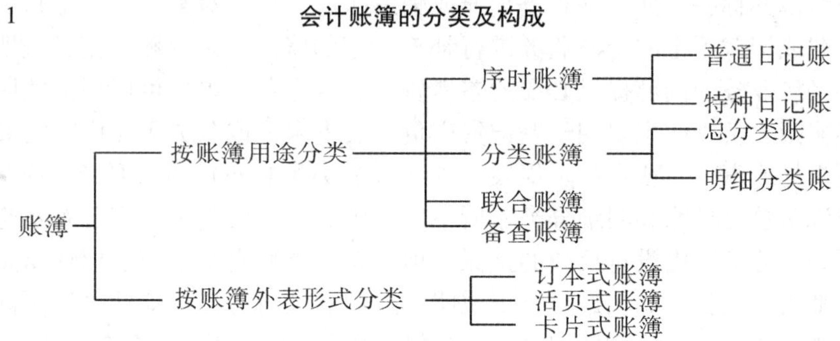

第二节　会计账簿的设置与登记

一、账簿设置的原则

企业都要按照自己的业务特点和经营管理的需要设置账簿体系，因此不同的企业，账簿设置的方法也不一样。但是，设置账簿作为会计核算方法的重要内容之一，应遵循以下原则：

（1）账簿的设置要能保证全面、系统地反映和监督各单位的经济活动情况，为单位的经营管理提供系统、完整的核算资料。

（2）设置账簿要在满足实际需要的前提下，考虑人力和物力的节约，力求避免重复设账。

（3）账簿的格式要按照所记录的经济业务内容和需要提供的核算指标进行设计，力求简明、清晰、实用。

二、账簿的基本内容

1. 封面

封面主要应标明账簿的名称和记账单位的名称。账簿名称，如现金日记账、总分类账、往来明细账和材料物资明细账等。

2. 扉页

扉页主要填列账簿使用登记表和账户目录。账簿使用登记表，有时也称账簿启用及经管人员一览表。其上主要记录启用日期、账簿编号和页数，记账人员、会计机构负责人（或会计主管）姓名，并加盖名章和公章。相关人员调动工作时，要在账簿使用登记表上记录交接时间、接办人员或者监交人员姓名，并且交接双方签字盖章。其一般格式见表 6.2。账户目录记录账户名称和页数，其一般格式见表 6.3 所示。

表 6.2　　账簿启用登记表

<table>
<tr><td colspan="2">使用者名称</td><td colspan="2"></td><td colspan="2">印　鉴</td></tr>
<tr><td colspan="2">账簿名称</td><td colspan="2"></td><td colspan="2" rowspan="4"></td></tr>
<tr><td colspan="2">账簿编号</td><td colspan="2"></td></tr>
<tr><td colspan="2">账簿页数</td><td colspan="2">本账簿共计　页</td></tr>
<tr><td colspan="2">启用日期</td><td colspan="2">年　月　日</td></tr>
<tr><td rowspan="2">责任者</td><td></td><td>主　管</td><td>会　计</td><td>记　账</td><td>审　核</td></tr>
<tr><td></td><td></td><td></td><td></td><td></td></tr>
<tr><td rowspan="8">经管人
姓名及
交接日期</td><td rowspan="2"></td><td colspan="2">经 管　年　月　日</td><td rowspan="2"></td><td rowspan="2"></td></tr>
<tr><td colspan="2">交 出　年　月　日</td></tr>
<tr><td rowspan="2"></td><td colspan="2">经 管　年　月　日</td><td rowspan="2"></td><td rowspan="2"></td></tr>
<tr><td colspan="2">交 出　年　月　日</td></tr>
<tr><td rowspan="2"></td><td colspan="2">经 管　年　月　日</td><td rowspan="2"></td><td rowspan="2"></td></tr>
<tr><td colspan="2">交 出　年　月　日</td></tr>
<tr><td rowspan="2"></td><td colspan="2">经 管　年　月　日</td><td rowspan="2"></td><td rowspan="2"></td></tr>
<tr><td colspan="2">交 出　年　月　日</td></tr>
<tr><td>备　注</td><td colspan="5"></td></tr>
</table>

表 6.3　　账户目录

页 数	科 目	页 数	科 目	页 数	科 目	页 数	科 目

3. 账页

账页是账簿的主体部分。不同类型的账簿因其反映的经济内容不同其账页格式也有所不同，但各种账页一般都包括以下六方面内容：①账户名称（会计科目）；②登账日期栏；③凭证种类和号数栏；④摘要栏；⑤借、贷方金额和余额方向、金额栏；⑥总页次和分户页次。

三、日记账的设置与登记

日记账，又称序时账，可以用来记录全部经济业务的完成情况，也可以用来连续记录某一类经济业务的完成情况。为了逐日反映库存现金和银行存款的收付情况，各单位一般都应设置特种日记账——现金日记账、银行存款日记账。通过设置和登记现金日记账、银行存款日记账分别记录库存现金和银行存款的收入、支出及结存情况，借以加强对货币资金的管理。对于适合的企业也可采用普通日记账登记全部经济业务的完成情况。

（一）现金日记账的设置与登记

现金日记账，是由出纳人员根据审核后的现金收款凭证、现金付款凭证和银行存款付款凭证，按照经济业务发生的先后顺序逐日逐笔序时登记的账簿。现金日记账是企业非常重要的特种日记账，能提供现金的使用及结余情况，必须采用订本式账簿。

1. 三栏式现金日记账

现金日记账一般采用“三栏式”账页，基本结构为“收入（借方）”“支出（贷方）”“结余”三栏。其一般格式如表 6.4 所示。

表 6.4　　现金日记账

第　页

2017 年		凭证		摘　要	对方科目	收 入	支 出	结 余
月	日	字	号					
11	1			期初余额				2 000
	3	银付	1	提取现金备发工资	银行存款	72 000		74 000
	4	现付	1	支付购买复印纸款	管理费用		60	
	4	现付	2	支付工资款	应付职工薪酬		72 000	
	4	现付	3	支付办公室水电费	管理费用		328	
	4	银付	4	提取现金备用	银行存款	1 000		
	4			本日合计		1 000	72 388	2 612
	6	现付	4	李平预借差旅费	其他应收款		1 500	1 112
	8	现付	5	支付办公室餐费	管理费用		300	812
	9	现收	1	李平归还余款	其他应收款	80		892
	…	…	…	…	…	…	…	…
	30			本月发生额及余额		127 090	127 188	1 902

三栏式现金日记账的登记方法：

（1）日期栏。“日期栏”按照记账凭证的日期，即按照现金收款凭证、现金付款凭证和银行存款付款凭证（银行提取现金业务）的日期逐日逐笔序时登记。

（2）凭证栏。“凭证栏”记录登记入账的记账凭证的编号和种类。凭证的种类是指具体的记账凭证种类，在表中以什么“字”表示，如“现金收款凭证”（简称“现收字”），“现金付款凭证”（简称“现付字”），银行存款付款凭证（简称“银付字”）。凭证的号数即凭证的编号，也要如实填写，便于查账和核对。

（3）摘要栏。“摘要栏”中简要填列登记入账经济业务的内容。在摘要栏中填写业务内容时，要求简明扼要，同时便于理解。

（4）对方科目栏。“对方科目栏”指现金收入的来源科目或支出的用途科目。如从银行提取现金，其对方科目栏（来源科目栏）是“银行存款”，购买办公用品其对方科目栏（支出的用途科目栏）为“管理费用”。对方科目栏和摘要栏一起能更好地反映现金收付业务的具体内容和现金使用的来龙去脉。

（5）收入、支出栏。“收入、支出栏”用于填列现金收付的实际金额。收入栏一般根据现金收款凭证登记入账。对于从银行提取现金的业务，由于填制记账凭证时只填制银行存款付款凭证，因此这类业务也根据银行存款付款凭证登记现金日记账收入栏。支出栏一般根据现金付款凭证登记入账。

每日终了，必须结出当日现金结余金额。现金收支业务量比较大的企业，还应当结出当日的现金收入合计数、支出合计数，并在“摘要”栏注明“本日合计”字样，为了便于识别，可以在该行的下面画一条通栏单红线。结出的现金收入合计、支出合计数以及结余数应在紧接最后一行业务记录的次行登记，不得隔行跳行。每日结出的账面余额要和库存现金实际数核对，以检查是否账实相符。每月终了，要结出当月现金收入、支出合计数和结余数，并在该行的下面画一条通栏单红线。

2. 多栏式现金日记账

现金日记账，也可以采用“多栏式”格式账页，来反映现金的来源或支出用途。多栏式现金日记账的基本格式是将“收入”和“支出”的对应科目分设专栏，登账时将其对应科目填写在“收入”栏或者“支出”栏下空格中。有些企业也可以将常用的对应科目在制作账页时预先印制好。

多栏式现金日记账又可分为收支合设式和收支分设式两种。收支合设式，即将现金收入的来源科目和支出的用途科目都设在同一张表上，其格式如表6.5所示；收支分设式是现金收入的来源科目和支出的用途科目分设在两张表上，其具体格式如表6.6、表6.7所示。

表6.5　　现金日记账（收支合设多栏式）

第　页

年		凭证		摘要	收入				支出				结余
月	日	字	号					合计				合计	

年		凭证		摘要	收入				支出				结余
月	日	字	号					合计				合计	

表 6.6　　多栏式现金收入日记账

第　页

年		凭证		摘要	收入						支出合计	结余
月	日	字	号							收入合计		

表 6.7　　多栏式现金支出日记账

第　页

年		凭证		摘要	支出								
月	日	字	号										支出合计

多栏式现金日记账有两种登记方法：

（1）第一种登记方法。由出纳人员根据审核后的收、付款凭证逐笔登记多栏式现金日记账。如果企业分设现金收入日记账和现金支出日记账，则每日应将支出日记账的当日支出合计数，转记入收入日记账中支出合计栏中，以结算当日账面余额。会计人员应对多栏式现金和银行存款日记账的记录加强检查监督，并负责于月末根据多栏式现金和银行存款日记账各专栏的合计数，分别登记总账有关账户。

（2）第二种登记方法。另外设置现金和银行存款出纳登记簿，由出纳人员根据审核后的收款凭证、付款凭证逐日逐笔登记，以便逐笔掌握库存现金收付情况，及时同银行核对收付款项；然后将收、付款凭证交由会计人员据以逐日汇总登记多栏式现金和银行存款日记账，并于月末根据多栏式日记账登记总账。出纳登记簿与多栏式现金日记账要相互核对。

第一种方法可以简化核算工作，第二种方法可以加强内部牵制。总之，采用多栏式现金日记账可以减少收款凭证的汇总编制手续，简化总账登记工作，而且可以清晰地反映账户的对应关系，了解现金收付款项的来龙去脉。

（二）银行存款日记账的设置和登记

银行存款日记账是专门用来记录银行存款收支业务的一种特种日记账。通常由出纳人员根据审核后的银行存款收款凭证、银行存款付款凭证和现金付款凭证逐日逐笔顺序登记，用来核算和监督银行存款每天的收入、付出和结存情况。银行存款日记账必须采用订本式账簿，其账页格式一般采用“收入”（借方）、“支出”（贷方）和“余额”三栏式。一般格式如表 6.8 所示。

表 6.8　　银行存款日记账

第　页

2017 年		凭证		摘要	现金支票号数	转账支票号数	收入	支出	结余
月	日	字	号						
11	1			期初余额					200 000
	3	银付	1	提取现金备发工资				72 000	128 000
	4	银付	2	支付甲材料采购款				85 000	
	4	银付	3	银行代缴电话费				300	
	4	银收	1	销售 A 产品收款			150 000		
	4	银付	4	提取现金备用				1 000	
	4			本日合计			150 000	86 300	191 700
	11	现付	9	现金存入银行			30 000		221 700
	14	银收	2	收到 Y 公司欠款			70 000		291 700
…	…	…		…	…	…	…	…	…
	30			本月发生额及余额			1 035 000	957 200	277 800

银行存款日记账的登记方法如下：

（1）日期栏。在“日期栏”中填写记账凭证的日期，一般由出纳根据银行存款收款凭证、银行存款付款凭证和现金付款凭证逐日逐笔序时登记。

（2）凭证栏。“凭证栏”填写的是凭证的种类和号数，便于查询。

（3）摘要栏。“摘要栏”里简要说明登记入账的经济业务的内容。

（4）现金支票号数和转账支票号数栏。与现金日记账不同的是，银行存款日记账里记录的业务，经常涉及支票收付结算的情况。因此，银行存款日记账专设此栏来填写所涉及支票的相应号数，以便与银行对账。

（5）对方科目栏。银行存款日记账也可设置对方科目栏。“对方科目栏”中填写银行存款收入的来源科目或支出的用途科目。例如，收到其他公司的转账支票偿还前欠货款，即在对方科目栏中填写“应收账款”科目，此栏可帮助了解经济业务的来龙去脉。银行存款日记账设置对方科目栏的格式和登记方法可参照现金日记账表 6.3 所示。

（6）收入支出栏。“收入支出栏”即填写银行存款的收付金额，根据银行存款收款凭证、现金付款凭证登记收入栏；根据银行存款付款凭证登记支出栏。

对于银行存款业务比较繁多的企业，每日业务终了时，应计算、登记当日的银行存款收入合计数、银行存款支出合计数以及账面结余数，以监督检查各项收入和支出款项，避免坐支现金的出现，并便于定期同银行送来的对账单核对。每月终了，本单位账面结余数与银行对账单余额如有差异，必须逐笔查明原因，通过编制“银行存款余额调节表”试算调节，来进行核对。

银行存款日记账也可以采取“多栏式”，其格式与多栏式现金日记账基本相同。多栏式银行存款日记账的登记方法也与现金日记账一样有两种，主要区别在于是出纳还是会计人员登记日记账，此处不赘述。

但需要注意的是，如果企业同时设置现金、银行存款两种多栏式日记账，过账时要注意避免将两个账户之间相互对应数重复过账。

（三）普通日记账的设置与登记

普通日记账是用来登记全部经济业务的日记账。在账簿中，按照每日发生的经济业务的先后顺序，逐项编制会计分录，因而这种日记账也称为分录日记账或分录簿。普通日记账的格式一般只设置借方和贷方两个金额栏，如表 6.9 所示，也可以采用表 6.10 的格式。

表 6.9　　普通日记账（一）

第　页

年		分录号	摘　要	账户名称	记 账	借　方	贷　方
月	日						

表 6.10　　普通日记账（二）

第　页

年		分录号	摘　要	记账	借　方		贷　方	
月	日				一级科目	金　额	一级科目	金　额

普通日记账的登记方法如下：

（1）日期栏。在“日期栏”内填写编制分录的年、月、日，年月一般只在日记账每页的顶端以及发生年月变动的地方填写。

（2）分录号栏。在“分录号栏”内按顺序填入所作分录的序号。

（3）摘要及账户栏。在“摘要栏”简明扼要地记录交易或事项的内容。在“账户或者科目栏”内填写交易或事项所涉及的有关账户名称。第二种普通日记账的表格先紧靠左边登记借方账户，然后在借方账户向下移一行登记贷方账户。

（4）金额栏。借方和贷方金额栏分别记录该会计分录所涉及的相应金额。

（5）过账索引栏。过账索引栏（即“记账”栏）内填写普通日记账实务处理将该会计分录过入分类账的编号、页码，用于和分类账进行对照检索。

由于普通日记账将企业全部的经济业务登记在一张表上，因此，为了区分不同的经济业务，通常在分录之间应留一空格。

普通日记账可以根据经济业务直接登记，然后再根据普通日记账登记分类账，因此设置普通日记账一般不再编制记账凭证。对于规模较小、经济业务不多的企业，使用普通日记账较为简便。

四、分类账簿的设置与登记

（一）总分类账簿的设置和登记

总分类账簿（简称总账），是根据总分类科目开设账户，用来登记全部经济业务，进行总分类核算，提供总括核算资料的分类账簿。总分类账簿所提供的核算资料，是编制会计报表的主要依据，任何单位都必须设置总分类账簿。

总分类账簿一般采用订本式账簿，其账页格式，一般采用“借方”“贷方”“余额”三栏式，根据实际需要，也可以在“借方”“贷方”两栏内增设“对方科目”栏。其一般格式如表 6.11、表 6.12 所示。

表 6.11　　总分类账（一般三栏式）

账户名称：应付账款　　　　第　页

2017 年		凭证		摘要	借方	贷方	借或贷	余额
月	日	字	号					
11	1			期初余额			贷	150 000
	2	转	19	赊购乙材料		238 000	贷	388 000
	8	银付	23	支付上月欠款	150 000		贷	238 000
	12	转	23	赊购设备一台		160 000	贷	398 000
	15	转	25	赊购办公用品		3 000	贷	401 000
	18	现付	17	付办公用品款	3 000		贷	398 000
…	…	…	…	…	…	…	…	…

表6.11(续)

2017年		凭证		摘要	借方	贷方	借或贷	余额
月	日	字	号					
	30			本月发生额及余额	803 000	753 000	贷	100 000

表6.12　　总分类账（设对应科目栏）

账户名称　　　　第　页

年		凭证		摘要	对方科目	借方	贷方	借或贷	余额
月	日	字	号						

总分类账的登记依据和方法，主要取决于所采用的会计核算形式。它可以直接根据各种记账凭证逐笔登记，也可以先把记账凭证按照一定方式进行汇总，编制成科目汇总表或汇总记账凭证等，然后据以登记。

（二）明细分类账簿的设置和登记

明细分类账簿是按照明细分类账户详细记录经济业务的账簿，简称明细账。各个单位应当根据管理的需要，按照二级或明细科目设置明细分类账簿。明细分类账簿既可以反映资产、负债、所有者权益、收入、费用等具体项目金额的变动情况，也可以反映实物数量的增减变化。其所提供的详细核算资料，是对总分类账簿的详细反映和补充，也是编制会计报表的依据。明细分类账簿的账页格式根据不同的经济内容和管理要求采用不同的格式，主要有“三栏式”“数量金额式”和“多栏式”。明细分类账的账簿一般采用活页式，也有的采用卡片式（如固定资产明细账）。

1. 三栏式明细分类账簿的设置和登记

三栏式明细分类账簿的格式与三栏式总分类账簿基本相同。账页的基本结构为“借方”“贷方”“余额”三个金额栏。这种明细账簿不设数量栏。因此，它适用于那些只需要进行金额核算而不需要进行数量核算的账户，如“应收账款”“应付账款”“预收账款”等往来账户。三栏式明细分类账的账页一般格式如表6.13所示。

表6.13　　应收账款明细分类账（账簿名称）

明细账户名称：新光公司　　　　第　页

2017年		凭证		摘要	借方	贷方	借或贷	余额
月	日	字	号					

表6.13(续)

2017年		凭证		摘　要	借　方	贷　方	借或贷	余　额
月	日	字	号					
11	1			期初余额			借	65 000
	5	银收	11	收到上期欠款		65 000	平	0
	19	转	13	赊销A产品	130 000		借	130 000
	21	银收	14	收到部分销售款		80 000	借	50 000
	26	转	15	赊销A产品	150 000		借	200 000
	28	银收	17	收到部分销售款		150 000	借	50 000
	30			本月发生额及余额	280 000	295 000	借	50 000

三栏式明细分类账簿可根据记账凭证及其所附的原始凭证，逐笔登记其借方金额和贷方金额，并逐日结出余额。每月终了，结出本月借方发生额合计、贷方发生额合计和月末余额。

2. 数量金额式明细分类账簿的设置和登记

数量金额式明细分类账簿也叫数量金额三栏式明细分类账簿，账页基本结构是“收入”“发出”“结余”三栏，每栏再分设“数量”“单价”“金额”三栏。在会计实务中，可以根据不同的需要在账页顶端设置和登记一些必要的项目，如材料类别及存放地点等，便于核对实物。这种账簿适用于既需要进行金额核算，又需要进行实物数量核算的各种财产物资科目，如“原材料”“库存商品”“低值易耗品”“包装物”等。数量金额式明细分类账簿的账页一般格式见表6.14。

表6.14　　**原材料　明细分类账（账簿名称）**

类别：甲　　编号：2301

品名（规格）：30　　存放地点：5号库

储备定额：25 000千克　　计量单位：千克

2017年		凭证		摘　要	收　入			发　出			结　存		
月	日	字	号		数量	单价	金额	数量	单价	金额	数量	单价	金额

表6.14(续)

2017年		凭证		摘要	收入			发出			结存		
月	日	字	号		数量	单价	金额	数量	单价	金额	数量	单价	金额
11	1	略	略	期初余额							30 000	80	2 400 000
	5			车间领用				5 000	80	400 000	25 000	80	2 000 000
	9			购买入库	15 000	80	1 200 000				40 000	80	3 200 000
	11			车间领用				20 000	80	1 600 000	20 000	80	1 600 000
	19			车间领用				5 000	80	400 000	15 000	80	1 200 000
	21			购买入库	15 000	80	1 200 000				30 000	80	2 400 000
	23			车间领用				3 000	80	240 000	27 000	80	2 160 000
	25			车间领用				2 000	80	160 000	25 000	80	2 000 000
	30			本月发生额及余额	30 000	80	2 400 000	35 000	80	2 800 000	25 000	80	2 000 000

数量金额式明细分类账簿在登记金额的同时，还要登记实物的数量和单价。具体来说，其“日期、凭证、摘要栏”都和其他账簿的登记方法相同。“收入栏”根据记账凭证及其所附的原始凭证逐日逐笔登记数量、单价和金额。发出的“数量栏”一般根据“领料单”或者“发货单”等原始凭证逐日逐笔登记，结存的“数量栏”登记每日结出结存数量。发出的“单价和金额栏”以及结存的“单价和金额栏”根据发出存货的不同计价方法有不同的登记方法，一般的登记方法是在月末进行计算和登记。

3. 多栏式明细分类账簿的设置和登记

多栏式明细分类账簿是根据经济业务的特点和经营管理的需要，在一张账页内记录某一科目所属的各明细科目的内容，按该科目的明细项目分设专栏记录。这种账页格式适用于只记金额、不记数量，并且在管理上需要了解和分析其构成内容的科目，主要用于各成本、费用、收入、利润相关科目的账户记录，如“管理费用”“销售费用”“生产成本”“制造费用”“本年利润”等科目。

费用成本类多栏式明细账簿一般为借方多栏式，即只按借方分设多栏。因为这些账户每月贷方金额发生的笔数较少，发生时可以在明细账中红字登记在借方。会计期末将借方发生净额从贷方结转到“本年利润”或其他账户。

借方多栏式明细账（费用成本多栏式明细账）的一般格式见表6.15。

表6.15　　明细分类账（账簿名称）

第　页

年		凭证		摘要	借方					贷方	余额
月	日	字	号						合计		

年		凭证		摘　要	借　方					贷　方	余　额
月	日	字	号						合 计		

在会计实务中，由于费用成本类多栏式明细账一般都是借方多栏式，为了简化，在具体设置账页时，一般会省去“借方”字样，如表6.16所示。

表6.16　　管理费用 明细分类账

第　页

2017年		凭证		摘　要	职工薪酬	差旅费	折旧费	办公费	招待费	其他	合计
月	日	字	号								
11	8	现付	35	发放工资	8 000						8 000
	13	转	78	报差旅费		1 300					1 300
	18	现付	39	购买白纸				60			60
…	…	…	…	…	…	…	…	…	…	…	…
	30			本月合计	8 000	5 800	4 000	520	800	80	19 200

与费用成本类多栏式明细账簿相对应，收入明细账簿一般按贷方分设多栏，需要冲减收入的事项，可以用红字在贷方登记。会计期末将贷方发生金额从借方结转到“本年利润”账户。收入类多栏式明细账簿的一般格式如表6.17所示。

利润明细账一般按借方和贷方分设多栏，即按利润构成项目设多栏，一般适用于“本年利润”“利润分配”等账户。其一般格式见表6.18。

多栏式明细账簿的记账依据和登记方法与三栏式明细账簿基本相同，区别在于登记的金额要具体到账簿各栏明细项目中。

表6.17　　明细分类账（收入类）

第　页

年		凭证		摘　要	借　方	贷　方					余　额
月	日	字	号							合 计	

年		凭证		摘要	借方	贷方					余额
月	日	字	号							合计	

表 6.18　　明细分类账（利润）

第　页

年		凭证		摘要	借方				贷方				借或贷	余额
月	日	字	号					合计				合计		

4. 横线登记式明细分类账簿的设置和登记

横线登记式明细分类账簿，实际也是一种特殊的多栏式明细账簿。这种明细账簿要求将密切相关的经济业务登记在账簿的同一横行中。这种账簿的设置和登记可以清楚地反映某项经济业务的进展情况，有助于控制费用的额度。例如，出差人员预支差旅费和出差完毕报销差旅费的情况是密切相关的经济业务，因此，设置“其他应收款”横线登记式明细账簿，在同一横行中登记。横线登记式一般适用于要求按每笔金额结算的经济业务，比如材料采购、一次性备用金等。其格式见表 6.19。

表 6.19　　其他应收款 明细分类账

第　页

年		凭证		对方科目	摘要	借方（预支）	贷方（实报和收回）						
							年		凭证		报销金额	收回金额	备注
月	日	字	号				月	日	字	号			

企业一旦设置横线登记式明细分类账簿就应逐笔登记并严格按照横线登记法登记。

第三节　会计账簿的使用规则

一、启用规则

会计账簿是企业储存会计信息的重要会计档案，为了确保账簿记录符合相关法律和规章制度的要求，并且保证账簿记录的完整性，明确记账责任，在账簿启用时，必须填列账簿使用登记表。在账簿使用登记表中载明单位名称、账簿名称、账簿编号、账簿册数、账簿页数、启用日期，会计主管人员和记账人员签名或盖章。更换记账人员时，应由会计主管人员监交，在交接记录中写明交接日期和交接人员姓名，并由交接人员和会计主管人员签名或盖章。

启用订本式账簿，应从第一页起顺序编号，不得跳页、缺号；使用活页式账簿，其账页通常设有总页和分页，应在使用账页时顺序编定分页数，定期将活页账簿装订成册，装订后再按实际使用的账页顺序编定总页数，另加目录，并注明各个明细分类账户的名称和页次。

二、登账规则

会计账簿作为重要的会计档案资料，我国《会计法》明确规定了会计账簿的登记必须符合有关法律、法规，以及会计准则的规定。为了保证账簿记录的真实、正确，必须根据审核无误的会计凭证登账。同时为了保证账簿记录的完整性，单位每天发生的各种经济业务，都应当及时记账。当然，各种账簿应当每隔多长时间登记一次，没有统一规定。但是，一般的原则是：总分类账簿要按照单位所采用的账务处理程序及时登账；各种明细分类账簿，要根据原始凭证、原始凭证汇总表和记账凭证每天进行登记，也可以定期（如 3 天或 5 天）登记。现金日记账和银行存款日记账，应当根据办理完毕的收付款凭证逐笔序时登记。如果企业使用会计电算化进行会计核算，其会计账簿的登记、更正，也应当符合国家统一的规定。

进行手工账簿登记时，一般应遵循以下原则：

（1）登记账簿时，应当将会计凭证日期、编号、业务内容摘要、金额和其他有关资料逐项记入账内，同时记账人员要在记账凭证上签名或者盖章，并注明已经登账的符号（如打“√”），防止漏记、重记和错记情况的发生。

（2）各种账簿要按账页顺序连续登记，不得跳行、隔页。如发生跳行、隔页，应将空行、空页画线注销，或注明“此行空白”或“此页空白”字样，并由记账人员签名或盖章。

（3）登记账簿时，要用蓝黑墨水或者碳素墨水书写，不得用圆珠笔（银行的复写账簿除外）或者铅笔书写。红色墨水只能用于以下几种情况：

①红字冲账的记账凭证用以冲销错误记录；

②在不设减少金额栏的多栏式账页中，登记减少数；

③在三栏式账户的余额栏前，如未印明余额方向的，在余额栏内登记负数金额；

④会计准则规定的其他可以用红字记录的地方。

（4）记账应保持清晰、整洁，记账文字和数字要端正、清楚、书写规范，一般应占账簿格距的1/2，以便留有改错的空间。

（5）凡需结出余额的账户，应当定期结出余额。现金日记账和银行存款日记账必须每天结出余额。结出余额后，应在“借或贷”栏内写明“借”或“贷”字样，以表明余额的方向；没有余额的账户，应在该栏内写“平”字并在余额栏“元”位上用“0”表示。

（6）每登记满一张账页结转下页时，应当结出本页合计数和余额，写在本页最后一行和下页第一行有关栏内，并在本页的摘要栏内注明“转后页”字样，在次页的摘要栏内注明“承前页”字样。

（7）必须按照规定的方法更正错账。如果发现账簿记录有差错，应根据错误的具体情况，采用规定的方法予以更正，不得涂改、挖补、乱擦或用褪色药水消除原有字迹。

如果单位使用会计电算化，则应定期打印总账和明细账。对于收付款业务，输入收款凭证和付款凭证后，必须在有收付款业务的当天打印出现金日记账和银行存款日记账。将现金日记账的余额与库存现金核对，做到日清日结。银行存款日记账每日打印结出余额，并定时与银行对账单核对无误。

三、错账的更正方法

会计人员在登记账簿时，必须按照我国《会计法》对会计从业人员的要求认真负责地进行。但是企业每天会发生大量的经济业务，会计人员在进行会计处理的过程中难免会发生错误。由于错账会影响会计信息的准确性，会计人员要经常核对和检查账簿，以及时发现错账并加以改正。

（一）错账的查找

在记账的过程中，由于会计人员的疏忽可能产生不同的差错，如漏记、错记、数字颠倒、数字错位、数字错记、科目错记、借贷方向错记等问题。会计人员应定期检查账簿，如发现问题，要及时查找错误。

错账的查找主要有以下几种方法：

1. 差数法

差数法是指按照错账的差数查找错账的方法。倘若借方金额漏记，则试算平衡时贷方超出；倘若贷方金额漏记，则试算平衡时借方金额超出。出现这种差错时，会计人员可以经过回忆与该差额金额相同的分录来核对查找。

2. 尾数法

尾数法是指当发生角、分的金额差错时，可以只查找各笔金额的尾数，即“角、分”部分，而不用查找全部金额，以提高查账效率。

3. 除2法

除2法是指以错账的差数除以2来查找错账的方法。当记账时将某个账户的借方金额误记入贷方，或者将贷方金额误记入借方，就会导致错账差额是错误金额的两倍，将差数除以 2 即得到错误金额。如在“应收账款”明细账中，将本应记入“应收账款——A 公司”贷方的 20 000 000 元误记入借方。在将明细账与总账核对时，就发现总账的期末余额比明细账期末余额之和小 40 000 000 元，将此金额除以 2 即得到错记金额 20 000 000 元。

4. 除 9 法

除 9 法就是将错账的差额除以 9 来查找错误的方法，适用于以下三种情况：

一是记账时将数额记小了。如将 2 000 记成了 200。查找错账时，将差额 1 800 除以 9 即得到错误金额 200，将商 200 乘以 10 即得到正确金额 2 000。

二是记账时将数额写大了。如将 200 误记为 2 000。查找错账时，将错账金额 1 800 除以 9 即得到正确金额 200，将商乘以 10 即得到错误金额 2 000。

三是记账时，误将邻数颠倒，如将 56 记为 65。颠倒的相邻两个数字之差最小是 1，最大是 8。查找错账时，将错账的差数除以 9 的商，连续加 11 直到找到错误的数字。如 56 与 65 的差数为 9，9 除以 9 得 1，1 连续加 11，分别是 12、23、34、45、56。当发现账簿记录出现上述数字时，则有可能找到颠倒或者被颠倒的数字了，如上例中的 56。

错账的查找是相当费时费力的工作，需要极大的耐心和责任心才能完成，因此，会计人员在记账时一定要认真核对，尽量减少差错的发生。一旦发现错账，也要认真仔细地查找，以保证会计信息的准确性。

（二）错账的更正

账簿记录错误时，应查明原因，对账簿记录发生的错误按照国家统一规定的方法进行更正，而绝不能采用涂改、挖补、刮擦、使用褪色药水消除原有字迹或者重新抄写等。错账更正方法有三种，包括划线更正法、红字更正法和补充登记法。

1. 划线更正法

划线更正法是指将原错误记录用红线划销，并在其上方进行更正的方法。划线更正法适用于会计人员发现账簿记录有错误，而原记账凭证无错误的情况下，有关人员在依据记账凭证登记账簿的过程中发生了笔误，包括记错金额、入错账户或写错字等。

划线更正法在更正错账时，先在错误的文字或数字上划一条红线（注意被划销的部分应仍可辨认以备参考），表示错误内容已被注销，然后将正确的文字或数字写在被注销的文字上端空白处，并由记账人员在更正处签章，以示负责。应当注意的是，在更正数字时，必须将错误数字全部划销，不能只划销错误的部分。例如在“管理费用”账户记账时，误将 3 725. 64 元记为 3 752. 64 元时，应将 3 752. 64 全部划销，然后在其上方记录 3 725. 64，而不能只将其中的“52”改为“25”。在文字更正时，可以只在错误的文字上划线注销，在其上方空白处填上正确的文字。在账簿上，用划线更正法更正金额的方法，如图 6. 1 所示。

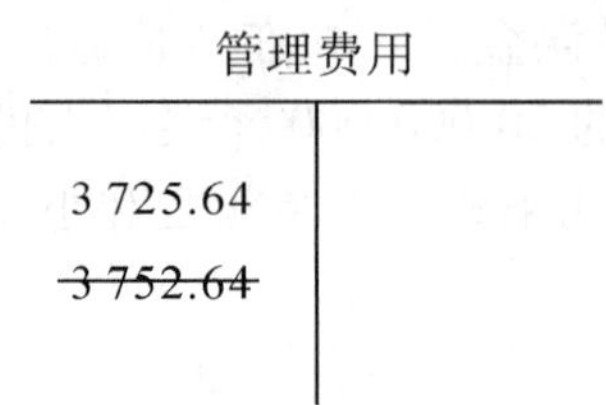

图 6.1　划线更正法图示

2. 红字更正法

红字更正法又称红字冲销法，是指用红字冲销或冲减原有的错误记录，以调整记账错误的一种方法。红字更正法主要适用于以下两种情况：

（1）记账之后，发现原记账凭证中的会计科目名称错误，或借贷方向错误，或科目、金额同时错误造成账簿记录错误。这种错账的更正方法是：首先用红字填制一张内容与原错误登记凭证完全相同的记账凭证，并在摘要栏注明“注销×月×日×号凭证的错误”，并据以入账，冲销原错误记录。然后再用蓝字重新填写一张正确的记账凭证，在摘要栏注明“补记×月×日账”，并据以登记入账。

例如：某职工出差预借差旅费 2 000 元，付现金。填制记账凭证时，误写为：

借：管理费用　　　2 000

　贷：库存现金　　　2 000

并已登记入账。职工借支差旅费应通过“其他应收款”科目核算。当发现记账错误时，先用红字编制记账凭证如下，并登记入账，以冲销原错误记录。

借：管理费用　　　(2 000)[①]

　贷：库存现金　　　(2 000)

然后用蓝字填制正确记账凭证，并登记入账。

借：其他应收款　　　2 000

　贷：库存现金　　　2 000

在账簿中用红字更正法更正记账凭证中的记账错误，如图 6.2 所示。

库存现金		管理费用		其他应收款	
	2 000	2 000		2 000	
	(2 000)	(2 000)			
	2 000				

图 6.2　红字更正法图示（1）

（2）记账后发现会计科目及记账方向无误，只是所记金额多于应记的正确金额，可以使用红字更正法。更正方法是：将多记的金额，用红字填制一张与原错误凭证的记账方向、会计科目完全相同的记账凭证，并在摘要栏注明“冲销某月某日

① “（）”表示红字，以下同。

某号凭证多记金额"，并据以用红字登记入账。

例如：销售甲产品取得收入 50 000 元，暂未收到货款。填制记账凭证时，误将金额写成 500 000 并已登记入账。原会计分录为：

借：应收账款　　500 000

　贷：主营业务收入　　500 000

更正时，将多记金额 450 000 元用红字填制如下记账凭证，并登记入账，以冲销多记金额。

借：应收账款　　(450 000)

　贷：主营业务收入　　(450 000)

用红字更正法冲销多记的金额在账簿中登记如图 6.3 所示。

主营业务收入		应收账款	
	500 000	500 000	
	(450 000)	(450 000)	

图 6.3　红字更正法图示（2）

3. 补充登记法

补充登记法是指对原记账凭证记录中少记的金额予以补充登记的一种方法。适用于记账以后发现记账凭证所列账户对应关系正确无误，只是所记金额少于正确金额的情况。更正方法是：将少记的金额，用蓝字金额填制一张与原记账凭证的记账方向、会计科目相同的记账凭证，并在摘要栏注明"补充某月某日某号凭证少记金额"，并据以登记入账。

例如：企业本月办公室固定资产应提取折旧费为 5 300 元，填制记账凭证时，误将金额写成 3 500 元，并已登账。原记账凭证记录如下：

借：管理费用　　3 500

　贷：累计折旧　　3 500

更正时，将少记的金额 1 800 元，用蓝字填制如下记账凭证，并据以登记入账，以补足少计金额。

借：管理费用　　1 800

　贷：累计折旧　　1 800

在账簿中用补充登记法补记少记金额时方法如图 6.4 所示。

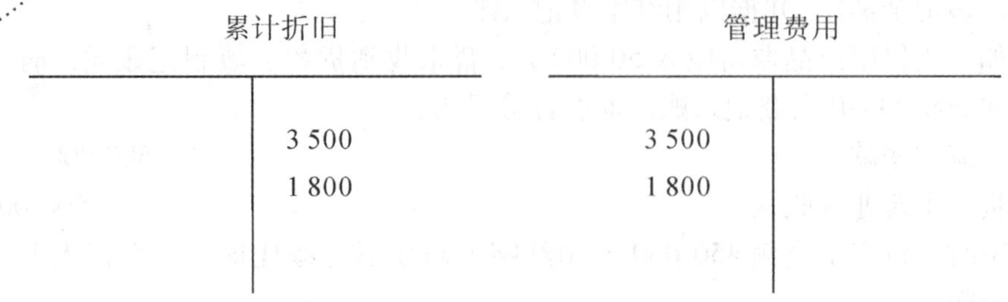

图 6.4　补充登记法图示

第四节　对账和结账

一、对账

对账是指核对账目，即在会计核算过程中对会计账簿的记录进行检查和核对。对账是保证账簿记录的真实、正确、可靠的一个重要环节。会计人员通过对账工作，可以检查账簿记录内容是否完整，有无错记或漏记，总分类账与明细分类账数额是否相符等。

对账从时间上来看可分为日常核对和定期核对两种。日常核对是指会计人员在平常的记账工作中随时进行检查和核对，以提高记账的准确性。定期核对是指在月末、季末、年末对账簿记录进行核对。对账的内容主要包括账证核对、账账核对、账实核对三个方面。

（一）账证核对

账证核对是指对账簿记录和会计凭证进行核对，如发现错误之处，应进行更正，这是保证账账、账实相符的基础。账证核对的主要方法如下：

（1）核对总账与记账凭证汇总表是否相符；

（2）核对记账凭证汇总表与记账凭证是否相符；

（3）核对明细账与记账凭证及所涉及的支票号码及其他结算票据种类等是否相符。

（二）账账核对

账账核对是指各种账簿之间的核对相符，主要包括本单位各种账簿之间的有关指标应该核对相符，本单位同其他单位的往来账项应该核对相符。具体方法如下：

（1）核对总账资产类科目各种账户与负债、所有者权益类科目各账户的余额合计数是否相符。

即：总账资产类账户余额=Σ 总账负债和所有者权益账户余额

总账各账户借方发生额（或贷方发生额）= Σ 总账各账户贷方发生额（或借方发生额）

（2）核对总账各账户与所辖明细账户的各项目之和是否相符。包括：

总分类账户与其所属的各个明细分类账户之间本期发生额的合计数应相等。

总分类账户与其所属的各个明细分类账户之间的期初、期末余额应相等。

（3）核对会计部门的总账、明细账与有关职能部门的账、卡之间是否相符。

会计部门的有关财产物资的明细分类账的余额应该同财产物资保管部门和使用部门经管的明细账户记录的余额定期核对相符。

（4）现金、银行存款日记账余额应该同总分类账有关账户的余额定期核对相符。

（5）已缴国库的利润、税金以及其他预算缴款应该同征收机关按照规定的时间核对相符。

（三）账实核对

账实核对是指各种财产物资的账面余额与货币资金、财产物资、债权债务的实际数额相核对。主要方法如下：

（1）现金日记账与库存现金数核对

现金日记账的账面余额与现金实际库存数额每日核对，并填写库存现金核对情况报告单作为记录。发生长、短款时，应即列作“待处理财产损溢”，待查明原因经批准后再进行处理。单位会计主管应经常检查此项工作。

（2）银行存款日记账与银行对账单核对

银行存款日记账的账面余额与开户银行对账单核对。每收到一张银行对账单，经管人员应在 3 日内核对完毕，每月编制一次银行存款余款调节表，会计主管人员每月至少检查一次，并写出书面检查意见。

（3）金融产品账户与实际金额核对

金融产品账户应与单位实际金融产品金额（如国库券、重点企业债券、股票或收款票据等）核对相符，每月检查其价值是否相符。

（4）商品、产品、原材料等明细账的账面余额与实物核对

商品、产品、原材料等明细账的账面余额应定期与库存数相核对。对其他财产物资账户也要定期核对，年终要进行一次全面的清查。

（5）债权债务明细账与债权债务人核对

各种债权、债务类明细账的账面余额要与债权、债务人账面记录核对、清理。对于核对、清理结果，要及时以书面形式向会计主管人员汇报，并报单位领导人。对于存在的问题应采取措施积极解决。

通过上述对账工作，做到账证相符、账账相符和账实相符，使会计核算资料真实、正确、可靠。

二、结账

结账是指把一定时期内应记入账簿的经济业务全部登记入账后，按照规定的方法计算记录本期发生额及期末余额，并将余额结转下期或新的账簿。结账一般在月末、季末或年末进行。所以，结账可以分为月结、季结和年结三种，有些账簿如现金、银行存款日记账需要每日结账，称为日结。

按照规定，会计人员应当对现金、银行存款日记账按日结账，对其他账户按月、

季、年结账。

(一) 结账程序

(1) 结账前，必须将本期内所发生的各项经济业务全部登记入账。

(2) 按照权责发生制原则调整和结转有关账项，合理确定当期收入和费用。期末账项调整包括：

①本期已经发生且符合收入确认条件，但尚未收到款项的产品销售收入和劳务收入应登记入账，即应确认收入。确认收入时，记入“主营业务收入”的贷方，未收到的款项记入“应收账款”的借方。

②对已收到款项但尚未提供产品和劳务因此未确认收入，在本期应根据本期提供的产品和劳务，确定应该计入收入的部分，并登记入账。如以前确认的“预收账款”，在本期提供了产品或劳务后，记入“主营业务收入”的贷方，并调整“预收账款”。

③在本期发生但尚未支付款项的费用，应计入费用，登记入账，如“应付利息”。在确认费用时，记入“财务费用”或者“在建工程”“生产成本”的借方，记入“应付利息”账户的贷方。

④在前期支出，但应由本期承担的费用。如企业开办期间发生的开办费或经营租赁租入固定资产的改良支出，发生时记在“长期待摊费用”的借方。对于企业筹办期间的费用在企业开始营业的当期应全部计入“管理费用”的借方，同时贷记“长期待摊费用”。对于经营租赁方式租入的固定资产的改良支出，在固定资产的收益期间摊销。摊销时，借记“管理费用”或者“制造费用”的借方，贷记“长期待摊费用”。

⑤计提固定资产折旧和计提坏账准备。

⑥对发生在企业内部的业务，也需编制转账凭证并登记入账，如一部分产品完工，则需相应记入“库存商品”的借方，同时记入“生产成本”的贷方。损益类账户应该结转至“本年利润”账户。

(3) 计算、登记本期发生额和期末余额。在本期全部经济业务登记入账的基础上，应当结算余额，并结转至下期。

(二) 结账方法

(1) 日结或月结时，应在该日、该月最后一笔经济业务下面划一条通栏单红线，在红线下“摘要”栏内注明“本日合计”或“本月合计”“本月发生额及余额”字样，在“借方”栏、“贷方”栏或“余额”栏分别填入本日、本月合计数和月末余额，同时在“借或贷”栏内注明借贷方向。然后，在这一行下面再划一条通栏红线，以便与下日、下月发生额划清。

(2) 季结时，通常在每季度的最后一个月月结的下一行，在“摘要”栏内注明“本季合计”或“本季度发生额及余额”，同时结出借、贷方发生总额及季末余额。然后，在这一行下面划一条通栏单红线，表示季结的结束。

(3) 年结时，在第四季度季结的下一行，在“摘要”栏注明“本年合计”或

"本年发生额及余额"，同时结出借、贷方发生额及期末余额。然后，在这一行下面划上通栏双红线，以示封账。

（4）年度结账后，总账和日记账应当更换新账，明细账一般也应更换。但有些明细账，如固定资产明细账等可以连续使用，不必每年更换。年终时，要把各账户的余额结转到下一会计年度，只在摘要栏注明"结转下年"字样，结转金额不再抄写。如果账页的"结转下年"行以下还有空行，应当自余额栏的右上角至日期栏的左下角用红笔划对角斜线注销。在下一会计年度新建有关会计账簿的第一行余额栏内填写上年结转的余额，并在摘要栏注明"上年结转"字样。

（5）编制会计报表前，必须把总账和明细账登记齐全，试算平衡，不准先出报表，后补记账簿和办理结账。

（6）凡涉及债权、债务及待处理事项的账户，填写"上年结转"时，还应在摘要栏填写组成金额的发生日期及主要经济业务内容说明，一行摘要栏写不完的，可以在次行摘要栏继续填写，最后一行的余额栏填写上年度余额。

第五节　会计账簿的更换与保管

一、会计账簿的更换

为了保证账簿记录的连续性，在每一会计年度结束，新的会计年度开始时，应按会计准则的规定进行账簿的更换。

更换新账时，应将旧账簿各账户的余额直接记入新账簿中有关账户新账页的第一页第一行"余额"栏内，并在摘要栏注明"上年结转"或"年初余额"字样，无需编制记账凭证。年度内，如果订本账记满，需更换新账时，应办理与年初更换新账相似的手续。

总分类账、日记账和大多数的明细分类账必须每年更换一次新账。个别的采用卡片式的财产物资明细账，不必每年更换，可以跨年度使用，但要在摘要栏中注明"结转下年"的字样。财产物资明细账只在资产变动时更换个别卡片即可。

二、会计账簿的保管

账簿是企业会计信息的载体，它记载着企业的重要会计资料，应建立相应的管理制度，对其进行妥善保管，不得丢失和任意销毁。各种账簿应按年度分类归档，妥善保管，便于查阅。新会计年度开始时，会计人员应对上年度更换下来的账簿进行整理、分类，补全手续。对于活页式的账簿，应统一编号，加上封面和扉页并装订成册。各种账簿都应一并整理立卷，并编制目录，归档保管。同时要注意以下几个方面：

（1）保管各种账簿要分工明确并指定专人负责保管，非经管人员未经领导和会计负责人的批准，不能随意查阅会计账簿。

（2）会计账簿不能随意携带外出，如需携带，必须经单位领导及会计主管人员批准，并由经管人员负责或会计主管人员指定专人负责。

（3）为保证账簿的安全完整和防止任意涂改、毁坏账簿等问题的出现，会计账簿不能随意交与他人保管。

（4）年终更换新账后，对旧账应整理装订。整理工作主要包括：检查应归档的旧账是否齐全，各种账簿应办的会计手续是否完备，手续不全的应补办。

（5）更换下来的旧账，经整理后装订成册。装订时，活页账一般按账户分类装订成册，某些账页较少的账户，可以将各账户合并装订成册。装订后，将装订线封口，由装订人、会计主管在封口处签章。

（6）更换下来的旧账，经整理装订后应编制目录，填制移交清单，移交档案部门妥善保管。

各种账簿同会计凭证、会计报表一样，都是重要的经济资料和经济档案，必须妥善保管。按照《会计档案管理办法》的规定，总分类账、明细分类账、日记账和辅助性账簿的保管期限为 30 年；固定资产明细账（即固定资产卡片）在固定资产报废清理后保管 5 年。在保管期限未满前，不得将账簿任意销毁，保管期满后应遵循《会计档案管理办法》规定的程序进行销毁。

本章小结

本章主要阐述了设置会计账簿的意义、会计账簿的分类、会计账簿的设置和登记方法、会计账簿的使用规则，以及对账和结账的方法、会计账簿的更换和保管等内容。

会计账簿是以审核无误的会计凭证为依据，用以全面、系统、连续、分类记录各项经济业务的簿籍，它是由具有一定专门格式、相互联系的若干账页所组成。为了把分散记录在会计凭证上的大量的经济信息加以分类归集，并为经营管理提供系统、完整的核算资料，任何单位必须设置和登记账簿。设置和登记账簿是会计核算的专门方法之一，是对会计凭证的归集，也是编制会计报表的基础。因此，会计账簿是连接会计凭证和会计报表的中间环节。

会计账簿按用途不同，可分为序时账簿、分类账簿、联合账簿和备查账簿；按外表形式不同可分为订本式账簿、活页式账簿和卡片式账簿。企业、事业等单位都要按照自己的业务特点和经营管理的需要设置账簿体系。

日记账可以用来记录全部经济业务的完成情况，也可以用来连续记录某一类经济业务的完成情况。为了逐日反映现金和银行存款的收付情况，一般来说，各单位都应设置特种日记账，如现金日记账、银行存款日记账。

总分类账是根据总分类科目开设账户，用来登记全部经济业务，进行总分类核算，提供总括核算资料的分类账簿。总分类账所提供的核算资料，是编制会计报表的主要依据，任何单位都必须设置总分类账。总分类账一般采用订本式账簿，账页格式一般采用“借方”“贷方”“余额”三栏式。明细分类账是按照明细分类账户详细记录经济业务的账簿，简称明细账。它既可以反映资产、负债、所有者权益、收入、费用等具体项目金额的变动情况，也可以反映实物数量的增减变化。其所提供的详细核算资料，是对总分类账的详细反映和补充，也是编制会计报表的依据。明细分类账的账页格式根据不同的经济内容和管理要求采用不同的格式，主要有“三栏式”“数量金额式”和“多栏式”。明细分类账的账簿一般采用活页式，也有的采用卡片式（如固定资产明细账）。

会计账簿是重要的会计档案，因此，使用会计账簿必须按照规则进行，当发生错账时亦必须采用专门的错账更正方法进行更正。会计账簿记录必须定时对账和按期结账。一般会计账簿应当每年更换，也有特殊的账簿可以不更换，如卡片式固定资产明细账。

思考题

1. 什么是会计账簿？设置和登记会计账簿有何重要意义？
2. 会计账簿如何分类？
3. 会计账簿包括哪些基本内容？
4. 错账更正的方法有哪些？各自适用的范围是什么？
5. 什么是对账和结账？有哪些对账和结账的方法？

练习题

一、练习现金日记账的登记方法

1. 资料：光华公司2017年11月有关现金日记账的资料如下：

（1）1日现金日记账期初余额是1 902元。

（2）4日从银行提取现金85 000元备发工资。

（3）5日发放工资85 000元。

（4）15日从银行提取现金5 000元备用。

（5）15日用现金支付办公室水电费500元，支付车间水电费2 500元。

（6）15日用现金300元购买办公用品。

（7）30日收到销售废料收入210元现金。

2. 要求：根据以上资料设置并登记光华公司2017年11月现金日记账。

二、练习错账更正的方法

资料：

（1）用现金500元购买办公用品。

会计分录为：

借：管理费用 500

　贷：库存现金 500

记账为：

库存现金	
	500

管理费用	
	500

（2）车间耗水电费 3 000 元，以银行存款支付。

会计分录为：

借：生产成本　　3 000

　贷：银行存款　　3 000

记账为：

银行存款	
	3 000

生产成本	
3 000	

（3）收到三江公司所欠货款 15 000 元。

会计分录为：

借：银行存款　　55 000

　贷：应收账款　　55 000

记账为：

应收账款	
	55 000

银行存款	
55 000	

（4）用现金支付办公室电话费 280 元。

会计分录为：

借：管理费用　　28

　贷：库存现金　　28

记账为：

库存现金	
	28

管理费用	
28	

第七章　财产清查

学习目标

同学们通过本章的学习，了解财产清查的意义与种类；掌握财产清查的步骤和方法；掌握各种实物财产、货币资金以及往来款项的清查方法；掌握财产清查结果的账务处理方法。

重点和难点

掌握财产物资的盘存制度；掌握财产清查的具体内容与方法；掌握财产清查结果的账务处理。

案例导入

长江汽车股份有限公司是汽车零配件生产企业，为了加强企业财产物资的管理，掌握各项财产物资是否安全完整以及其结存和利用情况，保证财务报告的真实可靠，厂里在年终之前对企业财产物资要进行一次全面清查。清查工作由主管业务的秦副经理牵头负责，成立一个财产清查领导小组，成员有资产科业务人员，财会科会计人员，仓库保管员等。12 月中旬财产清查领导小组开会制定了财产清查计划，确定了财产清查的范围和进度，布置和安排了小组成员工作任务，确定了各类财产物资的清查方法，要求对清查过程中出现的问题提出处理意见，并出具财产清查报告。

【思考】

企业应在财产清查前做好哪些准备工作？货币资金、应收应付款项分别采用什么清查方法？存货、固定资产清查的程序和方法是什么？

第一节　财产清查的意义和种类

一、财产清查的概念

财产清查也叫财产检查，是指通过对实物资产、现金的实地盘点和对银行存款、债权债务等往来款项的核对，查明各项财产物资、货币资金和债权债务等往来款项的实存数和账面数是否相符的一种会计核算的专门方法。

我国《会计法》规定，各单位应当定期将会计账簿记录与实物、款项及有关资料相互核对，以保证会计账簿记录与实物及款项的实有数相符。因此，为了正确掌握单位各项财产、物资的真实情况，做到家底清楚，心中有数，保证会计资料的准确性，必须在账簿记录的基础上运用财产清查这种方法，对本单位的各项财产、物资和货币资金等进行定期或不定期的清查，使账簿记录与实物、款项实有数额相等，保证会计核算资料的有用性。

二、财产清查的意义

各单位的财产、物资和货币资金等在管理和业务经营过程中，由于某些原因会经常发生账实不符的现象，这不仅影响会计核算的质量，而且也会给单位造成不必要的经济损失。

引起财产物资账实不符的原因是多方面的，归纳起来，一般有以下几种情况：一是在收发物资中，由于计量、检验不准确而造成品种、数量或质量上的差错；二是财产物资在运输、保管、收发过程中，在数量上发生自然增减变化；三是在财产增减变动中，由于手续不齐或计算、登记上发生错误；四是由于管理不善或工作人员失职，造成的财产损失、变质或短缺等；五是贪污盗窃、营私舞弊造成的损失；六是自然灾害造成的非常损失；七是未达账项引起的账账、账实不符等。

以上种种原因都会影响账实的一致性。因此，通过财产清查手段，对各种财产物资进行定期或不定期的核对或盘点，具有十分重要的意义：

（一）保证会计核算资料的真实性

通过财产清查，可以确定各项财产物资的实存数，并与其账存数进行核对，以查明原因，并根据不同情况及时调整账簿记录，做到账实相符，保证账簿记录的真实、完整与正确，为编制财务报表和进行管理提供真实、可靠的信息。

（二）保护各项财产物资的安全和完整

通过财产清查，可以查明账实是否相符，财产物资有无短缺毁损，对发现的问题及时采取相应措施，以便堵塞漏洞，改进管理工作，建立健全财产物资保管的经济责任制，以保护各项财产物资的安全、完整。

（三）挖掘财产物资的潜力，提高物资的使用效率

通过财产清查，不仅可以核对财产物资的账实相符情况，而且还可以查明各项财产物资的储存和使用情况，并根据实际情况，建立合理的储备定额制度。对于超储积压、闲置不用或不合理应用的财产物资及时进行处理，从而促进财产物资的有效使用，充分发挥财产物资的潜力，加速资金周转，提高使用效果和经济效益。

（四）保证财经纪律和结算纪律的执行

通过财产清查可以查明单位有关业务人员是否遵守财经纪律和结算纪律，有无贪污盗窃、挪用公款的情况；查明各项资金的使用是否合理，是否符合国家的法律、法规，从而使工作人员更加自觉地遵纪守法，以维护财经法纪的严肃性。

三、财产清查的种类

财产清查可以按不同标准进行分类：

（一）按清查时间分类

按照清查时间的不同，财产清查可分为定期清查和不定期（临时）清查。

1. 定期清查

定期清查是在规定的时间内所进行的财产清查。这是一种按事先的计划安排而进行的清查。一般在年度、季度、月份、每日结账时进行。例如，每日结账时，要对现金进行账实核对；每月结账时，要对银行存款日记账进行对账；年终结账前，要对单位的各项财产物资、货币资金和债权债务等往来款项进行清查核对。

2. 不定期清查

不定期清查也称临时清查，是根据实际需要临时进行的财产清查。这种清查事先并无计划安排，通常是在更换财产物资保管人员，单位发生财产物资非常损失，单位撤销、合并或改变隶属关系等情况时所进行的清查。

（二）按清查范围分类

财产清查按其清查范围的大小，可分为全面清查和局部清查。

1. 全面清查

全面清查是指对属于本单位或存放在本单位的所有财产物资、货币资金和各项债权债务进行全面盘点和核对。对资产负债表所列项目，要逐一盘点、核对。全面清查的内容多，范围广，工作量大，一般是在年终决算，单位撤并或者改变其隶属关系，开展资产评估、清产核资等专项经济活动时，就需要进行全面清查。

2. 局部清查

局部清查是指根据管理的需要或依据有关规定，对部分财产物资、债权债务所进行的盘点和核对。通常情况下，对于流动性较大的材料物资，除年度清查外，年内还要轮流盘点或重点抽查；对于贵重物资，每月都应清查盘点一次；对于现金，应由出纳人员当日清点核对；对于银行存款，每月要同银行核对一次；对于各种应收账款，每年至少核对一至两次。

（三）按清查执行单位分类

财产清查按其清查的执行单位不同，可分为内部清查和外部清查。

1. 内部清查

内部清查是指由本单位人员对本单位财产物资所进行的清查。这种清查也称为自查。

2. 外部清查

外部清查是指由本单位外部的有关部门或人员根据国家法律或制度的规定对单位所进行的清查。

第二节 财产清查的步骤与方法

一、财产物资的盘存制度

（一）永续盘存制

永存续盘制是指企业各项财产物资的收入和发出的数量和金额，都必须根据原始凭证和记账凭证在有关账簿中进行登记，并随时结出余额的一种盘存制度。其计算公式为：

期初结存数+本期收入数-本期发出数=期末结存数

永存续盘制度手续严密，能有效地对财产物资在收、发、存环节实施监督和控制，有利于加强财务管理。多数企业采用这种盘存制度，但是在这种制度下要做到财产物资的账实相符，就必须配合实地盘点清查工作。

【例 7.1】某制造业 2017 年 10 月初有甲材料 100 千克，单价 12 元。10 月份有关甲材料的收发情况如下：

（1）10 月 3 日购入并验收入库甲材料 100 千克，单价 12 元；

（2）10 月 10 日生产领用甲材料 50 千克；

（3）10 月 18 日购入并验收入库甲材料 80 千克，单价 12 元；

（4）10 月 25 日领用甲材料 70 千克。

根据上述资料登记材料明细分类账如表 7.1 所示。

表 7.1 材料明细分类账

账户名称：甲材料 计量单位：千克

2017 年		凭证号数	摘要	收入			发出			结存		
月	日			数量	单价	金额	数量	单价	金额	数量	单价	金额
10	1		月初结存							100	12	1 200
	3	1	验收入库	100	12	12 00				200	12	2 400
	10	2	生产领用				50	12	600	150	12	1 800
	18	3	验收入库	80	12	960				230	12	2 760
	25	4	生产领用				70	12	840	160	12	1 920
1	31		本月合计	180	12	2 160	120	12	1 440	160	12	1 920

在永续盘存制下，要定期进行存货的实地盘点清查，及时发现账实不符的情况，并查明原因。

（二）实地盘存制

实地盘存制是指企业对各项财产物资平时只在账簿中登记其收入数，不登记发出数，期末通过对实物的实地盘点来确定财产物资的结存数，然后采用倒推方法倒挤本期发出数的一种盘存制度。其计算公式为：

本期发出数=期初结存数+本期收入数-期末结存数

实地盘存制期末存货成本、销售（耗用）成本公式为：

期末存货成本（金额）=$\sum$（各物资实地盘点数量×该项物资的进货单位）

本期销售（耗用）成本=期初存货+本期增加金额-期末存货成本

【例7.2】某企业大类材料包括子、丑、寅等材料。该类材料月初余额为10 000元，当月购入金额共计18 000元。期末库存材料数量及有关资料如表7.2所示。

表7.2 材料盘存表

材料名称	计量单位	盘存数量	最后进货单价	库存成本
子材料	千克	600	5	3 000
丑材料	千克	150	10	1 500
寅材料	吨	20	200	4 000
…		…	…	…
合计				16 000

根据以上资料得知：

期初材料存货	10 000
加：购货	18 000
可供耗用材料	28 000
减：期末材料存货	16 000
本期耗用成本	12 000

二、财产清查的步骤

（一）准备阶段

1. 组织准备

（1）成立专门的清查小组，具体负责财产清查的组织和管理工作。清查小组应由会计、业务、仓储等相关业务部门的人员组成，并由相关的主管人员负责清查组织的各项工作。

（2）制订详细的清查计划。清查小组应在清查前制订详细的计划，确定清查的范围、清查日期和方式，配备清查人员。

2. 业务准备

（1）会计部门应在财产清查之前，将截至清查日止的全部经济业务登记入账，结算出总账和明细账的余额，并相互核对，做到账证相符和账账相符，为账实核对提供正确的账簿资料。

（2）财产物资的保管使用等相关业务部门，应登记好所经管的全部财产物资的明细账，并结出余额。将准备清查的各种财产分类整理清楚，排列整齐，并分别悬挂标签，详细标明实物的编号、名称、规格、结存数量等，以便盘点核对。

（3）准备好各种计量器具和印制清查登记用的清单、表册等。

（二）实施阶段

在完成以上各项准备工作以后，就应该由清查人员依据清查对象的自然属性，采取相应方法对其数量与质量予以实地盘点清查。

对实物财产进行盘点时，实物经管人员必须在场；盘点时，清查人员要认真盘点核对，做好记录，并对清查中发现的异常情况，如霉烂、破损、不配套、失效过期等原因，致使资产不能正常出售或耗用的财产物资应予以注明，并提出处理意见。盘点结束，需由盘点人员根据盘点结果填制“盘存单”，盘点人员和实物保管人员应在盘存单上签字或盖章。

盘存单是记录实物盘点结果，据以确定实物财产实有数额的原始凭证。其格式如表 7.3 所示。

表 7.3　　盘存单

财产类别________　　　　编号________

存放地点________　　　　盘点日期：　　年　　月　　日

编　号	名　称	规　格	计量单位	数　量	单　价	金　额	备　注

盘点人________　　　　实物保管人________

（三）处理阶段

财产清查处理阶段，必须根据清查结果编制“实存账存对比表”，如表 7.4 所示。

表 7.4　　实存账存对比表

单位名称：　　　　______年____月____日

编号	类别及名称	计量单位	单价	实存		账存		对比结果				备注
								盘盈		盘亏		
				数量	金额	数量	金额	数量	金额	数量	金额	

实存账存对比表是用以已确定实存数与账存数之间的差异，作为调整账面记录的依据。以该表为基础核准各类财产的盈亏情况，分析与查明账实不符的性质与原因，明确责任，按规定程序报请有关部门及领导处理，并针对清查中发现的财产管理方面的问题，总结经验，提出改进措施，健全和完善有关财产管理的各项规章制度。对清查中发现的盘盈、盘亏资产，按规定程序报经有关部门批准后，及时调整记录。

三、财产清查的方法

(一) 货币资金清查的方法

1. 库存现金的清查

清查库存现金的主要方法是通过盘点库存现金的实存数，然后再与现金日记账的账面余额相核对，确定账存与实存是否相符以及盈亏情况。

出纳每天业务终了后，必须进行库存现金的清点，做到账实相符。有关部门或管理人员（内部审计部门、财务主管、开户银行等）要定期或不定期地进行抽查。为了明确责任，库存现金清查时出纳人员必须在场，并亲自经手对库存现金进行盘点，清查人员应始终在旁监督。

一般而言，在库存现金的清查中，应当重点关注：库存现金的实存数是否与现金日记账余额一致；有无借条或收据抵充库存；库存现金数额是否超出银行规定的库存限额；是否有挪用公款的现象发生。

库存现金清查盘点后，应根据盘点结果填制“库存现金盘点表”（见表 7.5）。库存现金盘点表起到了“盘存单”与“账存实存对比表”的双重作用，应该认真填写。对于库存现金的溢缺必须查明原因，短缺部分由责任者赔偿，不能以溢余数额冲抵短缺数额。

表 7.5　　库存现金盘点报告表

库存现金盘点报告表				
单位名称：　　　年　月　日				
实存金额	账存金额	对比结果		备注
		盘盈	盘亏	

盘点员（签章）：　　　　出纳员（签章）：

2. 银行存款的清查

银行存款没有实物形态，所以银行存款的清查方法与实物、现金资产的清查方法不同。银行存款的清查是采取与开户银行核对账目的方法进行的，即将本单位登记的“银行存款日记账”与银行开出的“对账单”逐笔进行核对。

在同银行核对账目以前，先检查本单位银行存款日记账，力求账目准确与完整，然后与银行开出的对账单逐笔核对。通过核对，往往会发现即使银行与本单位记账没有错误，也会出现双方余额不一致的情况。这是由于发生未达账项所造成的，这既是常有的，也是正常的。所谓“未达账项”是指由于双方记账时间不一致而发生的一方已经登记入账，另一方因尚未接到有关凭证而未登记入账的款项。

企业与银行之间的未达账项，大致有以下四种情况：

企业送存银行的款项，企业已登记入账，作为银行存款的增加，但银行尚未入账。

企业开出支票从银行存款中付出款项，企业已登记入账，作为银行存款的减少，但银行尚未付款记账。

银行代企业收进的款项，银行已登记入账，作为企业银行存款的增加，但企业尚未收到凭证，因而还未登记入账。

银行代企业支付的款项，银行已登记入账，作为企业银行存款的减少，但企业尚未收到凭证，因而还未登记入账。

由于以上未达账项的存在，一定日期企业的银行存款日记账余额就有可能大于或小于开户银行开出的对账单余额。这就要求在清查过程中，查找出双方未达账项的金额，并据以编制“银行存款余额调节表”，清除未达账项的影响，以便检查双方记账有无差错，并确定企业银行存款实有数。

银行存款余额调节表的编制方法，一般是在企业与银行双方账面余额的基础上，各自加上对方已收而本单位未收的款项，减去对方已付而本单位未付的款项。经过调节后，双方余额应当一致。下面举例说明“银行存款余额调节表”的格式与编制方法。

【例 7.3】某企业 2017 年 10 月 31 日银行存款日记账月末余额为 120 000 元，银行开出的对账单余额为 124 000 元，经逐笔核对，发现以下未达账项：

（1）银行已记增加而企业未记增加的账项 8 000 元；

（2）银行已记减少而企业未记减少的账项 3 000 元；

（3）企业已记增加而银行未记增加的账项 2 000 元；

（4）企业已记减少而银行未记减少的账项 1 000 元。

根据上述未达账项，可编制“银行存款余额调节表”，如表 7.6 所示。

表 7.6 银行存款余额调节表

2017 年 10 月 31 日 单位：元

项 目	金 额	项 目	金 额
企业银行存款日记账 账面余额	120 000	银行对账单 账面余额	124 000
加：银行已记增加、企业未记增加的款项 减：银行已记减少、企业未记减少的款项	8 000 3 000	加：企业已记增加、银行未记增加的款项 减：企业已记减少、银行未记减少的款项	2 000 1 000
调节后的银行存款余额	125 000	调节后的银行存款余额	125 000

经过调节后重新求得的余额，既不等于本单位账面余额，也不等于银行账面余额，而是银行存款的真正实有数额。经过上述调节，企业银行存款余额与银行对账单的余额相等，说明双方账簿记录没有差错，此时银行存款的实有数额是企业可以实际支配的数额。如果调节后双方余额不一致，则说明双方账簿记录有差错，应进一步查明原因。

值得注意的是，对于未达账项，由于不是错账、漏账。因此，企业不能根据银行存款余额调节表将未达账项调整入账，账面仍应保持原有的余额，待收到有关凭证，未达账项成为已达账项后，再登记入账。

（二）实物财产清查的方法

1. 实物财产清查的具体方法

实物清查包括对原材料、在产品、产成品及固定资产等财产物资的清查。对这些物资的清查，不仅要从数量上核对账面与实物是否相符，而且要查明实物的质量是否完好，是否有毁损、变质等情况。其清查盘点的具体方法如下：

（1）实地盘点法。实地盘点法是指通过点数、过磅、量尺等方法来确定财产的实有数额。这种方法一般适用于机器设备、包装物、原材料、在产品和库存商品等的清查。

（2）技术推算法。技术推算法是指利用技术方法对财产的实存数进行推算的一种方法。这种方法一般适用于散装的、大量成堆的化肥、饲料等物资的清查。

（3）抽样盘存法。抽样盘存法是指对于数量多、重量均匀的实物财产，可以采用抽样盘点的方法，确定财产的实有数额。

（4）函证核对法。函证核对法是指对于委托外单位加工或保管的物资，可以采用向对方单位发函调查，并与本单位的账存数相核对的方法。

2. 实物财产清查的过程

实物财产盘点清查时，实物保管人员应与清查人员一起参与盘点，以明确经济责任。在清查过程中，有关人员要认真核实，对盘点结果应如实填制“盘存单”，并共同签字或盖章；盘点结束，应根据“盘存单”和会计账簿记录，编制用来反映实物资产具体盈亏数额并作为调整账簿记录的原始凭证的“实存账存对比表”。清查人员应以“实存账存对比表”为基础，分析查明账实不符的性质和原因，分清经济责任，按规定程序报请有关部门领导予以审批处理。最后，清查人员应针对清查中发现的问题，提出改进措施。

（三）往来账项清查的方法

往来账款结算主要包括应收款、应付款、暂收款等款项。各项往来款项的清查一般采用函询法，主要分为三个步骤：

（1）将本单位的往来账款项核对清楚，确认总分类账与明细分类账的余额相符，各明细分类账的余额相符。

（2）向对方单位填发对账单。对账单的格式一般为一式两联，其中一联作为回单，对方单位如核对相符，应在回单上盖章后退回。若发现数字不符，必须在回单上注明，作为进一步核对的依据。对账单的格式如下：

函证信

××公司：

本公司与贵单位的业务往来款项有下列各项目，为了清对账目，特函请查证，是否相符，请在回执联中注明后盖章寄回。

此致

敬礼！

往来结算款项对账单

单位：______	地址：______		编号：______
会计科目名称	截止日期	经济事项摘要	账面余额

××公司　（盖章）　　　　年　月　日

（3）收到回单后，应填制“往来款项清查表”，及时催收应该收回的账款，并积极予以处理。其格式如表 7.7 所示。

表 7.7　往来账项清查单

总分类账户名称：　　　　年　月　日

明细分类账户		清查结果		核对不符原因分析			备注
名称	账面余额	核对相符金额	核对不符金额	未达账项金额	有争议款项金额	其他	

第三节　财产清查结果的账务处理

一、财产清查结果的账务处理程序

1. 调整账目的步骤

第一步，核准数字，查明原因。财产清查结束，应根据清查情况，编制“财产盈亏报告单”，对各项差异进行分析，明确经济责任，据实提出处理意见，呈报有关领导和部门批准。

第二步，调整账簿，做到账实相符。在核准数字，查明原因的基础上，根据

"实存账存对比表"编制记账凭证，并登记账簿，使各项财产物资做到账实相符。

第三步，经领导批准，进行账务处理。当领导部门对所呈报的财产清查结果提出处理意见后，应严格按批复意见进行账务处理，编制记账凭证，登记有关账簿。

2. 账户设置

为了核算和监督各种实物清查结果的账务处理情况，需要设置"待处理财产损溢"账户。该账户借方登记盘亏金额和批准转销盘盈的财产物资数额；贷方登记盘盈金额和各项盘亏、毁损财产报经批准后的转销数额；企业的财产损溢，应查明原因，在期末结账前处理完毕，处理后本账户应无余额。本账户应分别设置"待处理流动资产损溢"和"待处理固定资产损溢"两个明细分类账户。

二、流动资产清查结果的账务处理方法

（一）流动资产盘盈的账务处理

1. 库存现金盘盈的核算

库存现金的清查是指对库存现金的盘点与核对，包括出纳人员每日终了后所进行的现金账款核对和清查小组进行的定期或不定期的现金盘点。库存现金清查一般采用实地盘点法，在清查中，若发现实存数大于账存数，称为现金长款。现金长款的核算，通过"待处理财产损溢"账户核算。报经批准后，属于应支付给有关人员或单位的，记入"其他应付款"账户，无法查明原因的，记入"营业外收入"账户。

【例 7.4】某企业 2017 年 10 月 31 日进行库存现金清查，发现长款 300 元。其会计处理如下：

（1）发现长款时，编制会计分录如下：

借：库存现金　　300

　贷：待处理财产损溢——待处理流动资产损溢　　300

（2）经反复核查，未查明原因，报经批准转作营业外收入时：

借：待处理财产损溢——待处理流动资产损溢　　300

　贷：营业外收入　　300

2. 材料盘盈的核算

清查中对于财产物资的盘盈数，借记有关财产物资账户，贷记"待处理财产损溢"账户。报经批准后冲减管理费用。

【例 7.5】某企业在财产清查中，盘盈钢材 4 000 千克，价值 14 000 元。经核查，该项盘盈系计量仪器不准所致，经批准作冲减管理费用处理。

（1）在批准前，根据"实存账存对比表"所确定的材料盘盈额，编制如下会计分录：

借：原材料　　14 000

　贷：待处理财产损溢——待处理流动资产损溢　　14 000

（2）在批准后，根据批准意见予以转账，应编制如下会计分录：

借：待处理财产损溢——待处理流动资产损溢　　14 000

　贷：管理费用　　14 000

（二）流动资产盘亏的账务处理

1. 库存现金盘亏的核算

在库存现金清查中，若发现实存数小于账存数，称为现金短款。现金短款的核算，通过“待处理财产损溢”科目核算。报经批准查明原因后，属于应由责任人或保险公司赔偿的部分，记入“其他应收款”账户，无法查明原因的，根据管理权限，经批准后记入“管理费用”账户。

2. 材料盘亏的核算

材料盘亏或毁损的处理，在批准以前应先结转到“待处理财产损溢”科目。批准以后。再根据造成亏损的原因，分以下情况进行账务处理：①属于自然损耗产生的定额内亏损，经批准可列作管理费用。②属于超定额短缺和亏损，能确定过失人的，应由过失人负责赔偿；属于保险责任范围的，应向保险公司索赔。将扣除过失人、保险赔款以及残值后的损失计入管理费用。③属于自然灾害造成的非常损失，扣除保险赔款和残值后计入营业外支出。

【例 7.6】某企业在财产清查中，盘亏材料 15 000 元。经查明，该项盘亏的材料中，有 5 000 元为定额内的自然损耗，另外 10 000 元属于过失人造成的损失。

（1）在批准前，根据“实存账存对比表”所确定的材料盘亏额，编制如下会计分录：

借：待处理财产损溢——待处理流动资产损溢　　15 000
　贷：原材料　　15 000

根据规定，企业购进的货物、在产品、产成品等发生的非正常损失，其进项税额不得从销项税额中抵扣，应从当期发生的进项税额中转出。本例库存材料发生的非正常损失应转出的进项税额为 1 700 元（10 000×17%），编制如下会计分录：

借：待处理财产损溢——待处理流动资产损溢　　1 700
　贷：应交税费——应交增值税（进项税额转出）　　1 700

（2）在批准后，分不同情况处理，编制如下会计分录：

借：其他应收款——××责任人　　11 700
　　管理费用　　5 000
　贷：待处理财产损溢——待处理流动资产损溢　　16 700

三、固定资产清查结果的账务处理方法

（一）固定资产盘亏的账务处理

固定资产盘亏的账务处理，在批准前应先转入“待处理财产损溢”账户，经批准以后，对盘亏的固定资产，不论是否是自然灾害等不可抗力的原因引起的，均按扣除过失责任人和保险公司赔偿后的金额，记入“营业外支出”账户；对过失责任人和保险公司的赔款，在未收到之前，在会计上应作其他应收款处理，记入“其他应收款”账户。

盘亏的固定资产，应当办理注销手续，并将“固定资产卡片”从原来的归类中抽出，另行保管，同时，还应在“固定资产登记簿”上作相应的记录。

【例 7.7】某企业在财产清查中，发现盘亏车床一台，账面原值 40 000 元，已提折旧 28 000 元。经核查，系保管不善，保管人员承担 5%的损失，保险公司承担 30%的损失。

（1）在批准前，根据“实存账存对比表”所确定的固定资产盘亏数额，编制如下会计分录：

借：待处理财产损溢——待处理固定资产损溢　　12 000
　　累计折旧　　28 000
　贷：固定资产　　40 000

（2）经批准后，转销固定资产净损失，编制如下会计分录：

借：营业外支出　　7 800
　　其他应收款——××保管人　　600
　　　　　　　——××保险公司　　3 600
　贷：待处理财产损溢——待处理固定资产损溢　　12 000

（二）固定资产盘盈的账务处理

1. 盘盈固定资产入账价值的确定

盘盈的固定资产，按以下规定确定其入账价值：

（1）同类或类似固定资产存在活跃市场的，按同类或类似固定资产的市场价格，减去按该项资产的新旧程度估计的价值损耗后的余额，作为入账价值。

（2）同类或类似固定资产不存在活跃市场的，按该项固定资产的预计未来现金流量现值，作为入账价值。

2. 账务处理

根据《企业会计准则第 4 号——固定资产》及其应用指南的有关规定，在财产清查中盘盈固定资产应作为前期会计差错处理。当确认固定资产盘盈时，通过“以前年度损益调整”账户进行核算，并按其重置成本借记“固定资产”账户，贷记“以前年度损益调整”账户，在按照规定报经批准后，再根据《企业会计准则第 28 号——会计政策、会计估计和差错更正》的规定进行后续账务处理。其具体步骤为：

（1）确定盘盈固定资产的原值、累计折旧和固定资产净值

借：固定资产
　贷：累计折旧
　　　以前年度损益调整

（2）计算应缴纳的所得税

借：以前年度损益调整
　贷：应交税费——应交所得税

（3）结转“以前年度损益调整”科目

借：以前年度损益调整
　贷：利润分配——未分配利润

【例 7.8】甲企业在财产清查中，盘盈机器设备一台，账面原值 40 000 元，应提折旧 10 000 元。所得税税率为 25%。

（1）确定盘盈固定资产的原值、累计折旧和固定资产净值。会计分录为：

借：固定资产　　40 000

　贷：累计折旧　　10 000

　　以前年度损益调整　　30 000

（2）计算应纳的所得税。应编会计分录如下：

借：以前年度损益调整　　7 500

　贷：应交税费——应交所得税　　7 500

（3）结转。分录如下：

借：以前年度损益调整　　22 500

　贷：利润分配——未分配利润　　22 500

四、往来账项清查结果的账务处理

（一）应收款项清查结果的处理

在财产清查结果过程中，如发现长期应收而收不回的款项，即坏账损失，经批准予以转销。坏账损失不需通过“待处理财产损溢”账户进行核算。转销方法通常采用备抵法。备抵法是指按期估计坏账损失，形成坏账准备，当某一应收款项全部或部分被确认为坏账时，应根据其金额冲减坏账准备，同时转销相应的应收款项金额的一种核算方法。

采用备抵法，企业需要设置“坏账准备”账户。企业计提坏账准备时，借记“资产减值损失”账户，贷记“坏账准备”账户；实际发生坏账时，借记“坏账准备”账户，贷记“应收账款”等账户。如果确认并转销的坏账以后又收回，则应按收回的金额，借记“应收账款”等账户，贷记“坏账准备”账户，以恢复企业债权，冲回已转销的坏账准备金额；同时，借记“银行存款”账户，贷记“应收账款”等账户，以反映款项收回情况。“坏账准备”账户平时（1~11 月）期末余额可能在借方，也可能在贷方，但其年末余额则一定在贷方。

【例 7.9】甲公司应收某公司货款 100 000 元，经清查，确属无法收回的款项，经批准转作坏账损失。

借：坏账准备　　100 000

　贷：应收账款　　100 000

（二）应付账款清查结果的处理

由于债权单位撤销或不存在等原因，造成的长期应付而无法支付的款项，经批准予以转销。无法支付的款项在批准前不做账务处理，即不需通过“待处理财产损溢”账户进行核算，按规定的程序批准后，将应付账款转作“营业外收入”账户。

【例 7.10】在财产清查中，甲公司将无法支付的应付账款 300 000 元批准予以转销。

借：应付账款　　300 000

　贷：营业外收入　　300 000

本章小结

本章介绍了财产清查的意义、分类，财产清查的步骤和方法，以及对财产清查结果的账务处理等问题。

财产清查是会计核算的一种专门方法。它通过对实物资产、现金的实地盘点和对银行存款、债权债务等往来款项的核对，查明各项财产的实存数和账面数是否相符。通过财产清查有助于保证会计核算资料的真实性，保护各项财产物资的安全和完整，挖掘单位财产物资的潜力，提高物资的使用效率和保证财经纪律和结算纪律的贯彻执行。因此，各单位应当定期或不定期开展财产清查工作，以保证会计账簿记录与实物及款项的实有数相符。

财产清查可以按不同标准进行分类。按照清查时间的不同，财产清查可分为定期清查和不定期清查；按清查的范围可分为全面清查和局部清查；按清查的执行单位不同，分为内部清查和外部清查。财产清查是单位的一项极为重要的工作，必须事先要做出安排，配备相关清查人员，采取正确、科学的清查方法和做好充分的准备。不同的财产，因其存在形态、物理化学属性不同，因此，也应当采用不同的组织方式和方法步骤。对各项财产进行清查后，必须填制相应的盘盈、盘亏报告表，并针对发生的账实差异情况，认真分析原因，在做好必要的账务处理的同时，加强财产物资管理的制度建设，从根本上形成确保各项财产物资安全与完整的可行机制。

思考题

1. 为什么要进行财产清查?

2. 财产清查按不同的标准可以划分为哪些类别？各有什么特点，适用于什么情况?

3. 什么是永续盘存制和实地盘存制？为什么说在一般情况下都应采用永续盘存制?

4. 财产清查前应当做哪些准备工作?

5. 如何对实物资产、现金进行清查？银行存款又如何清查?

6. 财产清查结果有哪几种情况？如何进行账务处理?

练习题

一、练习实地盘存制和永续盘存制

1. 资料

A公司2017年11月1日库存乙材料的数量为500件，该月乙材料收发情况如下：

（1）11月6日购入乙材料450件；

（2）11月11日发出乙材料350件；

（3）11月18日购入乙材料150件；

（4）11月25日发出乙材料300件；

（5）11月30日，经实地盘点，确定乙材料期末库存为445件。

2. 要求

分别按实地盘存制和永续盘存制，计算2017年11月30日乙材料库存和本期发出的数量与成本。假定每件乙材料成本为12元。

二、练习银行存款余额调节表的编制

1. 资料

（1）某企业2017年11月20日至30日银行存款日记账的记录如下：

20日开出支票#478，支付购入材料款2 800元；

21日存入销货款转账支票#555，金额48 000元；

24日开出支票#479，支付购货运杂费1 400元；

26日开出支票#480，支付下季度房租款3 200元；

27日收到销货款转账支票#558，金额19 400元；

30日开出支票#481，支付日常费用400元；

30日企业银行存款日记账余额为67 526元。

（2）开户银行对账单所列11月20日至30日的记录如下：

20日结算银行存款利息1 584元；

22日收到企业开出的支票#478，金额2 800元；

24日收到销货款转账支票#555，金额48 000元；

26日银行为企业代付水电费2 640元；

27日企业开出的转账支票#479，金额1 400元；

30日代收外地企业汇来货款2 800元；

30日银行对账单余额为53 470元。

2. 要求

根据以上资料，编制“银行存款余额调节表”，计算银行存款实有数。

三、练习财产清查结果的账务处理方法

1. 资料

某企业 2017 年 11 月份进行财产清查，发生以下情况：

（1）A 材料账面余额为 2 500 千克，每千克单价 10 元。实存为 1 997 千克。盘亏原因是定额内损耗。

（2）B 材料账面余额为 3 000 千克，每千克单价 4 元。实存为 3 025 千克。盘盈原因是材料收发过程中计量误差累计所致。

（3）C 材料账面余额为 400 千克，每千克单价 10 元。清查时发现该材料已全部损毁，废料估计 150 元，已验收入库。损毁原因是由于暴风雨袭击所致。

（4）D 材料账面余额为 1 000 千克，每千克单价 18 元。实存为 1040 千克，盘盈 40 千克。经查是材料自然升溢所致。

（5）盘亏机器一台，其账面价值 80 000 元，已提折旧 56 000 元。盘亏原因是非常事故损失。

（6）盘盈设备一台，其重置价值 120 000 元，经评估为八成新。盘盈原因是漏记账所致。

2. 要求

根据上述情况编制确定盘盈、盘亏时和经批准后的会计分录。

第八章　财务会计报告

学习目标

同学们通过本章的学习，掌握财务会计报告的概念、作用及编制要求；掌握资产负债表、利润表的编制方法。

重点和难点

掌握财务会计报告的概念及分类；掌握资产负债表、利润表的概念及编制方法。

案例导入

某公司财务部经理姜莉莉女士是经公司人事部经过全面考察报公司领导层批准后，到公司财务部走马上任的，负责公司财务部的全面工作。上任后，姜莉莉女士为了让自己尽快进入角色，在工作上迅速打开局面和做出成绩，就一头扎进了财务部的各项工作中，以求迅速掌握和熟悉公司的整体情况。但是，时间很快就过去一个月了，还没有等姜莉莉女士对财务部工作理出个头绪的时候，公司的财务总监通知她第二天上班时带上财务会计报告前往办公室汇报公司上个月的财务状况和经营成果等情况。这时，姜莉莉女士一边赶忙放下手头的工作，一边叫财务部的主办会计为她准备反映上月公司财务状况和经营成果的财务资料，并要求当天下班前务必交给她，以便她能在当天有时间准备好第二天的汇报材料。

【思考】

什么是财务会计报告？它由哪些内容构成及各有什么用途？根据该公司财务总

监的要求，你认为财务部的主办会计应当准备什么样的财务资料，才能满足财务经理向总监进行汇报的需要？

第一节　财务会计报告概述

一、财务会计报告的概念

财务会计报告是指企业向会计信息使用者提供与企业财务状况、经营成果和现金流量等有关的会计信息，反映企业管理层受托责任履行情况的书面文件。财务会计报告分为年度和中期财务会计报告。中期是指短于一个完整的会计年度的报告期间，包括半年度、季度和月度。年度、半年度和季度财务会计报告的内容包括会计报表、会计报表附注和其他应当在财务会计报告中披露的相关信息和资料。月度财务会计报告通常仅指会计报表。

二、财务会计报告的意义和作用

编制财务会计报告是会计核算的一项专门方法，也是会计循环的最后环节。企业日常发生的各项经济业务，虽然通过编制记账凭证和登记相关账簿得到了确认和反映，但是，会计凭证和会计账簿反映的会计信息是比较分散的，不便于会计信息使用者较快地掌握企业经济活动的全貌。因此，有必要根据会计信息使用者的需要，定期对日常会计信息资料进行归类和整理，以财务会计报告的形式进行集中反映。

财务会计报告的意义和作用主要表现在以下几个方面：

（一）财务会计报告有利于加强国民经济宏观调控

利用财务会计报告，可以对全国各行业、各地区企业的财务会计报告进行分类汇总，便于国家了解和掌握国民经济的发展速度，为编制宏观经济计划、制定有关经济政策和合理配置经济资源提供依据；同时，也有利于加强对企业的财务监督，严肃财经纪律，从而保证国民经济健康、有效地运行。

（二）财务会计报告有利于财税、审计部门对企业实施经济监督

利用财务会计报告所提供的资料，财税部门可以了解企业资金的来源与运用的合理性，检查企业税收、利润计划的完成与上交情况，以及有无违反税法和财经纪律的现象，以更好地发挥财政、税收的监督作用；审计部门可以了解企业财务状况和经济效益及财经政策、法令和纪律执行情况，为进行财务审计和经济效益审计提供必要的资料，从而发挥审计的监督作用。

（三）财务会计报告有利于投资人、债权人做出理性的投资决策

利用财务会计报告，企业投资者可以了解企业的财务状况、经营成果和现金流量情况，从而分析企业的盈利能力，为其投资或再投资决策提供依据。企业债权人通过财务会计报告资料，可以分析企业的资本结构、偿债能力和财务风险状况，不仅能够判断已有贷款本息的安全性，还可以提供是否向企业再投放新增贷款的决策依据。

（四）财务会计报告有利于改善经营管理，提高企业经济效益

根据财务会计报告所提供的资料，企业管理者可以对企业的财务、成本状况进行分析考核，总结经营活动过程中的经验教训，及时发现存在的问题并加以改进，从而不断提高经济管理水平。同时，也可以对企业的经营管理活动进行全面、系统的考察，掌握企业财务状况、经营成果和现金流量的变动情况，对经营活动作出正确决策，以提高经济效益。

三、财务会计报告的组成和种类

（一）财务会计报告的组成

财务会计报告由财务会计报表和其他应当在财务会计报告中披露的相关信息和资料组成。根据《企业会计准则第 30 号——财务报表列报》中的规定，财务会计报表应当包括下列组成部分：资产负债表、利润表、现金流量表、所有者权益（或股东权益，下同）变动表、附注。

因此，财务会计报表包括会计报表和会计报表附注两大部分。

1. 会计报表

会计报表由主表和附表两部分组成。其中主表包括资产负债表、利润表和现金流量表。资产负债表是反映企业在某一特定日期财务状况的报表；利润表是反映企业在一定时期经营成果的报表；现金流量表是反映企业一定会计期间现金和现金等价物流入和流出情况的报表。

会计报表附表是反映企业财务状况、经营成果和现金流量的补充报表。常见的附表有资产减值准备明细表、利润分配表、所有者权益变动表、利润业务分部报表、利润地区分部报表和应交增值税明细表等。

2. 会计报表附注

为了帮助会计信息使用者更容易地理解会计报表，企业财会部门应当编制会计报表附注，对会计报表的编制基础、编制依据、编制原则和方法及主要报表项目进行更为详细的说明。

会计报表附注至少应当包括以下内容：

（1）会计报表的编制基础；

（2）遵循企业会计准则的声明；

（3）重要会计政策的说明，包括报表项目的计量基础和会计政策确定的依据等；

（4）会计估计变更情况和变更原因的说明，包括对下一会计期间可能导致资产、负债账面价值重大调整的会计估计的确定依据等；

（5）对已在会计报表中列示的重要项目的进一步说明，包括终止经营税后利润的金额及其构成情况等；

（6）或有和承诺事项、资产负债表日后事项的说明，关联方关系及其交易情况、重要资产转让及其出售情况，企业合并、分立情况，重大投资、融资活动等情况的说明。

而且，未与会计报表一并公布的其他信息，也应当在附注中披露，如企业注册

地点、组织形式和总部地址，企业的业务活动性质和主要经营活动，以及母公司和最终母公司的名称。

（二）会计报表的种类

会计报表可以按照不同的标准进行分类：

1. 按反映的经济内容分类

会计报表按照反映的经济内容不同，可分为资产负债表、利润表、现金流量表和所有者权益变动表。

资产负债表是用来总括反映企业某一特定日期（月末、季末、半年末、年末）全部资产、负债及所有者权益的会计报表；利润表是用来反映企业一定时期内利润的形成和结构情况的会计报表；现金流量表是用来反映企业在一定时期内现金及现金等价物的流入、流出和结存情况的会计报表；所有者权益变动表则是用来反映构成所有者权益的各组成部分当期增减变动情况的报表。

2. 按编制用途分类

会计报表按照编制用途的不同，可分为对外会计报表和内部会计报表。

对外会计报表是指企业按照企业会计准则的统一规定编制的，报送上级主管部门、其他政府管理部门，以及企业债权人和其他需要使用本企业相关资料的外部需求者的会计报表，包括资产负债表、利润表、现金流量表和所有者权益变动表及其附表。其种类、格式、编制方法均由企业会计准则统一规定，任何组织不得随意更改。

内部会计报表是指由企业的内部责任部门填报，以供企业内部管理者决策使用的会计报表，包括各种成本费用报表、其他按管理者要求编制的报表。内部会计报表是根据管理者对会计信息的要求灵活编制的，因此种类繁多、格式多样、内容各异，由企业财会部门统一设置制订。

3. 按编制时间分类

会计报表按照编制时间不同，可分为年度会计报表、半年度会计报表、季度会计报表和月度会计报表。

年度会计报表也简称年报，是在年度结束后，按会计年度编制和报送，用来全面反映企业全年的经济活动、财务收支、经营成果和现金流量等情况的会计报表。年度报表在种类、揭示的指标信息方面最为完整、齐全，包括资产负债表、利润表、现金流量表及其附注。

半年度会计报表、季度会计报表和月度会计报表，则是用来分别反映企业在上半年（1~6月份）、每个季度、每个月度的财务状况、经营成果和现金流量等情况的会计报表。

4. 按编制单位和编报范围分类

会计报表按照编制单位和编报范围不同，可以分为基层单位会计报表和汇总会计报表。

基层单位会计报表是指由独立核算的基层单位编制的，用来反映某一会计主体的财务状况、经营成果和现金流量的会计报表。汇总会计报表则是指由相关政府管理部门以行业或地域等标准划分不同类别，将同一类别所有的基层单位会计报表汇总编制而成的会计报表，用来总括反映某一行业或地域企业的财务状况、经营成果和现金流量的概况。

5. 按母、子公司之间的关系分类

会计报表按照母、子公司之间的关系，可分为个别会计报表和合并会计报表。

个别会计报表只反映单个子公司的财务状况、经营成果和现金流量情况；而合并会计报表则需要通过特殊的会计处理方法，将所有子公司与母公司的当期会计报表进行合并，最终生成反映整个企业集团的财务状况、经营成果和现金流量的会计报表。

6. 按反映的资金运动状况分类

会计报表按照所反映的资金运动状况，可以分为静态报表和动态报表。

静态报表是反映企业在某一特定日期（月末、季末、半年末或年末）财务状况的会计报表。例如，资产负债表。动态报表则是反映企业在一定时期内财务成果、现金流量及形成过程和原因的报表。例如，利润表、现金流量表、所有者权益变动表等。

此外，会计报表按照其作用主次的不同，还可分为主表和附表。这已在前面进行了论述，在此从略。

四、财务会计报表的编制要求

为了保证提供的会计信息的质量，编制财务会计报表必须遵循以下要求：

（一）内容完整

财务会计报表的编制必须遵循统一的规定，不得任意增加或减少会计报表应该列示的内容。无论是会计报表中列示的项目、数据和报表附注中按要求必须披露揭示的补充资料，还是其他应当在财务会计报表中披露的相关信息和资料，都要求填列齐全，提供完整的财务会计信息。

（二）数字真实准确

财务会计报表列示的数字必须真实可靠，能够准确地反映编制主体的财务状况、经营成果和现金流量。不得以估计数字填列，更不能弄虚作假、违规篡改、伪造数字。为了保证财务会计报表中的数字真实准确，应该做到以下几点：

（1）报告期内发生的所有经济业务必须全部登记入账，必须根据真实的交易事项和完整、准确、合法的凭证账簿记录填列，在规定的结账日期进行结账。

（2）在编制财务会计报表之前，必须组织相关人员认真进行核对，保证账证、账账、账实相符。发现不符之处，必须先查明产生的原因，在得到管理层的批准后，进行正确的会计处理，方可据以编制财务会计报表。

（3）在财务会计报表编制完成时，要核对会计报表之间的数据对应关系，保证数据在不同会计报表上的一致性和对应性。

（三）计算过程符合规定，计算结果正确

财务会计报表中常常涉及各项指标的计算，因此计算过程必须按国家企业会计准则的规定进行，选择的计算方法应具有一贯性。如果需要改变计算方式，必须说明更改原因及改变后的结果对相关指标的影响程度。计算结果必须正确，尽量避免出现失误。

（四）编报及时有效

各单位应按报表规定的提供时限，按时编制和对外报送财务会计报表，以便报表使用者能够及时、有效地利用报表资料，作出正确决策。因此，报表的编制必须及时，所反映的财务数据、会计信息必须具备有用性。根据企业会计准则的规定，月度报表应于月份终了后的 6 日内报出（节假日顺延，下同），季度报表应于季度结束后 15 日内对外报出，半年度报表应在年度中期结束后 60 天内对外提供，年度报表应于年度终了后 4 个月内对外提供。这就要求各单位科学组织日常会计核算工作，选择合适的账务处理程序和会计处理方法，认真做好报表编制前的准备工作。

（五）说明清楚，易于理解

财务会计报表提供的信息资料及说明必须清晰，便于会计信息使用者理解和使用。当然，这种易理解性是建立在会计信息使用者具有一定的文化水平、阅读能力的基础上的。

五、财务会计报表编制前的准备工作

财务会计报表编制工作是在日常会计核算的基础上所进行的总结核算，是会计循环过程中最后阶段的工作。由于报表的各项指标主要来自于账簿记录，因此，为保证会计信息的质量，在编制会计报表前，首先要完成以下各项准备工作。

（一）全部经济业务完整登记入账

将编报期内所有已经发生的经济业务，按借贷记账法的要求填制会计凭证，经审核后全部登记入账簿，不得遗漏，必须保证账簿记录的完整性。

（二）进行财产清查，及时处理清查结果

通常在编制年度会计报表前，必须进行全面的财产清查以保证账实相符。企业应按规定成立清查小组，核实财产物资的实际数量与账簿记录是否一致，各项结算款项的拖欠情况及其原因。完成清查工作后，应当将清查结果及处理办法上报主管领导审批后，根据企业会计准则的规定进行相应的会计处理，并登入到相关账簿中。

（三）进行期末账项调整，并将调整分录登入相关账簿

根据权责发生制原则，日常账簿记录中所反映的收入和费用是不完整的，仅仅是应归属于本期的收入和费用中的一部分，也就是说有些收入和费用虽在本期收付但不归属本期，有些收入和费用没有在本期收付但应归属本期。因此，为了合理地反映相互连接的各个会计期间应取得的收入和应负担的费用，就需要在期末结账前进行账项调整，并将调整分录记入到相关的账簿。

期末账项调整包括应计收入的调整、应计费用的调整、预收收入的调整、预付费用的调整和其他账项的调整。其中，其他账项的调整包括固定资产折旧、资产减值准备的计提、固定资产、存货的盘盈和盘亏的处理、原材料以产成品的入库、产品销售成本的结转等。

（四）进行对账和结账

在以上三个步骤完成后，企业还必须进行对账和结账。对账就是核对各账簿记录与会计凭证的内容、金额是否一致，检查总分类账户本期发生额合计数及余额数是否与相关明细分类账户本期发生额合计数及余额合计数相等，通过财产清查确定

账存数与实存数是否一致。简单地说，对账就是核对账目，确保账证、账账、账实相符。结账是会计期末对账簿记录所进行的结束工作，是指在将一定时期内所发生的全部经济业务登记入账后，计算并记录各种账簿的本期发生额和期末余额。通过对账和结账，可以为编制会计报表提供真实的数据资料。

第二节 资产负债表的编制

资产负债表是反映企业在某一特定日期财务状况的报表，属于静态报表。财务状况主要是指企业资产、负债、所有者权益的数额、构成情况以及各项目之间的组合。资产负债表的编制以“资产=负债+所有者权益”会计等式为依据，按照一定的分类标准和次序，把企业在某一特定日期的资产、负债和所有者权益项目予以适当排列编制的，它具有固定的格式。

资产负债表反映了一个单位在特定日期所拥有或控制的资产与其来源之间的对应关系，它是会计报表体系中的主表之一，每个单位都必须按规定及时编报。

一、资产负债表的作用

资产负债表的作用，主要表现为：

（1）反映了企业的资产数额和结构分布状况。通过资产负债表的资料，可以使报表使用者了解企业拥有或控制的资产总额及其构成情况，从而分析企业资产的分布是否具有合理性。

（2）反映了企业资金来源和资本结构状况。根据资产负债表提供的数据资料，报表的使用者可以通过企业负债和所有者权益的构成情况，比较全面地了解和分析企业的资本结构的合理性，考察企业财务风险情况和资本的保值、增值情况。

（3）分析企业的偿债能力和融资能力。运用资产负债表资料，通过计算流动比率、速动比率、资产负债率等财务指标，可以分析企业偿债能力的大小，使企业的债权人能够了解企业的财务风险情况，可据以作出是否继续加大信贷力度或是否同意企业融资的决策。

（4）预测企业财务状况的变化趋势。通过对当期及前期资产负债表的对比分析，可以发现企业资产总额及结构、资金来源构成、资本结构、偿债能力等财务指标的变化趋势，科学地预测企业未来的财务状况走向，为报表使用者提供长期决策所需的会计信息。

二、资产负债表的结构和内容

（一）资产负债表的结构

资产负债表由表首、表体和表尾三部分构成。[①] 表体是资产负债表的主体和核

① 表首主要列示报表名称、编制单位、编制日期以及货币计量单位等内容，而表尾列示附注资料及相关人员的签章，包括单位负责人、财务负责人、复核人员及制表人员的签章。

心，一般有报告式和账户式两种格式。

1. 报告式资产负债表

报告式资产负债表又称垂直式资产负债表，其结构分为上、下两方，上方列示资产项目，下方列示负债和所有者权益项目，上、下两方的合计数相等。这种格式通过对比资产和负债，突出了所有者权益。在国际上，英国等一些欧洲国家主要采用报告式结构。报告式资产负债表的常用简化格式见表 8.1。

表 8.1　资产负债表

编制单位：　　　　年　月　日　　　　单位：元

项　目	行　次	期末余额	年初余额
资产			
流动资产			
⋮			
长期投资			
⋮			
固定资产			
⋮			
无形资产			
⋮			
其他资产			
⋮			
资产合计			
负债			
流动负债			
⋮			
非流动负债			
⋮			
负债合计			
资产减负债合计			
所有者权益			
实收资本			
资本公积			
⋮			
未分配利润			
所有者权益合计			

2. 账户式资产负债表

账户式资产负债表又称横式资产负债表，其结构分为左、右两方，左方列示资产项目，右方列示负债及所有者权益项目，左、右两方的总额相等。这种结构在于着重反映企业的全部资产及其资金来源，有利于报表使用者通过左右平衡关系，分析企业的财务状况。在国际上，以美国为代表的一些北美国家主要采用账户式结构。其简化格式见表 8.3。

报告式资产负债表和账户式资产负债表在国外均被广泛地应用。在我国，根据《企业会计准则第 30 号——财务报表列报》的规定，资产负债表统一采用账户式结构。

（二）资产负债表的内容

资产负债表的内容分为资产、负债及所有者权益三类。账户式资产负债表分为左右两方，左方为资产各项目，反映全部资产的分布及存在形态，所有项目按资产的流动性强弱顺序排列，先列流动资产项目，后列非流动资产项目。其中流动资产项目是按其变现能力强弱顺序排列的，如货币资金、交易性金融资产、应收票据、应收账款，以及其他应收款、存货等；非流动资产项目按可供出售金融资产、长期应收款、长期股权投资、固定资产、无形资产、递延所得税资产，以及其他非流动资产等顺序排列。右方为负债及所有者权益各项目，负债类项目按偿还期的长短顺序排列，先列流动负债项目，后列非流动负债项目。其中流动负债项目则按偿还期不超过 1 年的项目先后排列，如短期借款、应付票据、应付账款、应付职工薪酬、应交税费，以及其他应付款等；非流动负债项目按长期借款、应付债券、长期应付款、递延所得税负债及其他非流动负债等项目顺序排列。所有者权益类项目以其永久性程度高低排列，一般按实收资本、资本公积、盈余公积及未分配利润等项目列示。以上这种排列方式比较清楚地反映了企业资产的流动性和负债的变现性，有利于分析企业的财务状况和偿债能力。

三、资产负债表的编制方法

（一）资产负债表各项目填列的基本方法

资产负债表中的“年初余额”栏内各项目的金额，应根据上年资产负债表的“期末余额”栏内各项目的金额填列。如果本年度各项目的名称和内容与上年度不一致，应对上年度各项目的名称和数字按照本年度的规定进行调整。

资产负债表中的“期末数”栏内各项目的金额，应根据期末资产类、负债类、所有者权益类等账户的期末余额填列。基本方法如下：

1. 直接根据总分类账户的期末余额填列

大多数报表项目都可以根据总分类账户的期末余额直接填列。如“应收票据”“应付职工薪酬”“应交税费”“应付利润”“实收资本”“短期借款”“资本公积”等项目。

2. 根据总分类账户期末余额分析计算填列

有些报表项目需要根据若干个总分类账户期末余额计算填列。如“货币资金”项目，则应根据“库存现金”“银行存款”“其他货币资金”总分类账户的期末余额合并填列。

3. 根据明细分类账户的期末余额分析计算填列

报表中有些项目需要根据若干个明细分类账户的期末余额分析计算填列。如“应付账款”项目，应根据“应付账款”“预付账款”账户所属明细账的期末贷方余额之和填列；“应付账款”“预付账款”账户所属明细账的期末借方余额之和则应填列在“预付账款”项目；同理，“应收账款”项目，应根据“应收账款”“预收账款”账户所属明细账的期末借方余额之和填列；“预收账款”项目，应根据“应收账款”“预收账款”账户所属明细账的期末贷方余额之和填列。

4. 根据总分类账户和明细账户的期末余额分析计算填列

如“长期借款”项目，根据“长期借款”总分类账户期末余额，扣除“长期借款”账户所属明细账户中反映的将于1年内到期的长期借款部分，分析计算填列。

5. 根据有关资产账户余额减去与其备抵项目后的净额填列

如“无形资产”项目，应根据“无形资产”账户的期末余额减去“累计摊销”“无形资产减值准备”备抵账户期末余额后的金额填列，“应收账款”项目的填列，应先计算“应收账款”“预收账款”账户所属的相关明细账的期末借方余额合计数，然后减去“坏账准备”账户的期末贷方余额，以应收账款净额填列。再如“存货”项目，应以“材料采购”“原材料”“生产成本”“库存商品”“材料成本差异”等总分类账户的期末余额合计数，减去“存货跌价准备”账户等的期末余额的净额填列。

（二）资产负债表中主要项目填列的具体方法

现将资产负债表中主要项目填列的具体方法介绍如下：

1.“货币资金”项目，反映企业库存现金、银行基本存款户存款、银行一般存款户存款、外埠存款、银行汇票存款等的合计数。本项目应根据“库存现金”“银行存款”“其他货币资金”账户的期末余额合计数填列。

2.“交易性金融资产”项目，反映企业为交易目的而持有的并且持有时间不准备超过1年（含1年）的股票、债券和基金，以及不超过1年（含1年）的其他投资的公允价值。本项目应根据“交易性金融资产”账户的期末余额填列。

3.“应收票据”项目，反映企业收到的未到期的、也未向银行贴现的商业承兑汇票和银行承兑汇票。本项目应根据“应收票据”账户的期末余额填列。

4.“应收账款”项目，反映企业因销售商品、提供劳务等而应向购买单位收取的各种款项。本项目应根据“应收账款”和“预收账款”账户所属各明细账户的期末借方余额合计，减去“坏账准备”账户中有关应收账款计提的坏账准备期末余额后的金额填列。

5.“预付账款”项目，反映企业按购销合同的规定预付给供应商的货款。本项目应根据“预付账款”“应付账款”所属明细账的期末借方余额合计数填列。

6.“应收利息”项目，反映企业因持有交易性金融资产、持有至到期投资和可供出售金融资产等应收取的利息。企业购入的一次还本付息的持有至到期投资在持有期间取得的利息，不包括在本项目内。本项目应根据“应收利息”账户的期末余额填列。

7.“应收股利”项目，反映企业应收取的现金股利和应收取其他单位分配的利润。本项目根据“应收股利”账户期末余额填列。

8.“其他应收款”项目，反映企业对其他单位和个人除应收票据、应收账款、预付账款、应收股利、应收利息、长期应收款以外的应收和暂付的款项。本项目应根据“其他应收款”所属明细账的期末借方余额的合计数填列。

9.“存货”项目，反映企业期末在库、在途和在加工中的各项存货的可变现净值，包括各种原材料、商品、在产品、半成品、发出商品、包装物、低值易耗品和委托代销商品等。本项目应根据“在途物资”“原材料”“库存商品”“周转材料”“委托加工物资”“生产成本”和“劳务成本”等账户的期末余额合计，减去“存货跌价准备”账户期末余额后的金额填列。

10.“1 年内到期的非流动资产”项目，反映企业将于 1 年内到期的非流动资产。本项目应根据有关账户的期末余额分析计算填列。

11.“其他流动资产”项目，反映企业除以上流动资产项目以外的其他流动资产。本项目应根据有关账户的期末余额填列。其他流动资产价值较大的，应在会计报表附注中披露其内容和金额。

12.“可供出售金融资产”项目，反映企业持有的划分为可供出售金融资产的证券。本项目应根据“可供出售金融资产”账户的期末余额填列。

13.“持有至到期投资”项目，反映企业持有的划分为持有至到期投资的证券。本项目根据“持有至到期投资”账户的期末余额，减去“持有至到期投资减值准备”账户期末余额后的金额填列。

14.“长期应收款”项目，反映企业持有的长期应收款的可收回金额。本项目应根据“长期应收款”账户的期末余额，减去“坏账准备”账户所属明细科目期末余额，再减去“未确认融资收益”账户期末余额后的金额分析计算填列。

15.“长期股权投资”项目，反映企业不准备在 1 年（含 1 年）变现的各种股权性质投资的可收回金额。本项目应根据“长期股权投资”账户的期末余额，减去“长期股权投资减值准备”账户中有关股权投资减值准备期末余额后的金额填列。

16.“固定资产”项目，反映企业各项固定资产的可收回金额。本项目应根据“固定资产”账户的期末借方余额，减去“累计折旧”“固定资产减值准备”账户期末余额后的金额分析计算填列。

17.“在建工程”项目，反映企业施工前期准备、正在施工中的建筑工程、安装工程、技术改造工程、大修理工程等。本项目应根据“在建工程”账户的期末借方余额填列。

18.“无形资产”项目，反映企业各项无形资产的期末可收回金额。本项目应根据“无形资产”账户期末余额，减去“累计摊销”“无形资产减值准备”等账户期末余额后的金额填列。

19.“长期待摊费用”项目，反映企业尚未摊销的摊销期限在 1 年以上（不含 1 年）的各种其他待摊费用。本项目应根据“长期待摊费用”账户的期末余额填列。

20.“短期借款”项目，反映企业向银行和其他非银行金融机构借入的、偿还期限在 1 年以内的各种借款。本项目应根据“短期借款”账户的期末贷方余额填列。

21.“应付票据”项目，反映企业为了抵付货款等而向受票人开出并承兑的尚未到期付款的应付票据。本项目应根据“应付票据”账户的期末贷方余额填列。

22.“应付账款”项目，反映企业因购买材料、商品或接受劳务等而形成的债务。本项目应根据“应付账款”“预付账款”所属明细账的期末贷方余额合计数填列。

23.“预收账款”项目，反映企业根据购销合同向购货方预收的部分货款。本项目应根据“应收账款”“预收账款”所属明细账的期末贷方余额合计数填列。

24.“应付职工薪酬”项目，反映企业应支付而未付的职工薪酬。本项目应根据“应付职工薪酬”账户的期末贷方余额填列。如“应付职工薪酬”账户的期末为借方余额，以“-”号填列。

25.“应交税费”项目，反映企业按国家税法规定应缴纳而尚未上缴的各种税金。本项目应根据“应交税费”账户的期末贷方余额填列。如“应交税费”账户的期末为借方余额，以“-”号填列。

26.“应付利息”项目，反映企业应付未付的利息。本项目应根据“应付利息”账户的期末贷方余额填列。

27.“应付股利”项目，反映企业尚未支付的现金股利。本项目应根据“应付股利”账户的期末贷方余额填列。

28.“其他应付款”项目，反映企业应付和暂收其他单位和个人的除应付票据、应付账款、预收账款、应付职工薪酬、应付股利、应交税费、长期应付款等以外的其他各种款项等。应根据“其他应付款”账户的期末贷方余额填列。

29.“长期借款”项目，反映企业向银行或其他金融机构借入的偿还期限在1年以上的各项借款。本项目应根据“长期借款”账户的期末贷方余额填列。但如果企业的各项长期负债中有将于1年内到期的长期债务，则应将这部分长期负债在本表的“1年内到期的非流动负债”项目内单独反映。

30.“实收资本（或股本）”项目，反映企业各投资者实际投入的资本（或股本）总额。本项目应根据“实收资本（或股本）”账户的期末贷方余额填列。

31.“资本公积”项目，反映企业资本公积的期末余额。本项目应根据“资本公积”账户的期末贷方余额填列。

32.“盈余公积”项目，反映企业盈余公积的期末余额。本项目应根据“盈余公积”账户的期末贷方余额填列。

33.“未分配利润”项目，反映企业期末尚未分配的利润。本项目1~11月应根据“本年利润”账户和“利润分配”账户相减后的余额填列。12月末，本年利润已结转，可直接根据“利润分配”账户的年末余额填列。

四、资产负债表编制举例

【例8.1】美乐公司2017年10月31日编制的试算平衡表，如表8.2所示。

表 8.2　　试算平衡表

2017 年 10 月 31 日　　单位：元

会计科目	年初余额		本期发生额		年末余额	
	借方	贷方	借方	贷方	借方	贷方
库存现金	2 000		600 000	600 000	2 000	
银行存款	1 280 000		1 642 500	2 848 400	74 100	
交易性金融资产	15 000			15 000		
应收票据	246 000		468 000		714 000	
应收账款	300 000		351 000	187 000	464 000	
原材料	814 400		500 000	810 000	504 400	
库存商品	1 689 000		1 377 000	850 000	2 216 000	
固定资产	3 950 000		105 400		4 055 400	
累计折旧		480 000		100 000		580 000
无形资产	540 000			150 000	390 000	
长期待摊费用	190 000			7 000	183 000	
短期借款		300 000	250 000			50 000
应付票据		200 000	100 000			100 000
应付账款		950 000	185 000	409 500		1 174 500
应付职工薪酬		110 000	500 000	570 000		180 000
应交税费		30 000	305 000	300 700		25 700
应付利息		6 400	12 500	11 500		5 400
长期借款		1 800 000	1 000 000	410 000		1 210 000
实收资本		5 000 000				5 000 000
盈余公积		100 000		25 460		125 460
利润分配——未分配利润		50 000	25 460	127 300		151 840
主营业务收入			1 400 000	1 400 000		
主营业务成本			850 000	850 000		
投资收益			1 500	1 500		
营业外收入			120 000	120 000		
生产成本			1 377 000	1 377 000		
制造费用			139 500	139 500		
管理费用			260 000	260 000		
销售费用			200 000	200 000		
财务费用			21 500	21 500		
所得税费用			62 700	62 700		
本年利润			1 521 500	1 521 500		
利润分配——提取盈余公积			25 460	25 460		
合计	9 026 400	9 026 400	13 401 020	13 401 020	8 602 900	8 602 900

根据表 8.2 的资料，编制美乐公司 2017 年 10 月 31 日的资产负债表。见表 8.3。

表 8.3　　资产负债表

编制单位：美乐公司　　2017 年 10 月 31 日　　单位：元

资　产				负债及所有者权益（或股东权益）			
项　目	行次	期末余额	年初余额	项　目	行次	期末余额	年初余额
流动资产：				流动负债：			
货币资金		76 100	1 282 000	短期借款		50 000	300 000
交易性金融资产			15 000	交易性金融负债			
应收票据		714 000	246 000	应付票据		100 000	200 000
应收账款		464 000	300 000	应付账款		1 174 500	950 000
预付账款				预收账款			
应收利息				应付职工薪酬		180 000	110 000
应收股利				应交税费		25 700	30 000
其他应收款				应付利息		5 400	6 400
存货		2 720 400	2 503 400	应付股利			
一年内到期的非流动资产				其他应付款			
				一年内到期的非流动负债			
其他流动资产							
流动资产合计		3 974 500	4 346 400	其他流动负债			
非流动资产：				流动负债合计		1 535 600	1 596 400
可供出售金融资产				非流动负债：			
持有至到期投资				长期借款		1 210 000	1 800 000
长期应收款				应付债券			
长期股权投资				长期应付款			
投资性房地产				专项应付款			
固定资产		3 475 400	3 470 000	预计负债			
在建工程				递延所得税负债			
工程物资				其他非流动负债			
固定资产清理				非流动负债合计		1 210 000	1 800 000
生产性生物资产				负债合计		2 745 600	3 396 400
油气资产				所有者权益（或股东权益）：			
无形资产		390 000	540 000	实收资本（或股本）		5 000 000	5 000 000
开发支出				资本公积			
商誉				减：库存股			
长期待摊费用		183 000	190 000	盈余公积		125 460	100 000
递延所得税资产				未分配利润		151 840	50 000
其他非流动资产							
非流动资产合计		4 048 400	4 200 000	所有者权益（或股东权益）合计		5 277 300	5 150 000
资产总计		8 022 900	8 546 400	负债及所有者权益（或股东权益）合计		8 022 900	8 546 400

单位负责人：　　财务负责人：　　复核：　　制表：

第三节　利润表的编制

一、利润表的作用

利润表是反映企业在一定时期经营成果的动态会计报表，也是会计报表体系中重要的主表之一。经营成果一般表现为利润（或亏损），利润是企业各项收入扣除各项费用后的差额，是企业经济效益的综合体现。

利润表的作用表现在以下几个方面：

（1）企业投资人、债权人及外部信息使用者，利用利润表提供的相关信息，可以有效地进行相关经济决策。由于利润表反映了企业从事生产经营活动所取得的收入和发生的相应成本费用，能够准确计算出企业实现的利润。企业的投资人、债权人可以通过分析企业的利润形成过程，并对不同时期利润表数据的比较，从而判断企业的获利能力、偿债能力和未来收益情况，预测企业今后利润的发展趋势，为投资者、债权人进行投资决策和信贷决策提供可靠的依据。

（2）利润表提供的信息，有利于考核和评价企业经营管理者的经营业绩和经营管理水平。通过对利润表中各项构成因素的比较分析，可以明确各项收入、费用及损益之间的消长趋势，考核企业经营目标的完成情况，发现各方面工作中存在的问题，促使企业管理者找出生产经营过程中的差距，从而明确重点，不断提高经营管理水平。

（3）利润表提供的利润数据，为税收部门征收企业所得税提供了依据。同时，通过利润表反映的收入、费用成本及利润情况，可以帮助政府有关部门制定合理的价格决策。此外，利润表还是国民经济核算中国民收入计算的主要资料来源。

二、利润表的结构和编制方法

利润表由表首、表体和表尾三部分组成。表首和表尾的内容与资产负债表类似，表体是利润表的核心部分，是根据“收入-费用=利润”这一平衡公式，采用上下垂直式结构，按一定标准和次序，把企业一定时期内的收入、费用和利润项目进行适当排列而成的。它反映了企业的经营成果及其形成过程。

利润表的格式有两种，即单步式利润表和多步式利润表。

（一）单步式利润表

单步式利润表是根据本期的收入和收益总额，减去本期的费用和损失总额，最终计算得出本期净利润。该表按先列示收入、收益类项目，再列示费用、损失类项目，最后列示利润总额、净利润和每股收益的顺序排列。

单步式利润表的具体格式见表 8.4。

表8.4 利润表（单步式）

编报单位： 年 月 单位：元

项 目	本期金额	上期金额
一、收入和收益		
营业收入		
公允价值变动收益（损失以“-”号填列）		
投资收益		
其中：对联营企业和合营企业的投资收益		
营业外收入		
收入和收益合计		
二、成本与费用：		
营业成本		
税金及附加		
销售费用		
管理费用		
财务费用		
资产减值损失		
营业外支出		
其中：非流动资产处置损失		
成本与费用合计		
三、利润总额		
减：所得税费用		
净利润（净亏损以“-”号填列）		
每股收益		

单步式利润表具有结构简单、易于理解的优点，并且由于对所有收入和费用不分先后顺序直接加总，避免了可能产生的对配比关系的误解。其缺点主要在于不能提供多层次的利润详细构成数据，不利于比较分析。在实际工作中，这种格式已经很少采用。

（二）多步式利润表

多步式利润表是将收入和费用按其属性分类加以归集，分别计算出营业利润和利润总额，最后再计算出净利润和每股收益。一般编制过程如下：

第一步：计算营业利润。

计算公式为：

营业利润=营业收入-营业成本-税金及附加-销售费用-管理费用-财务费用-资产减值损失+公允价值变动收益+投资收益

第二步：计算利润总额。

计算公式为：利润总额=营业利润+营业外收入-营业外支出

第三步：计算净利润。

计算公式为：净利润=利润总额-所得税费用

第四步：计算每股收益。

在我国，企业会计准则规定利润表采用多步式结构。多步式利润表的基本格式（简化）见表8.5。

表8.5　利润表（多步式）

编报单位：　　　　　　　年　月　　　　　　　单位：元

项目	本期金额	上期金额
一、营业收入		
减：营业成本		
税金及附加		
销售费用		
管理费用		
财务费用		
资产减值损失		
加：公允价值变动收益（损失以“-”号填列）		
投资收益（损失以“-”号填列）		
其中：对联营企业和合营企业的投资收益		
二、营业利润（亏损以“-”号填列）		
加：营业外收入		
减：营业外支出		
其中：非流动资产处置损失		
三、利润总额（亏损总额以“-”号填列）		
减：所得税费用		
四、净利润（净亏损以“-”号填列）		
五、每股收益		
（一）基本每股收益		
（二）稀释每股收益		

单位负责人：　　　　财会负责人：　　　　复核：　　　　制表：

多步式利润表与单步式利润表相比，直观地反映了营业收入与非营业收入对利润总额的影响和净利润的形成过程，有利于报表使用者对相应项目进行横向和纵向比较，从而客观评价和预测企业的盈利能力。因此，多步式利润表被世界各国广泛采用。

无论是单步式利润表，还是多步式利润表，表中大多数项目可以直接根据相关的“损益类”账户的本期发生额分析填列，而其他项目则可以通过表中相关项目的数字，经过计算分析后填列。现对主要项目说明如下：

1. 利润表中“上期金额”栏内各数字，应根据上期利润表“本期金额”栏所列数字填列。如果上期利润表规定的各个项目的名称和内容与本期不相一致，应对上期利润表各项目的名称和内容按本期的规定进行调整后，填入本表“上期金额”栏内。

2. 利润表中“本期金额”栏内各项数字，一般应当反映以下内容：

（1）“营业收入”项目，反映企业经营主要业务和其他业务所确认的收入总额填列；

（2）“营业成本”项目，反映企业经营主要业务和其他业务所发生的实际成本总额；

（3）“税金及附加”项目，反映企业经营业务应负担的营业税、消费税、城市维护建设税、资源税、土地增值税和教育费附加等；

（4）“销售费用”项目，反映企业在销售商品过程中发生的包装、广告费等费用和为销售本企业商品而专设销售机构的职工薪酬、业务费等经营费用；

（5）“管理费用”项目，反映企业为组织和管理生产经营活动发生的管理费用；

（6）“财务费用”项目，反映企业筹集生产经营所需资金等而发生的筹资费用；

（7）“投资收益”项目，反映企业以各种方式对外投资所取得的收益；

（8）“营业外收入”“营业外支出”项目，反映企业发生的与其经营活动无直接关系的各项收入和支出。其中，处理非流动资产损失，应当单独列示；

（9）“所得税费用”项目，反映企业根据所得税法确认的应从当期利润总额中扣除的所得税费用；

（10）“基本每股收益”和“稀释每股收益”项目，应当反映根据每股收益准则的规定计算的金额。

三、利润表编制举例

【例 8.2】龙华公司 2017 年 10 月份有关收入和费用科目的累计发生额数据如表 8.6 所示。

表 8.6　**龙华公司 2017 年 10 月利润表有关科目累计发生额**　单位：元

会计科目	累计发生额（借方）	累计发生额（贷方）
营业收入		800 000
营业成本	460 000	
税金及附加	24 000	
销售费用	37 000	
管理费用	50 000	
财务费用	15 000	
资产减值损失		
公允价值变动收益		
投资收益		16 000
营业外收入		2 000
营业外支出	8 000	
所得税费用	56 000	

根据表 8.6 所给出的资料编制龙华公司 2017 年 10 月份的利润表，见表 8.7。

表 8.7　　利润表

编制单位：龙华公司　　2017 年 10 月　　单位：元

项　目	本期金额	上期金额（略）
一、营业收入	800 000	
减：营业成本	460 000	
税金及附加	24 000	
销售费用	37 000	
管理费用	50 000	
财务费用	15 000	
资产减值损失		
加：公允价值变动收益（损失以“-”号填列）		
投资收益（损失以“-”号填列）	16 000	
其中：对联营企业和合营企业的投资收益		
二、营业利润（亏损以“-”号填列）	230 000	
加：营业外收入	2 000	
减：营业外支出	8 000	
其中：非流动资产处置损失		
三、利润总额（亏损总额以“-”号填列）	224 000	
减：所得税费用	56 000	
四、净利润（净亏损以“-”号填列）	168 000	
五、每股收益（略）		
（一）基本每股收益		
（二）稀释每股收益		

单位负责人：　　财会负责人：　　复核：　　制表：

本章小结

财务会计报告是企业根据日常会计核算资料定期编制的，用来反映企业某一特定日期财务状况和某一会计期间经营成果、现金流量的书面文件。从内容上看，它包括资产负债表、利润表、现金流量表、所有者权益变动表、附表及会计报表附注和财务情况说明书。财务会计报告是财务会计工作的最终成果，也是财务会计部门对外提供财务会计信息的重要载体。通过编制财务会计报告，可以对分散、零乱的会计信息进一步加以综合和反映，便于会计信息使用者理解和利用。

会计报表可以按照不同标准划分为不同的类别。如按反映的经济内容不同，会计报表可以分为资产负债表、利润表、现金流量表和所有者权益变动表；按编制时间的不同，会计报表可以分为年度会计报表、半年度会计报表、季度会计报表和月度会计报表；按反映资金运动的状态不同，会计报表可以分为静态报表和动态报表等。

编制财务会计报告是会计核算的一项专门方法，也是会计循环的最后环节。为了保证财务会计报告所提供信息的质量，编制财务会计报告应遵循内容完整、数字真实、计算准确、编报及时和说明清楚等要求，以便财务会计报告被会计信息使用者正确理解和使用。为此，在编制财务会计报告前，应当将报告期发生的所有经济业务全部登记入账，并进行财产清查，对期末账项予以调整，及时对账和结账。

资产负债表是反映企业在某一特定日期财务状况的报表，属于静态报表。资产负债表一般有报告式和账户式两种格式。我国主要采用账户式资产负债表。利润表是反映企业在一定期间（月份、季度、半年度、年度）的生产经营成果的动态会计报表。由于不同国家和地区对会计信息的需要有所不同，因此，利润表的格式也不完全相同，主要有单步式和多步式两种。在我国，企业利润表采用多步式结构。现金流量表是以收付实现制为基础编制的，用来反映企业在一定会计期间现金和现金等价物流入、流出和结存情况的会计报表。现金流量表分正表和补充资料两个部分。其中正表列示企业经营活动产生的现金流量、投资活动产生的现金流量和筹资活动产生的现金流量，以及汇率变动对现金的影响额和现金及现金等价物净增加情况。编制现金流量的方法有直接法和间接法两种。正表采用直接法编制，而补充资料则采用间接法编制。

思考题

1. 什么是财务报告？财务报告包括哪些内容？
2. 简述财务报告的意义和作用。
3. 简述会计报表的分类。
4. 编制财务报告有哪些基本要求？
5. 编制财务报告前需要完成哪些准备工作？
6. 简述资产负债表的作用。资产负债表有哪两种格式？各项目如何填列？
7. 利润表有哪些作用？如何编制多步式利润表？
8. 现金流量表有什么作用？现金流量表包括哪些主要内容？
9. 直接法和间接法有何不同？各有什么优点和缺点？

练习题

一、练习资产负债表的编制

1. 资料：长胜公司 2017 年 11 月 30 日的科目余额表如下表所示。

科目余额表

科目名称	借方余额	贷方余额
库存现金		
银行存款		
交易性金融资产		
应收账款		
预付账款		
在途物资	20 000	
原材料	1 050 000	
库存商品	30 000	
长期股权投资	450 000	
固定资产	12 000	
累计折旧	20 000	470 000
无形资产	800 000	
短期借款	500 000	300 000
应付票据	1 000 000	240 000
预收账款	1 800 000	36 000
应付职工薪酬		320 000
应付股利	50 000	33 000
应交税费		41 000
长期借款		1 000 000
实收资本		4 000 000
资本公积		100 000
盈余公积		16 500
未分配利润		115 500
合　计	6 672 000	6 672 000

2. 要求：根据上述资料编制公司 2017 年 11 月 30 日的资产负债表。

二、练习利润表的编制

1. 资料：华盛公司 2017 年 11 月份有关损益类科目的账户发生额如下表所示。

科目名称	借方发生额	贷方发生额
营业收入		2 400 000
营业成本	1 050 000	
税金及附加	3 400	
公允价值变动收益		
销售费用	56 800	
管理费用	178 000	
财务费用	55 000	
资产减值损失		
投资收益		46 260
营业外收入		40 000
营业外支出	15 000	
所得税费用	282 015	

2. 要求：根据上述资料编制该公司 2017 年 11 月份的利润表。

拓展阅读

现金流量表是以收付实现制为基础编制的，用来反映企业在一定会计期间现金及现金等价物流入、流出和结存情况的会计报表，是会计报表体系中重要的主表之一。表中的现金是指账簿资料中的库存现金和银行存款（不包括定期存款）；现金等价物则是指企业持有期限短、流动性强、易于转换为已知金额现金、价值变动风险很小的各种交易性投资。

现金流量表根据企业在报告期内现金收支的有关资料，从经营活动、投资活动和筹资活动三个方面展示了有关企业现金流量的全部信息。其格式如下：

现金流量表

编制单位： 年度 单位：元

项　目	行次	本期金额	上期金额
一、经营活动产生的现金流量：			
销售商品、提供劳务收到的现金			
收到的税费返还			
收到的其他与经营活动有关的现金			
经营活动现金流入小计			
购买商品、接受劳务支付的现金			
支付给职工以及为职工支付的现金			
支付的各项税费			
支付的其他与经营活动有关的现金			
经营活动现金流出小计			
经营活动产生的现金流量净额			
二、投资活动产生的现金流量：			
收回投资所收到的现金			
取得投资收益所收到的现金			
处置固定资产、无形资产和其他长期资产所收回的现金净额			
收到的其他与投资活动有关的现金			
投资活动现金流入小计			
购建固定资产、无形资产和其他长期资产所支付的现金			
投资所支付的现金			
取得子公司及其他营业单位支付的现金净额			
支付的其他与投资活动有关的现金			
投资活动现金流出小计			
三、筹资活动产生的现金流量：			
吸收投资所收到的现金			
取得借款所收到的现金			
收到的其他与筹资活动有关的现金			
筹资活动现金流入小计			
偿还债务所支付的现金			
分配股利、利润和偿付利息所支付的现金			
支付的其他与筹资活动有关的现金			
筹资活动现金流出小计			
四、汇率变动对现金及现金等价物的影响额			
五、现金及现金等价物净增加额			
加：期初现金及现金等价物余额			
六、期末现金及现金等价物余额			

单位负责人： 财会负责人： 复核： 制表：

补充资料

项　目	行次	本期金额	上期金额
1. 将净利润调节为经营活动现金流量：			
净利润			
加：计提的资产减值准备			
固定资产折旧、油气资产折耗、生产性生物资产折旧			
无形资产摊销			
长期待摊费用摊销			
处置固定资产、无形资产和其他长期资产的损失（收益以“-”号填列）			
固定资产报废损失（收益以“-”号填列）			
公允价值变动损失（收益以“-”号填列）			
财务费用（收益以“-”号填列）			
投资损失（收益以“-”号填列）			
递延所得税资产减少（增加以“-”号填列）			
递延所得税负债增加（减少以“-”号填列）			
存货的减少（增加以“-”号填列）			
经营性应收项目的减少（增加以“-”号填列）			
经营性应付项目的增加（减少以“-”号填列）			
其他			
经营活动产生的现金流量净额			
2. 不涉及现金收支的投资活动和筹资活动：			
债务转为资本			
1 年内到期的可转换公司债券			
融资租入固定资产			
3. 现金及现金等价物净增加情况：			
现金的期末余额			
减：现金的期初余额			
加：现金等价物的期末余额			
减：现金等价物的期初余额			
现金及现金等价物净增加额			

第九章　账务处理程序

学习目标

同学们通过本章的学习，了解账务处理程序的概念、种类和基本要求，掌握记账凭证账务处理程序、汇总记账凭证账务处理程序和科目汇总表账务处理程序的特点、基本内容、优缺点及其适用范围。

重点和难点

汇总记账凭证和科目汇总表的编制。

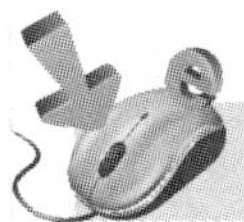

案例导入

开心服务公司是一家以经营少儿读物、少儿寄托及智力开发教育等为主要业务的微小企业。公司成立于2010年6月，其创立者丁少华是一位学教育学专业的大学毕业生，由于不懂会计，随着业务的开展而发生的收支单据只得由自己收集和保存，但两个月后丁少华发现单据越来越多，自己也不清楚公司经营有无钱赚。这时，丁少华到代理记账公司聘请了一名会计王玲来帮自己做账。王玲到公司后，通过整理该公司前两个月的收支情况和财务单据，发现该公司平均每月的经济业务不超过15笔。因业务量比较少，王玲采用了记账凭证账务处理程序构建该公司的会计核算流程，为公司设置了相应的日记账、明细账和总账等账簿体系。经过对前期会计单据的账务处理，王玲告诉丁少华自公司开办以来共有利润5 563元，同时根据规定到税务部门为公司完善了纳税手续，这样一来，丁少华的心里就有数了。

【思考】

什么是账务处理程序？它对企业做好会计核算工作有何作用？开心服务公司的会计为什么要选择记账凭证账务处理程序？

第一节　账务处理程序概述

一、账务处理程序的意义

账务处理程序也称为会计核算形式，是账簿组织、记账程序和记账方法有机结合的方式和步骤。账簿组织是指账簿的种类、格式和各种账簿之间的关系；记账程序和记账方法是从原始凭证的整理、汇总，记账凭证的填制、汇总，日记账、明细分类账、总分类账的登记，到最后编制会计报表的步骤和方法。

不同的账簿组织、记账程序和记账方法有机地结合在一起，就构成了不同的账务处理程序。由于各企业的规模大小不同，业务性质各异，管理要求也各有差别，因此它们需要设置账簿的种类、格式和各种账簿之间的相互关系，以及与之相适应的记账程序和记账方法也就不完全相同。为了把会计核算工作科学地组织起来，任何企业都应当按照会计准则的要求，结合本企业的实际情况和具体条件，设计适应自身特点的账务处理程序。这对于保证会计核算工作高效、高质，充分发挥会计在经济管理中的作用，都具有重要意义。

二、账务处理程序的种类

在我国，根据会计核算工作的实际情况，目前常用的账务处理程序有以下五种：

（1）记账凭证账务处理程序；

（2）科目汇总表账务处理程序；

（3）汇总记账凭证账务处理程序；

（4）日记总账账务处理程序；

（5）多栏式日记账账务处理程序。

以上五种账务处理程序，记账凭证账务处理程序是最基本的一种账务处理程序，其他账务处理程序都是在其基础上演变而来的。因此，这五种账务处理程序有较多的共同点，其根本区别在于登记总账的依据和方法不同。

三、账务处理程序的基本要求

企业在选择适用于自身特点的账务处理程序时，应遵循以下要求：

(1) 要与本企业经济业务的性质、规模大小和经济业务的繁简程度相适应。

(2) 要保证能正确、全面、及时和系统地提供会计信息使用者所需要的各种会计信息，以实现会计的目标。

(3) 要保证账务处理的各个环节紧密衔接，手续简便，有利于节省核算费用和提高会计工作效率。

第二节　记账凭证账务处理程序

一、记账凭证账务处理程序的特点

记账凭证账务处理程序是指对发生的经济业务，都应先根据原始凭证或原始凭证汇总表编制记账凭证，然后根据各种记账凭证逐笔登记总分类账，并定期编制会计报表的一种账务处理程序。记账凭证账务处理程序是最基本的账务处理程序，也是其他账务处理程序的基础，其主要特点是以记账凭证为依据，逐笔直接登记总分类账。

二、记账凭证账务处理程序的凭证和账簿设置

在记账凭证账务处理程序下，记账凭证的设置可以采用一种通用格式，也可以采用收款凭证、付款凭证和转账凭证三种格式。账簿设置一般采用现金、银行存款日记账和三栏式总分类账；明细账可根据管理需要采用三栏式、多栏式或数量金额式账簿格式。

三、记账凭证账务处理程序的核算步骤

记账凭证账务处理程序的核算步骤为：①根据原始凭证或原始凭证汇总表编制收款凭证、付款凭证和转账凭证等记账凭证；②根据收款凭证、付款凭证登记现金日记账和银行存款日记账；③根据记账凭证和原始凭证或原始凭证汇总表登记各种明细账；④根据记账凭证登记总账；⑤月末，将日记账、明细分类账分别与总分类账核对；⑥根据总分类账、明细分类账资料编制会计报表。

记账凭证账务处理程序的核算步骤，如图 9.1 所示。

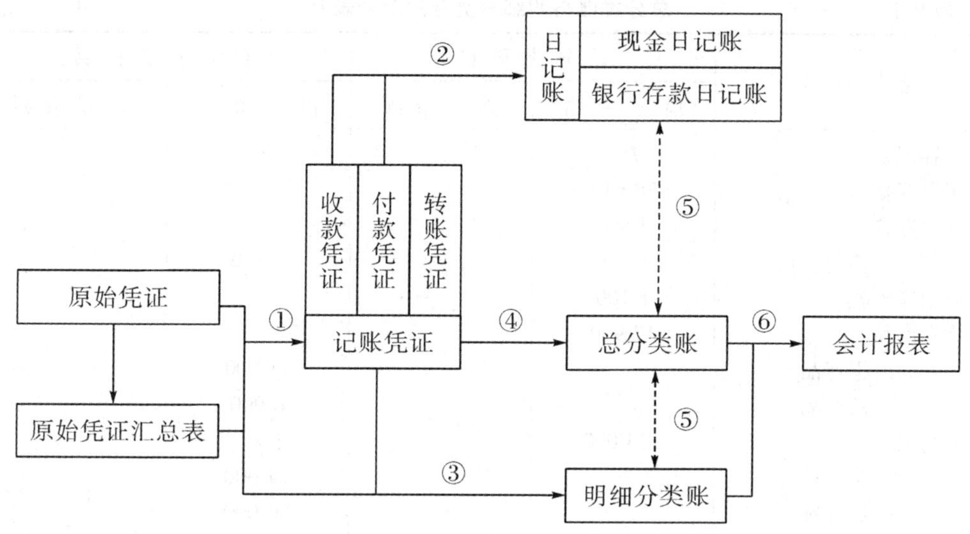

图 9.1　记账凭证账务处理程序核算步骤示意图

四、记账凭证账务处理程序的优缺点和适用范围

由于记账凭证账务处理程序是直接根据记账凭证逐笔登记总分类账，因此其优点在于操作环节少，方法简单明了，易于理解和掌握；总分类账能够比较详细地反映经济业务发生的具体情况，账户之间的对应关系清楚，便于查对账目。但其缺点是，当企业规模较大、经济业务较多时，记账凭证的数量很多，登记总分类账的工作量就很大。因此，它一般适用于规模较小、经济业务较少、日常编制记账凭证不多的单位。

五、记账凭证账务处理程序应用实例

［例 9.1］大丰公司采用记账凭证财务处理程序进行会计核算。

1. 大丰公司 2017 年 10 月期初各总分类账户及有关明细分类账户余额如表 9.1 所示。

2. 大丰公司 2017 年 10 月发生下列各项经济业务（原始凭证略）：

（1）1 日，从兴民公司购 A 材料 7 500 千克，单价 2 元，增值税专用发票上注明的价款为 15 000 元，增值税税款为 2 550 元。全部款项以银行存款支付。

（2）2 日，以银行存款支付前欠林工公司的货款 3 000 元。

（3）3 日，从兴民公司采购的 A 材料 7 500 千克验收入库。

（4）8 日，销售甲产品 40 千克给伟业公司，单价 3 000 元。增值税专用发票上注明的价款为 120 000 元，增值税税款为 20 400 元。全部款项收存银行。

表 9.1　　总分类账与明细分类账户余额表①　　单位：元

会计科目	总分类科目		明细分类科目	
	借方余额	贷方余额	借方余额	贷方余额
库存现金	750			
银行存款	88 610			
应收账款	2 500			
——伟业公司			2 500	
其他应收款	1 100			
库存商品	17 900			
——甲产品			11 000	
——乙产品			6 900	
原材料	124 000			
——A 材料			74 000	
——B 材料			50 000	
生产成本	25 850			
——甲产品			22 100	
——乙产品			3 750	
长期待摊费用	1 090			
固定资产	250 000			
累计折旧		25 000		
短期借款		30 500		
应付账款		3 000		
——林工公司				3 000
应交税费		7 500		
应付股利		27 000		
应付利息		1 950		
实收资本		395 000		
盈余公积		5 000		
本年利润		84 250		
利润分配	67 400			
合　计	579 200	579 200		

（5）9 日，以银行存款支付应付投资者利润 27 000 元。

（6）10 日，从银行提取现金 40 000 元备发工资。

（7）10 日，以现金 40 000 元发放当月工资。

（8）13 日，以现金 300 元支付生产车间办公费。

（9）16 日，销售乙产品 25 千克给伟业公司，单价 2 000 元。增值税专用发票上注明的价款为 50 000 元，增值税税款为 8 500 元。货款暂欠。

（10）17 日，以银行存款支付广告费 1 500 元。

① 为节省篇幅，对本月无期初余额的总账科目及明细科目未予列示。

（11）18 日，收到伟业公司通过银行支付的货款 35 100 元。

（12）21 日，以银行存款支付电费 3 000 元，其中甲产品耗用 1 500 元，乙产品耗用 1 000 元，生产车间照明耗用 300 元，行政管理部门耗用 200 元。

（13）25 日，销售甲产品 10 千克给伟业公司，单价 3 000 元。增值税专用发票上注明的价款为 30 000 元，增值税税款为 5 100 元。款项收到存入银行。

（14）26 日，以银行存款支付 2013 年 1 月 1 日至 2017 年 12 月 31 日的报纸杂志费 1 000 元。

（15）28 日，从林工公司购 B 材料 1 000 千克，单价 5 元，增值税专用发票上注明价款为 5 000 元，增值税税款为 850 元。款项暂欠，材料尚未验收。

（16）31 日，按规定的折旧率计提本月固定资产折旧费 4 500 元。其中生产车间使用固定资产折旧 4 000 元，行政管理部门使用固定资产折旧 500 元。

（17）31 日，生产车间本月耗用水费 910 元，行政管理部门本月耗用水费 300 元。款未付。

（18）31 日，摊销应由本月负担的长期待摊费用 1 090 元。该项费用全部由生产车间负担。

（19）31 日，分配本月工资费用 40 000 元。其中生产车间工人工资 30 000 元（甲产品 20 000 元，乙产品 10 000 元），生产车间管理人员工资 6 000 元，行政管理部门人员工资 4 000 元。

（20）31 日，本月发出材料汇总如下：A 材料 75 000 元，其中甲产品耗用 65 000 元，乙产品耗用 7 500 元，生产车间一般耗用 2 500 元。耗用 B 材料 45 000 元，其中甲产品耗用 4 000 元，乙产品耗用 40 000 元，生产车间一般耗用 500 元，行政管理部门耗用 500 元。

（21）31 日，计算并结转本月发生的制造费用 15 600 元，其中甲产品 10 400 元，乙产品 5 200 元。

（22）31 日，本月甲产品完工 48 千克验收入库，单位成本为 2 000 元，结转其生产成本 96 000 元。乙产品完工 40 千克验收入库，单位成本 1 380 元，结转其生产成本 55 200 元。

（23）31 日，结转本月销售成本 134 500 元，其中 50 千克甲产品销售成本 100 000 元，25 千克乙产品销售成本 34 500 元。

（24）31 日，将本月各项收入、费用结转到“本年利润”账户。

（25）31 日，按 25%的税率计算本月应纳所得税额 14 625 元。

（26）31 日，将本月所得税 14 625 元结转到“本年利润”账户。

（27）31 日，计提本月盈余公积 4 121 元。

3. 填制记账凭证

根据以上所发生的经济业务取得的原始凭证，填制收款凭证、付款凭证和转账凭证如下（见表 9. 2~表 9. 29）。

表 9.2　　付款凭证

总 01 号

贷方科目：银行存款　　日期：2017 年 10 月 1 日　　银付字第 01 号

摘　要	借方科目		金　额	记账（√）
	总账科目	明细科目		
购 A 材料 7 500 千克	在途物资	A 材料	15 000	
	应交税金	应交增值税	2 550	
附单据 2 张	合　计		17 550	

核准：　　复核：　　记账：　　制单：×××

表 9.3　　付款凭证

总 02 号

贷方科目：银行存款　　日期：2017 年 10 月 2 日　　银付字第 02 号

摘　要	借方科目		金　额	记账（√）
	总账科目	明细科目		
支付前欠林工公司货款	应付账款	林工公司	3 000	
附单据 2 张	合　计		3 000	

核准：　　复核：　　记账：　　制单：×××

表 9.4　　转账凭证

总 03 号

日期：2017 年 10 月 3 日　　转字第 01 号

摘　要	总账科目	明细科目	借方金额	贷方金额	记账（√）
A 材料 7 500 千克验收	原材料	A 材料	15 000		
	在途物资	A 材料		15 000	
附单据 2 张	合　计		15 000	15 000	

核准：　　复核：　　记账：　　制单：×××

表 9.5　　收款凭证

总 04 号

借方科目：银行存款　　日期：2017 年 10 月 8 日　　银收字第 01 号

摘　要	贷方科目		金　额	记账（√）
	总账科目	明细科目		
销售甲产品 25 千克	主营业务收入	甲产品	120 000	
	应交税费	应交增值税	20 400	
附单据 2 张	合　计		140 400	

核准：　　复核：　　记账：　　制单：×××

表 9.6　　付款凭证

总 05 号

贷方科目：银行存款　　日期：2017 年 10 月 9 日　　银付字第 03 号

摘　要	借方科目		金　额	记账（√）
	总账科目	明细科目		
支付应付投资者利润	应付股利		27 000	
附单据 2 张	合　计		27 000	

核准：　　复核：　　记账：　　制单：×××

表 9.7　　付款凭证

总 06 号

贷方科目：银行存款　　日期：2017 年 10 月 10 日　　银付字第 04 号

摘　要	借方科目		金　额	记账（√）
	总账科目	明细科目		
提取现金	库存现金		40 000	
附单据 1 张	合　计		40 000	

核准：　　复核：　　记账：　　制单：×××

表 9.8 **付款凭证**

总 07 号

贷方科目：库存现金　　日期：2017 年 10 月 10 日　　现付字第 01 号

摘　要	借方科目		金　额	记账（√）
	总账科目	明细科目		
发放工资	应付职工薪酬		40 000	
附单据 1 张	合　计		40 000	

核准：　　复核：　　记账：　　制单：×××

表 9.9 **付款凭证**

总 08 号

贷方科目：库存现金　　日期：2017 年 10 月 13 日　　现付字第 02 号

摘　要	借方科目		金　额	记账（√）
	总账科目	明细科目		
支付车间办公费	制造费用		300	
附单据 1 张	合　计		300	

核准：　　复核：　　记账：　　制单：×××

表 9.10 **转账凭证**

总 09 号

日期：2017 年 10 月 16 日　　转字第 02 号

摘　要	总账科目	明细科目	借方金额	贷方金额	记账（√）
销售乙产品 25 千克	应收账款	伟业公司	58 500		
	主营业务收入	乙产品		50 000	
	应交税费	应交增值税		8 500	
附单据 1 张	合　计		58 500	58 500	

核准：　　复核：　　记账：　　制单：×××

表 9.11　　付款凭证

总 10 号

贷方科目：银行存款　　日期：2017 年 10 月 17 日　　银付字第 05 号

摘　要	借方科目		金　额	记账（√）
	总账科目	明细科目		
支付广告费	销售费用		1 500	
附单据 2 张	合　计		1 500	

核准：　　复核：　　记账：　　制单：×××

表 9.12　　收款凭证

总 11 号

借方科目：银行存款　　日期：2017 年 10 月 18 日　　银收字第 02 号

摘　要	贷方科目		金　额	记账（√）
	总账科目	明细科目		
收到货款	应收账款	伟业公司	35 100	
附单据 2 张	合　计		35 100	

核准：　　复核：　　记账：　　制单：×××

表 9.13　　付款凭证

总 12 号

贷方科目：银行存款　　日期：2017 年 10 月 21 日　　银付字第 06 号

摘　要	借方科目		金　额	记账（√）
	总账科目	明细科目		
支付电费	生产成本	甲产品	1 500	
	生产成本	乙产品	1 000	
	制造费用		300	
	管理费用		200	
附单据 1 张	合　计		3 000	

核准：　　复核：　　记账：　　制单：×××

表 9.14　　**收款凭证**

总 13 号

借方科目：银行存款　　日期：2017 年 10 月 25 日　　银收字第 03 号

摘　要	贷方科目		金　额	记账（√）
	总账科目	明细科目		
销售甲产品 10 千克	主营业务收入	甲产品	30 000	
	应交税费	应交增值税	5 100	
附单据 2 张	合　计		35 100	

核准：　　复核：　　记账：　　制单：×××

表 9.15　　**付款凭证**

总 14 号

贷方科目：银行存款　　日期：2017 年 10 月 26 日　　银付字第 07 号

摘　要	借方科目		金　额	记账（√）
	总账科目	明细科目		
支付 2013 年至 2017 年	长期待摊费用		1 000	
报纸杂志费				
附单据 2 张	合　计		1 000	

核准：　　复核：　　记账：　　制单：×××

表 9.16　　**转账凭证**

总 15 号

日期：2017 年 10 月 28 日　　转字第 03 号

摘　要	总账科目	明细科目	借方金额	贷方金额	记账（√）
购 B 材料 1 000 千克	在途物资	B 材料	5 000		
	应交税费	应交增值税	850		
	应付账款	林工公司	4	5 850	
附单据 1 张	合　计		5 850	5 850	

核准：　　复核：　　记账：　　制单：×××

表 9.17　　转账凭证

总 16 号

日期：2017 年 10 月 31 日　　转字第 04 号

摘　要	总账科目	明细科目	借方金额	贷方金额	记账(√)
计提本月折旧	制造费用		4 000		
	管理费用		500		
	累计折旧			4 500	
附单据 1 张	合　计		4 500	4 500	

核准：　　复核：　　记账：　　制单：×××

表 9.18　　转账凭证

总 17 号

日期：2017 年 10 月 31 日　　转字第 05 号

摘　要	总账科目	明细科目	借方金额	贷方金额	记账(√)
本月耗用水费	制造费用		910		
	管理费用		300		
	其他应付款			1 210	
附单据 1 张	合　计		1 210	1 210	

核准：　　复核：　　记账：　　制单：×××

表 9.19　　转账凭证

总 18 号

日期：2017 年 10 月 31 日　　转字第 06 号

摘　要	总账科目	明细科目	借方金额	贷方金额	记账(√)
摊销本月待摊费用	制造费用		1 090		
	长期待摊费用			1 090	
附单据 1 张	合　计		1 090	1 090	

核准：　　复核：　　记账：　　制单：×××

表 9.20　　　　　　　　转账凭证

总 19 号

日期：2017 年 10 月 31 日　　　　转字第 07 号

摘　要	总账科目	明细科目	借方金额	贷方金额	记 账（√）
分配本月工资费用	生产成本	甲产品	20 000		
	生产成本	乙产品	10 000		
	制造费用		6 000		
	管理费用		4 000		
	应付职工薪酬			40 000	
附单据 1 张	合　计		40 000	40 000	

核准：　　　　复核：　　　　记账：　　　　制单：×××

表 9.21　　　　　　　　转账凭证

总 20 号

日期：2017 年 10 月 31 日　　　　转字第 08 号

摘　要	总账科目	明细科目	借方金额	贷方金额	记 账（√）
分配本月材料费用	生产成本	甲产品	69 000		
	生产成本	乙产品	47 500		
	制造费用		3 000		
	管理费用		500		
	原材料	A 材料		75 000	
	原材料	B 材料		45 000	
附单据 1 张	合　计		120 000	120 000	

核准：　　　　复核：　　　　记账：　　　　制单：×××

表 9.22　　　　　　　　转账凭证

总 21 号

日期：2017 年 10 月 31 日　　　　转字第 09 号

摘　要	总账科目	明细科目	借方金额	贷方金额	记 账（√）
分配本月制造费用	生产成本	甲产品	10 400		
	生产成本	乙产品	5 200		
	制造费用			15 600	
附单据 1 张	合　计		15 600	15 600	

核准：　　　　复核：　　　　记账：　　　　制单：×××

表 9.23　　转账凭证

总 22 号

日期：2017 年 10 月 31 日　　转字第 10 号

摘　要	总账科目	明细科目	借方金额	贷方金额	记 账（√）
结转本月完工产品成本	库存商品	甲产品	96 000		
	库存商品	乙产品	55 200		
	生产成本	甲产品		96 000	
	生产成本	乙产品		55 200	
附单据 1 张	合　计		151 200	151 200	

核准：　　复核：　　记账：　　制单：×××

表 9.24　　转账凭证

总 23 号

日期：2017 年 10 月 31 日　　转字第 11 号

摘　要	总账科目	明细科目	借方金额	贷方金额	记 账（√）
结转本月完工产品成本	主营业务成本	甲产品	100 000		
	主营业务成本	乙产品	34 500		
	库存商品	甲产品		100 000	
	库存商品	乙产品		34 500	
附单据 1 张	合　计		134 500	134 500	

核准：　　复核：　　记账：　　制单：×××

表 9.25　　转账凭证

总 24 1/2 号

日期：2017 年 10 月 31 日　　转字第 12 1/2 号

摘　要	总账科目	明细科目	借方金额	贷方金额	记 账（√）
结转本月各项收入	主营业务收入	甲产品	150 000		
	主营业务收入	乙产品	50 000		
	本年利润			200 000	
附单据 1 张	合　计		200 000	200 000	

核准：　　复核：　　记账：　　制单：×××

表 9.26　　　　转账凭证

总 24 2/2 号

日期：2017 年 10 月 31 日　　　　转字第 12 2/2 号

摘　要	总账科目	明细科目	借方金额	贷方金额	记 账（√）
结转本月各项费用	本年利润		141 500		
	主营业务成本	甲产品		100 000	
	主营业务成本	乙产品		34 500	
	管理费用			5 500	
	销售费用			1 500	
附单据 1 张	合　计		141 500	141 500	

核准：　　　　复核：　　　　记账：　　　　制单：×××

表 9.27　　　　转账凭证

总 25 号

日期：2017 年 10 月 31 日　　　　转字第 13 号

摘　要	总账科目	明细科目	借方金额	贷方金额	记 账（√）
计算本月所得税	所得税费用		14 625		
	应交税费	应交所得税		14 625	
附单据 1 张	合　计		14 625	14 625	

核准：　　　　复核：　　　　记账：　　　　制单：×××

表 9.28　　　　转账凭证

总 26 号

日期：2017 年 10 月 31 日　　　　转字第 14 号

摘　要	总账科目	明细科目	借方金额	贷方金额	记 账（√）
结转本月所得税	本年利润		14 625		
	所得税费用			14 625	
附单据 1 张	合　计		14 625	14 625	

核准：　　　　复核：　　　　记账：　　　　制单：×××

表 9.29　　　　转账凭证

总 27 号

日期：2017 年 10 月 31 日　　　　转字第 15 号

摘　要	总账科目	明细科目	借方金额	贷方金额	记 账（√）
计提本月盈余公积	利润分配		4 121		
	盈余公积			4 121	
附单据 1 张	合　计		4 121	4 121	

核准：　　复核：　　记账：　　制单：×××

4. 登记日记账

根据填制和审核无误的收款凭证和付款凭证，逐日登记现金日记账和银行存款日记账。月末，全部业务登记入账，经核对无误后予以结账（见表 9.30~表 9.31）。

表 9.30　　　　现金日记账　　　　单位：元

2017 年		凭　证		摘　要	对方科目	借方	贷方	余额
月	日	字	号					
10	1			期初余额				750
	10	银付	4	提现	银行存款	40 000		40 750
	10	现付	1	支付工资	应付职工薪酬		40 000	750
	13	现付	2	支付车间办公费	制造费用		300	450
	31			本月合计		40 000	40 300	450

注：账簿中“本月合计”栏粗线部分表示使用红墨水画线（下同）。

表 9.31　　银行存款日记账　　单位：元

2017年		凭证		摘要	对方科目	借方	贷方	余额
月	日	字	号					
10	1			期初余额				88 610
	1	银付	1	购A材料	在途物资		17 550	71 060
	1	银付	2	付林工公司货款	应付账款		3 000	68 060
	8	银收	1	销售甲产品	主营业务收入	120 000		188 060
	8	银收	1	销售甲产品	应交税费	20 400		208 460
	9	银付	3	付投资者利润	应付股利		27 000	181 460
	10	银付	4	提现	库存现金		40 000	141 460
	17	银付	5	付广告费	销售费用		1 500	139 960
	18	银收	2	收到伟业公司货款	应收账款	35 100		175 060
	21	银付	6	付电费	生产成本等		3 000	172 060
	25	银收	3	销售甲产品	主营业务收入	35 100		207 160
	26	银付	7	2013—2017年报纸杂志费	长期待摊费用		1 000	206 160
	31			本月合计		210 600	93 050	206 160

5. 登记明细分类账

根据以上填制和审核无误的记账凭证并结合有关原始凭证，登记各明细分类账。月末，将全部业务登记入账，在核对无误后进行结账（见表 9.32~表 9.39）。

本例中，只列示了部分主要明细分类账的登记方法，其他明细分类的登记方法类同，不再重复。

表 9.32　　应收账款明细分类账（一）

户名：伟业公司　　单位：元

2017年		凭证		摘要	借方	贷方	借或贷	余额
月	日	字	号					
10	1			期初余额			借	2 500
	16	转	2	赊销乙产品	58 500		借	61 000
	18	银收	2	收到货款		35 100	借	25 900
	31			本月合计	58 500	35 100	借	25 900

表 9.33 应付账款明细分类账（一）

户名：林工公司 单位：元

2017年		凭证		摘要	借方	贷方	借或贷	余额
月	日	字	号					
10	1			期初余额			贷	3 000
	1	银付	2	支付货款	3 000		平	0
	28	转	3	赊购B材料		58 500	贷	58 500
	31			本月合计	3000	58 500	贷	58 500

表 9.34 原材料明细分类账（一）

材料名称：A材料

2017年		凭证		摘要	收入			发出			结存		
月	日	字	号		数量（千克）	单价（元）	金额（元）	数量（千克）	单价（元）	金额（元）	数量（千克）	单价（元）	金额（元）
10	1			期初余额							37 000	2	74 000
	3	转	1	购入	7 500	2	15 000				44 500	2	89 000
	31	转	8	本月领用				37 500	2	75 000	7 000	2	14 000
	31			本月合计	7 500	2	15 000	37 500	2	75 000	7 000	2	14 000

表 9.35 原材料明细分类账（二）

材料名称：B材料

2017年		凭证		摘要	收入			发出			结存		
月	日	字	号		数量（千克）	单价（元）	金额（元）	数量（千克）	单价（元）	金额（元）	数量（千克）	单价（元）	金额（元）
10	1			期初余额							10 000	5	50 000
	31	转	8	本月领用				9 000	5	45 000	1 000	5	5 000
	31			本月合计				9 000	5	45 000	1 000	5	5 000

表 9.36　　库存商品明细分类账（一）

材料名称：甲商品

2017 年		凭证		摘要	收入			发出			结存		
月	日	字	号		数量（千克）	单价（元）	金额（元）	数量（千克）	单价（元）	金额（元）	数量（千克）	单价（元）	金额（元）
10	1			期初余额							5.5	2 000	11 000
	31	转	10	入库	48	2 000	96 000				53.5	2 000	107 000
	31	转	11	销售				50	2 000	100 000	3.5	2 000	7 000
	31			本月合计	48	2 000	96 000	50	2 000	100 000	3.5	2 000	7 000

表 9.37　　库存商品明细分类账（二）

材料名称：乙商品

2017 年		凭证		摘要	收入			发出			结存		
月	日	字	号		数量（千克）	单价（元）	金额（元）	数量（千克）	单价（元）	金额（元）	数量（千克）	单价（元）	金额（元）
10	1			期初余额							5	1 380	6 900
	31	转	10	入库	40	1 380	55 200				45	1 380	62 100
	31	转	11	销售				25	1 380	34 500	20	1 380	27 600
	31			本月合计	40	1 380	55 500	25	1 380	34 500	20	1 380	27 600

表 9.38　　生产成本明细分类账（一）

产品名称：甲产品　　　　单位：元

2017 年		凭证		摘要	借方发生额				转出
月	日	字	号		原材料	工资	制造费用	合计	
10	1			期初余额	16 500	3 600	2 000	22 100	
	21	银付	6	电费	1 500			23 600	
	31	转	7	工资		20 000		43 600	
	31	转	8	材料费	69 000			112 600	
	31	转	9	制造费用			10 400	123 000	
	31			本月合计	70 500	20 000	10 400	123 000	
	31	转	10	结转完工产品成本	69 900	16 100	10 000		96 000
	31			期末余额	17 100	7 500	2 400	27 000	

表 9.39　　**生产成本明细分类账（二）**

产品名称：乙产品　　单位：元

2017年		凭证		摘要	借方发生额				转出
月	日	字	号		原材料	工资	制造费用	合计	
10	1			期初余额	2 700	550	500	3 750	
	21	银付	6	电费	1 000			4 750	
	31	转	7	工资		10 000		14 750	
	31	转	8	材料费	47 500			62 250	
	31	转	9	制造费用			5 200	67 450	
	31			本月合计	48 500	10 000	5 200	67 450	
	31	转	10	结转完工产品成本	41 500	9 000	4 700		55 200
	31			期末余额	9 700	1 550	1 000	12 250	

6. 登记总分类账

根据记账凭证登记有关总分类账簿。月末，将全部业务登记入账，在核对无误后进行结账（见表 9.40～表 9.66）。

根据记账凭证登记总分类账以后，记账人员应在记账凭证的“记账”栏中标明记账的符号“√”，并在最后一行的“记账”后面签名。

表 9.40　　**总分类账**

科目：库存现金　　第　页

2017年		凭证		摘要	借方	贷方	借或贷	余额
月	日	字	号					
10	1			期初余额			借	750
	10	银付	4	提现	40 000		借	40 750
	10	现付	1	支付工资		40 000	借	750
	13	现付	2	支付车间办公费		300	借	450
	31			本月合计	40 000	40300	借	450

表 9.41　　　　**总分类账**

科目：银行存款　　　　第　页

2017 年		凭证		摘要	借方	贷方	借或贷	余额
月	日	字	号					
10	1			期初余额			借	88 610
	1	银付	1	购 A 材料		17 550	借	71 060
	1	银付	2	付林工公司货款		3 000	借	68 060
	8	银收	1	销售甲产品	140 400		借	208 460
	9	银付	3	付投资者利润		27 000	借	181 460
	10	银付	4	提现		40 000	借	141 460
	17	银付	5	付广告费		1 500	借	139 960
	18	银收	2	收到伟业公司货款	35 100		借	350 120
	21	银付	6	付电费		3 000	借	175 060
	25	银收	3	销售甲产品	35 100		借	207 160
	26	银付	7	2013—2017 年报纸杂志费		1 000	借	206 160
	31			本月合计	210 600	93 050	借	206 160

表 9.42　　　　**总分类账**

科目：应收账款　　　　第　页

2017 年		凭证		摘要	借方	贷方	借或贷	余额
月	日	字	号					
10	1			期初余额			借	2 500
	16	转	2	赊销乙产品	58 500		借	61 000
	18	银收	2	收到伟业公司货款		35 100	借	25 900
	31			本月合计	58 500	35 100	借	25 900

表 9.43　　　　**总分类账**

科目：其他应收款　　　　第　页

2017 年		凭证		摘要	借方	贷方	借或贷	余额
月	日	字	号					
10	1			期初余额			借	1 100
	31			本月合计			借	1 100

表 9.44　　总分类账

科目：在途物资　　第　页

2017 年		凭　证		摘　要	借方	贷方	借或贷	余额
月	日	字	号					
10	1			期初余额			平	0
	1	银付	1	购 A 材料 7 500 千克	15 000		借	15 000
	3	转	1	A 材料 7 500 千克入库		15 000	平	0
	28	转	3	购 B 材料 5 000 千克	5 000		借	5 000
	31			本月合计	20 000	15 000	借	5 000

表 9.45　　总分类账

科目：原材料　　第　页

2017 年		凭　证		摘　要	借方	贷方	借或贷	余额
月	日	字	号					
10	1			期初余额			借	124 000
	3	转	1	A 材料 7 500 千克入库	15 000		借	139 000
	31	转	8	本月耗用		120 000	借	19 000
	31			本月合计	15 000	120 000	借	19 000

表 9.46　　总分类账

科目：库存商品　　第　页

2017 年		凭　证		摘　要	借方	贷方	借或贷	余额
月	日	字	号					
10	1			期初余额			借	17 900
	31	转	10	完工产品入库	151 200		借	169 100
	31	转	11	结转本月产品销售成本		134 500	借	34 600
	31			本月合计	151 200	134 500	借	34 600

表 9.47 总分类账

科目：长期待摊费用 第 页

2017年		凭证		摘要	借方	贷方	借或贷	余额
月	日	字	号					
10	1			期初余额			借	1 090
	26	银付	7	2013—2017 年报刊费	1 000		借	2 090
	31	转	6	摊销本月费用		1 090	借	1 000
	31			本月合计	1 000	1 090	借	1 000

表 9.48 总分类账

科目：固定资产 第 页

2017年		凭证		摘要	借方	贷方	借或贷	余额
月	日	字	号					
10	1			期初余额			借	250 000
	31			本月合计			借	250 000

表 9.49 总分类账

科目：累计折旧 第 页

2017年		凭证		摘要	借方	贷方	借或贷	余额
月	日	字	号					
10	1			期初余额			贷	25 000
	31	转	4	计提本月折旧		4 500	贷	29 500
	31			本月合计		4 500	贷	29 500

表 9.50 总分类账

科目：短期借款 第 页

2017年		凭证		摘要	借方	贷方	借或贷	余额
月	日	字	号					
10	1			期初余额			贷	30 500
	31			本月合计			贷	30 500

表 9.51　　总分类账

科目：应付账款　　第　页

2017年		凭证		摘要	借方	贷方	借或贷	余额
月	日	字	号					
10	1			期初余额			贷	3 000
	2	银付	2	付林工公司货款	3 000		平	0
	28	转	3	从林工公司赊购B材料		5 850	贷	5 850
	31			本月合计	3 000	5 850	贷	5 850

表 9.52　　总分类账

科目：应付职工薪酬　　第　页

2017年		凭证		摘要	借方	贷方	借或贷	余额
月	日	字	号					
10	1			期初余额			平	0
	10	银付	1	支付工资	40 000		借	40 000
	31	转	7	分配工资费用		40 000	平	0
	31			本月合计	40 000	40 000	平	0

表 9.53　　总分类账

科目：应交税费　　第　页

2017年		凭证		摘要	借方	贷方	借或贷	余额
月	日	字	号					
10	1			期初余额			贷	7 500
	1	银付	1	购A材料进项税	2 550		贷	4 950
	8	银收	1	售甲产品销项税		20 400	贷	25 350
	16	转	2	售乙产品销项税		8 500	贷	33 850
	25	银收	3	售甲产品销项税		5 100	贷	38 950
	28	转	3	购B材料进项税	850		贷	38 100
	31	转	13	计算本月所得税		14 625	贷	52 725
	31			本月合计	3 400	48 625	贷	52 725

表 9.54　　总分类账

科目：应付股利　　第　页

2017 年		凭证		摘　要	借方	贷方	借或贷	余额
月	日	字	号					
10	1			期初余额			贷	27 000
	9	银付	3	付投资者利润	27 000		平	0
	31			本月合计	27 000		平	0

表 9.55　　总分类账

科目：实收资本　　第　页

2017 年		凭证		摘　要	借方	贷方	借或贷	余额
月	日	字	号					
10	1			期初余额			贷	395 000
	31			本月合计			贷	395 000

表 9.56　　总分类账

科目：其他应付款　　第　页

2017 年		凭证		摘　要	借方	贷方	借或贷	余额
月	日	字	号					
10	1			期初余额			平	0
	31	转	5	本月水费未付		1 210	贷	1 210
	31			本月合计		1 210	贷	1 210

表 9.57　　总分类账

科目：盈余公积　　第　页

2017 年		凭证		摘　要	借方	贷方	借或贷	余额
月	日	字	号					
10	1			期初余额			贷	5 000
	31	转	15	提取盈余公积		4 121	贷	9 121
	31			本月合计		4 121	贷	9 121

表 9.58　　总分类账

科目：制造费用　　第　页

2017年		凭证		摘要	借方	贷方	借或贷	余额
月	日	字	号					
10	1			期初余额			平	0
	13	现付	2	车间办公费	300		借	300
	21	银付	6	电费	300		借	600
	31	转	4	折旧费	4 000		借	4 600
	31	转	5	水费	910		借	5 510
	31	转	6	摊销待摊费用	1 090		借	6 100
	31	转	7	工资	6 000		借	12 600
	31	转	8	材料费	3 000		借	15 600
	31	转	9	结转至“生产成本”		15 600	平	0
	31			本月合计	15 600	15 600	平	0

表 9.59　　总分类账

科目：生产成本　　第　页

2017年		凭证		摘要	借方	贷方	借或贷	余额
月	日	字	号					
10	1			期初余额			借	25 850
	21	银付	6	电费	2 500		借	28 350
	31	转	7	工资	30 000		借	58 350
	31	转	8	材料费	116 500		借	174 850
	31	转	9	制造费用	15 600		借	190 450
	31	转	10	结转完工产品成本		151 200	借	39 250
	31			本月合计	164 600	151 200	借	39 250

表 9.60　　总分类账

科目：主营业务收入　　第　页

2017年		凭证		摘要	借方	贷方	借或贷	余额
月	日	字	号					
10	1			期初余额			平	0
	8	银收	1	销售甲产品		120 000	贷	120 000
	16	转	2	销售乙产品		50 000	贷	170 000
	25	银收	3	销售甲产品		30 000	贷	200 000

表9.60(续)

2017年		凭证		摘要	借方	贷方	借或贷	余额
月	日	字	号					
	31	转	12 1/2	结转至“本年利润”	200 000		平	0
	31			本月合计	200 000	200 000	平	0

表 9.61 **总分类账**

科目：主营业务成本　　第　页

2017年		凭证		摘要	借方	贷方	借或贷	余额
月	日	字	号					
10	1			期初余额			平	0
	31	转	13	结转本月产品销售成本	134 500		借	134 500
	31	转	12 2/2	结转至“本年利润”		134 500	平	0
	31			本月合计	134 500	134 500	平	0

表 9.62 **总分类账**

科目：管理费用　　第　页

2017年		凭证		摘要	借方	贷方	借或贷	余额
月	日	字	号					
10	1			期初余额			平	0
	21	银付	6	电费	200		借	200
	31	转	4	折旧费	500		借	700
	31	转	5	本月水费	300		借	1 000
	31	转	7	工资	4 000		借	5 000
	31	转	8	耗用材料	500		借	5 500
	31	转	12 2/2	结转至“本年利润”		5 500	平	0
	31			本月合计	5 500	5 500	平	0

表 9.63　　总分类账

科目：销售费用　　第　页

2017 年		凭证		摘要	借方	贷方	借或贷	余额
月	日	字	号					
10	1			期初余额			平	0
	17	银付	5	广告费	1 500		借	1 500
	31	转	12 2/2	结转至“本年利润”		1 500	平	0
	31			本月合计	1 500	1 500	平	0

表 9.64　　总分类账

科目：所得税费用　　第　页

2017 年		凭证		摘要	借方	贷方	借或贷	余额
月	日	字	号					
10	1			期初余额			平	0
	31	转	13	计算所得税费用	14 625		借	14 625
	31	转	14	结转至“本年利润”		14 625	平	0
	31			本月合计	14 625	14 625	平	0

表 9.65　　总分类账

科目：本年利润　　第　页

2017 年		凭证		摘要	借方	贷方	借或贷	余额
月	日	字	号					
10	1			期初余额			贷	84 250
	31	转	12 1/2	结转本月各项收入		200 000	贷	284 000
	31	转	12 2/2	结转本月各项费用	141 500		贷	142 750
	31	转	14	结转所得税费用	14 625		贷	128 125
	31			本月合计	156 125	200 000	贷	128 125

表 9.66 总分类账

科目：利润分配 第 页

2017年		凭证		摘要	借方	贷方	借或贷	余额
月	日	字	号					
10	1			期初余额			借	67 400
	31	转	15	计提盈余公积	4 121		借	71 521
	31			本月合计	4 121		借	71 521

7. 编制试算平衡表

月末，根据核对无误的总分类账和明细分类账的记录，编制“总分类科目发生额及余额试算平衡表”① （见表 9.67），并进行试算平衡。由于总分类账与其所属明细分类账的试算平衡的方法相同，在此不再列示。

8. 编制会计报表

月末，经过试算平衡后，根据核对无误的总分类账和明细分类账的记录或试算平衡表的资料，编制“资产负债表”和“利润表”（见表 9.68～表 9.69 ）。

表 9.67 总分类账与明细分类账户余额表 单位：元

序号	会计科目	期初余额		本期发生额		期末余额	
		借方	贷方	借方	贷方	借方	贷方
1	库存现金	750		40 000	40 300	450	
2	银行存款	88 610		210 600	93 050	206 160	
3	应收账款	2 500		58 500	35 100	25 900	
4	其他应收款	1 100				1 100	
5	库存商品	17 900		151 200	134 500	34 600	
6	在途物资			20 000	15 000	5 000	
7	原材料	124 000		15 000	120 000	19 000	
8	长期待摊费用	1 090		1 000	1 090	1 000	
9	固定资产	250 000				250 000	
10	累计折旧		25 000		4 500		29 500
11	短期借款		30 500				30 500
12	应付账款		3 000	3 000	5 850		5 850
13	其他应付款				1 210		1 210
14	应付职工薪酬			40 000	40 000		
15	应交税费		7 500	3 400	48 625		52 725
16	应付股利		27 000	27 000			
17	应付利息		1 950				1 950

① 明细分类账本月发生额及余额略（下同）。

表9.67(续)

序号	会计科目	期初余额		本期发生额		期末余额	
		借方	贷方	借方	贷方	借方	贷方
18	实收资本		395 000				395 000
19	盈余公积		5 000		4 121		9 121
20	主营业务收入			200 000	200 000		
21	主营业务成本			134 500	134 500		
22	管理费用			5 500	5 500		
23	销售费用			1 500	1 500		
24	所得税费用			14 625	14 625		
25	制造费用			15 600	15 600		
26	生产成本	25 850		164 600	151 200	39 250	
27	本年利润		84 250	156 125	200 000		128 125
28	利润分配	67 400		4 121		71 521	
合　计		579 200	579 200	1 266 271	1 266 271	653 981	653 981

表 9.68　　**资产负债表**

编制单位：大丰公司　　2017 年 10 月　　单位：元

资 产	行次	年初余额	期末余额	负债及所有者权益（或股东权益）	行次	年初余额	期末余额
流动资产：				流动负债：			
货币资金			206 610	短期借款			30 500
交易性金融资产				交易性金融负债			
应收票据				应付票据			
应收账款			25 900	应付账款			5 850
预付账款				预收账款			
应收利息				应付职工薪酬			
其他应收款			1 100	应交税费			52 725
存货			97 850	应付利息			1 950
1 年内到期的非流动资产				应付股利			
其他流动资产		（略）		其他应付款		（略）	1 210
流动资产合计			331 460	预计负债			
非流动资产：				1 年内到期的非流动负债			
可供出售金融资产				其他流动负债			
持有至到期投资				流动负债合计			92 235
投资性房地产				非流动负债：			
长期股权投资				长期借款			
长期应付款				应付债券			
固定资产			220 500	长期应付款			
在建工程				递延所得税负债			
工程物资				其他非流动负债			

表9. 68(续)

资 产	行次	年初余额	期末余额	负债及所有者权益（或股东权益）	行次	年初余额	期末余额
固定资产清理				非流动负债合计			
无形资产				负债合计			92 235
长期待摊费用			1 000	所有者权益（或股东权益）：			
递延所得税资产							
其他非流动资产				实收资本（或股本）			395 000
非流动资产合计		（略）	221 500	资本公积		（略）	
				盈余公积			9 121
				未分配利润			56 604
				减：库存股			
				所有者权益（或股东权益）合计			460 725
资产总计			552 960	负债及所有者权益（或股东权益）总计			552 960

表 9. 69 **利润表**

编制单位：大丰公司 2017 年 10 月 单位：元

项 目	行次	本期余额	上期余额
一、营业收入		200 000	
减：营业成本		134 500	
税金及附加			
销售费用		1 500	
管理费用		5 500	
财务费用			
资产减值损失			
加：公允价值变动净收益（损失以“-”填列）			
投资收益（损失以“-”填列）			
其中：对联营企业和合资企业的投资收益			（略）
二、营业利润（亏损以“-”填列）		58 500	
加：营业外收入			
减：营业外支出			
其中：非流动资产处置损失			
三、利润总额（亏损以“-”填列）		58 500	
减：所得税费用		14 625	
四、净利润（净亏损以“-”填列）		43 875	
五、每股收益			
（一）基本每股收益			
（二）稀释每股收益			

第三节　科目汇总表账务处理程序

一、科目汇总表账务处理程序的特点

科目汇总表账务处理程序是指对发生的经济业务，根据原始凭证或原始凭证汇总表编制记账凭证，定期（如3天、5天、10天或1个月）将所有的记账凭证汇总编制科目汇总表，然后再根据科目汇总表分次或月末一次登记总分类账，并编制会计报表的一种账务处理程序。科目汇总表账务处理程序的主要特点是，根据记账凭证定期编制科目汇总表，然后以科目汇总表为依据登记总分类账。

二、科目汇总表账务处理程序下凭证和账簿设置

采用这种账务处理程序，在凭证设置上除设置收款凭证、付款凭证和转账凭证外，为了定期将全部记账凭证进行汇总，还应另设置科目汇总表。而在账簿设置上，应设置现金日记账、银行存款日记账及各种明细分类账和总分类账，其格式与记账凭证账务处理程序基本相同。

科目汇总表，也称为记账凭证汇总表，是将一定时期内的全部记账凭证，按科目进行归类而编制的一种记账凭证。其内容和格式一般如表9.70、表9.71所示。在实际工作中，如果企业实行每旬汇总一次，每月编制一张科目汇总表，月末一次登记总分类账的方法，则采用表9.70所示的科目汇总表，除此可采用表9.71所示的科目汇总表。

表9.70　　科目汇总表

日期：　年　月　　编号：

凭证起讫号数自　　号起至　　号止　　单位：元

会计科目	1~10日		11~20日		21~31日		合 计		总账页数
	借方	贷方	借方	贷方	借方	贷方	借方	贷方	
合　计									

核准：　　复核：　　记账：　　制单：

表 9.71 科目汇总表

日期： 年 月 日至 年 月 日 编号：

凭证起讫号数自 号起至 号止 单位：元

会计科目	借方金额	√	贷方金额	√
合 计				

核准： 复核： 记账： 制单：

科目汇总表的编制方法是：首先，将所有总分类账科目填入在科目汇总表“会计科目”栏内；其次，根据收款凭证、付款凭证和转账凭证上的记录，按照相同的会计科目归类，定期汇总每一个会计科目的借方发生额和贷方发生额，并将发生额填入科目汇总表的相应栏目内，对于现金和银行存款科目的借、贷方发生额也可以根据现金日记账和银行存款日记账的收支数填列，而不再根据收款凭证和付款凭证归类汇总填列。最后，按会计科目汇总后，应加总借方、贷方发生额，进行发生额的试算平衡。

三、科目汇总表账务处理程序的核算步骤

科目汇总表账务处理程序的核算步骤为：①经济业务发生后，根据取得的原始凭证或原始凭证汇总表编制收款凭证、付款凭证和转账凭证等记账凭证；②根据收款凭证、付款凭证逐日逐笔登记现金日记账和银行存款日记账；③根据收款凭证、付款凭证和转账凭证等记账凭证和原始凭证（或原始凭证汇总表）登记各明细分类账；④根据一定时期的所有记账凭证汇总编制科目汇总表；⑤根据定期编制的科目汇总表登记总分类账；⑥月末，将现金日记账、银行存款日记账的余额与总分类中的“库存现金”“银行存款”账户进行核对，各明细分类账户余额分别与其总分类账户余额进行核对；⑦月末，根据核对无误的总分类账、明细分类账资料编制会计报表。

科目汇总表账务处理程序的核算步骤如图 9.2 所示。

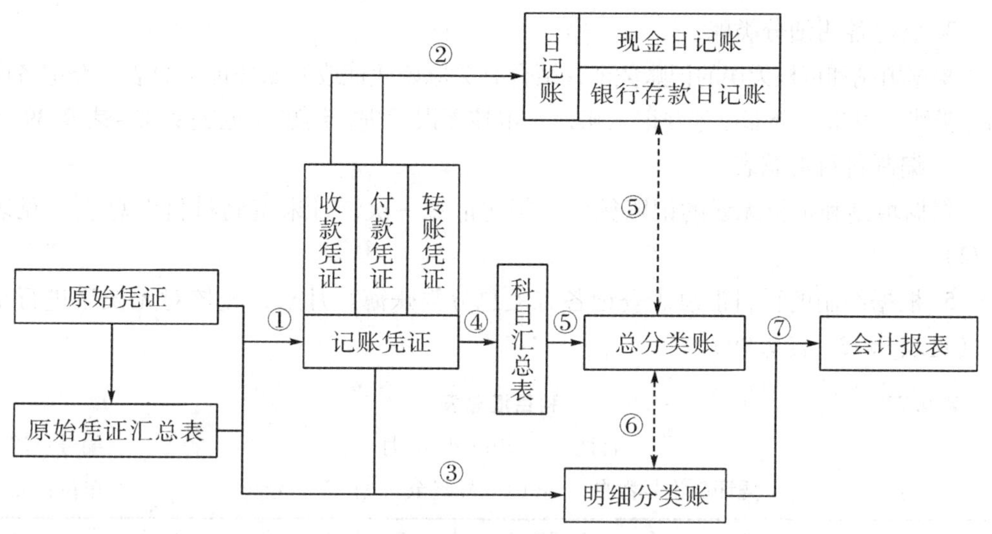

图 9.2　科目汇总表账务处理程序核算步骤示意图

四、科目汇总表账务处理程序的优缺点及适应范围

由于在科目汇总表账务处理程序下，不直接根据记账凭证而是先定期根据填制的记账凭证编制科目汇总表，再据此登记总分类账。因此其主要优点是大大简化了登记总账的工作量，并且通过编制科目汇总表，可以将各科目本期借、贷方发生额的合计数进行试算平衡，及时发现填制凭证和汇总过程中的错误，从而保证记账工作的质量。但其缺点在于科目汇总表不分对应科目进行汇总，不能反映各科目间的对应关系，不便于对经济业务进行分析和检查；如果记账凭证较多，根据记账凭证编制科目汇总表本身也是一项很繁杂的工作；若记账凭证较少，运用科目汇总表登记总账又起不到简化登记总账的效果。所以，这种账务处理程序一般适用于规模较大、经济业务较多的企业和单位。

五、科目汇总表账务处理程序应用实例

这里仍以［例 9.1］中的资料说明科目汇总表账务处理程序的核算过程。

［例 9.2］2017 年 10 月，大丰公司期初各总分类账户及有关明细分类账户余额和发生的经济业务见［例 9.1］。

1. 根据所发生的经济业务取得的原始凭证，填制收款凭证、付款凭证和转账凭证（见表 9.2~表 9.29）。

2. 登记日记账

根据填制和审核无误的收款凭证和付款凭证，逐日逐笔登记现金日记账和银行存款日记账。月末，全部业务登记入账，核对无误后进行结账（见表 9.30~表 9.31）。

3. 登记各明细分类账

根据填制和审核无误的记账凭证，结合有关原始凭证或原始凭证汇总表，登记各明细分类账。月末，全部业务登记入账，并审核无误后进行结账（见表9.32~表9.39）。

4. 编制科目汇总表

根据填制和审核无误的记账凭证，每旬汇总一次，月末编制科目汇总表（见表9.72）。

5. 根据编制的科目汇总表登记各有关总分类账簿。月末，经核对无误后进行结账（见表9.73~表9.99）。

表9.72　科目汇总表

日期：　2017年10月　　编号：10

凭证起讫号数自　总01　号起至　总27　号止　　单位：元

会计科目	1~10日		11~20日		21~31日		合计		总账页数
	借方	贷方	借方	贷方	借方	贷方	借方	贷方	
库存现金	40 000	40 000		300			40 000	40 300	
银行存款	140 400	87 550	35 100	1 500	35 100	4 000	210 600	93 050	
应收账款			58 500	35 100			58 500	35 100	
其他应收款									
库存商品					151 200	134 500	151 200	134 500	
在途物资	15 000	15 000			5 000		20 000	15 000	
原材料	15 000					120 000	15 000	120 000	
长期待摊费用					1 000	1 090	1 000	1 090	
固定资产									
累计折旧						4 500		4 500	
短期借款									
应付账款	3 000					5 850	3 000	5 850	
应付职工薪酬	40 000					40 000	40 000	40 000	
应交税费	2 550	20 400		8 500	850	19 725	3 400	48 625	
应付股利	27 000						27 000		
其他应付款						1 210		1 210	
制造费用			300		15 300	15 600	15 600	15 600	
生产成本					164 600	151 200	164 600	151 200	
实收资本									
盈余公积						4 121		4 121	
本年利润					156 125	200 000	156 125	200 000	
利润分配					4 121		4 121		
主营业务收入		120 000		50 000	200 000	30 000	200 000	200 000	
主营业务成本					134 500	134 500	134 500	134 500	

表9.72(续)

会计科目	1~10日		11~20日		21~31日		合计		总账页数
	借方	贷方	借方	贷方	借方	贷方	借方	贷方	
管理费用					5 500	5 500	5 500	5 500	
销售费用			1 500			1 500	1 500	1 500	
所得税费用					14 625	14 625	14 625	14 625	
合　计	282 950	282 950	95 400	95 400	887 921	887 921	1 266 271	1 266 271	

核准：　　复核：　　记账：　　制单：

表9.73　　**总分类账**

科目：库存现金　　第　页

2017年		凭证		摘要	借方	贷方	借或贷	余额
月	日	字	号					
10	1			期初余额			借	750
	31	科汇	10	1日至31日发生额	40 000	40 300	借	450
	31			本月合计	40 000	40 300	借	450

表9.74　　**总分类账**

科目：银行存款　　第　页

2017年		凭证		摘要	借方	贷方	借或贷	余额
月	日	字	号					
10	1			期初余额			借	88 610
	31	科汇	10	1日至31日发生额	210 600	93 050	借	206 160
	31			本月合计	210 600	93 050	借	206 160

表9.75　　**总分类账**

科目：应收账款　　第　页

2017年		凭证		摘要	借方	贷方	借或贷	余额
月	日	字	号					
10	1			期初余额			借	2 500
	31	科汇	10	1日至31日发生额	58 500	35 100	借	25 900
	31			本月合计	58 500	35 100	借	25 900

表 9.76　　总分类账

科目：其他应收款　　第　页

2017 年		凭证		摘要	借方	贷方	借或贷	余额
月	日	字	号					
10	1			期初余额			借	1 100
	31			本月合计			借	1 100

表 9.77　　总分类账

科目：在途物资　　第　页

2017 年		凭证		摘要	借方	贷方	借或贷	余额
月	日	字	号					
10	1			期初余额			平	0
	31	科汇	10	1 日至 31 日发生额	20 000	15 000	借	5 000
	31			本月合计	20 000	15 000	借	5 000

表 9.78　　总分类账

科目：原材料　　第　页

2017 年		凭证		摘要	借方	贷方	借或贷	余额
月	日	字	号					
10	1			期初余额			借	124 000
	31	科汇	10	1 日至 31 日发生额	15 000	120 000	借	19 000
	31			本月合计	15 000	120 000	借	19 000

表 9.79　　总分类账

科目：库存商品　　第　页

2017 年		凭证		摘要	借方	贷方	借或贷	余额
月	日	字	号					
10	1			期初余额			借	17 900
	31	科汇	10	1 日至 31 日发生额	151 200	134 500	借	34 600
	31			本月合计	151 200	134 500	借	34 600

表 9.80　　总分类账

科目：长期待摊费用　　第　页

2017 年		凭　证		摘　　要	借方	贷方	借或贷	余额
月	日	字	号					
10	1			期初余额			借	1 090
	31	科汇	10	1 日至 31 日发生额	1 000	1 090	借	1 000
	31			本月合计	1 000	1 090	借	1 000

表 9.81　　总分类账

科目：固定资产　　第　页

2017 年		凭　证		摘　　要	借方	贷方	借或贷	余额
月	日	字	号					
10	1			期初余额			借	250 000
	31			本月合计			借	250 000

表 9.82　　总分类账

科目：累计折旧　　第　页

2017 年		凭　证		摘　　要	借方	贷方	借或贷	余额
月	日	字	号					
10	1			期初余额			贷	25 000
	31	科汇	10	1 日至 31 日发生额		4 500	贷	29 500
	31			本月合计		4 500	贷	29 500

表 9.83　　总分类账

科目：短期借款　　第　页

2017 年		凭　证		摘　　要	借方	贷方	借或贷	余额
月	日	字	号					
10	1			期初余额			贷	30 500
	31			本月合计			贷	30 500

表 9.84　　总分类账

科目：应付账款　　第　页

2017 年		凭　证		摘　要	借方	贷方	借或贷	余额
月	日	字	号					
10	1			期初余额			贷	3 000
	31	科汇	10	1 日至 31 日发生额	3 000	5 850	贷	5 850
	31			本月合计	3 000	5 850	贷	5 850

表 9.85　　总分类账

科目：应付职工薪酬　　第　页

2017 年		凭　证		摘　要	借方	贷方	借或贷	余额
月	日	字	号					
10	1			期初余额			平	0
	31	科汇	10	1 日至 31 日发生额	40 000	40 000	平	0
	31			本月合计	40 000	40 000	平	0

表 9.86　　总分类账

科目：应交税费　　第　页

2017 年		凭　证		摘　要	借方	贷方	借或贷	余额
月	日	字	号					
10	1			期初余额			贷	7 500
	31	科汇	10	1 日至 31 日发生额	3 400	48 625	贷	52 725
	31			本月合计	3 400	48 625	贷	52 725

表 9.87　　总分类账

科目：应付股利　　第　页

2017 年		凭　证		摘　要	借方	贷方	借或贷	余额
月	日	字	号					
10	1			期初余额			贷	27 000
	31	科汇	10	1 日至 31 日发生额	27 000		平	0
	31			本月合计	27 000		平	0

表 9.88　　　　总分类账

科目：其他应付款　　　　第　页

2017 年		凭　证		摘　要	借方	贷方	借或贷	余额
月	日	字	号					
10	1			期初余额			平	0
	31	科汇	10	1 日至 31 日发生额		1 210	贷	1 210
	31			本月合计		1 210	贷	1 210

表 9.89　　　　总分类账

科目：实收资本　　　　第　页

2017 年		凭　证		摘　要	借方	贷方	借或贷	余额
月	日	字	号					
10	1			期初余额			贷	395 000
	31			本月合计		395 000	贷	395 000

表 9.90　　　　总分类账

科目：盈余公积　　　　第　页

2017 年		凭　证		摘　要	借方	贷方	借或贷	余额
月	日	字	号					
10	1			期初余额			贷	5 000
	31	科汇	10	1 日至 31 日发生额		4 121	贷	9 121
	31			本月合计		4 121	贷	9 121

表 9.91 总分类账

科目：主营业务收入 第 页

2017年		凭证		摘要	借方	贷方	借或贷	余额
月	日	字	号					
10	1			期初余额			平	0
	31	科汇	10	1日至31日发生额	200 000	200 000	平	0
	31			本月合计	200 000	200 000	平	0

表 9.92 总分类账

科目：主营业务成本 第 页

2017年		凭证		摘要	借方	贷方	借或贷	余额
月	日	字	号					
10	1			期初余额			平	0
	31	科汇	10	1日至31日发生额	134 500	134 500	平	0
	31			本月合计	134 500	134 500	平	0

表 9.93 总分类账

科目：管理费用 第 页

2017年		凭证		摘要	借方	贷方	借或贷	余额
月	日	字	号					
10	1			期初余额			平	0
	31	科汇	10	1日至31日发生额	5 500	5 500	平	0
	31			本月合计	5 500	5 500	平	0

表 9.94 总分类账

科目：销售费用 第 页

2017年		凭证		摘要	借方	贷方	借或贷	余额
月	日	字	号					
10	1			期初余额			平	0
	31	科汇	10	1日至31日发生额	1 500	1 500	平	0
	31			本月合计	1 500	1 500	平	0

表 9.95　　总分类账

科目：所得税费用　　第　页

2017年		凭证		摘要	借方	贷方	借或贷	余额
月	日	字	号					
10	1			期初余额			平	0
	31	科汇	10	1日至31日发生额	14 625	14 625	平	0
	31			本月合计	14 625	14 625	平	0

表 9.96　　总分类账

科目：制造费用　　第　页

2017年		凭证		摘要	借方	贷方	借或贷	余额
月	日	字	号					
10	1			期初余额			平	0
	31	科汇	10	1日至31日发生额	15 600	15 600	平	0
	31			本月合计	15 600	15 600	平	0

表 9.97　　总分类账

科目：生产成本　　第　页

2017年		凭证		摘要	借方	贷方	借或贷	余额
月	日	字	号					
10	1			期初余额			借	25 850
	31	科汇	10	1日至31日发生额	164 600	151 200	借	39 250
	31			本月合计	164 600	151 200	借	39 250

表 9.98　　总分类账

科目：本年利润　　第　页

2017年		凭证		摘要	借方	贷方	借或贷	余额
月	日	字	号					
10	1			期初余额			贷	84 250
	31	科汇	10	1日至31日发生额	156 125	200 000	贷	128 125
	31			本月合计	156 125	200 000	贷	128 125

表9.99　　总分类账

科目：利润分配　　第　页

2017年		凭证		摘要	借方	贷方	借或贷	余额
月	日	字	号					
10	1			期初余额			借	67 400
	31	科汇	10	1日至31日发生额	4 121		借	71 521
	31			本月合计	4 121		借	71 521

7. 编制会计报表

月末，将总分类账与日记账、明细分类账进行核对，并经过总分类账和明细分类账的余额及发生额试算平衡后，根据其记录资料，编制本月“资产负债表”和“利润表”（见表9.68、表9.69）。

第四节　汇总记账凭证账务处理程序

一、汇总记账凭证账务处理程序的特点

汇总记账凭证账务处理程序是指对企业发生的经济业务，根据取得的原始凭证或原始凭证汇总表先编制收款凭证、付款凭证和转账凭证，再定期按收款凭证、付款凭证和转账凭证分别归类汇总编制汇总记账凭证，然后根据汇总记账凭证登记总分类账的一种账务处理程序。这种账务处理程序的特点是定期按收款凭证、付款凭证和转账凭证分类汇总编制汇总记账凭证，然后再根据汇总记账凭证登记总分类账。

二、汇总记账凭证账务处理程序下凭证和账簿设置

采用汇总记账凭证账务处理程序，除仍应设置收款凭证、付款凭证和转账凭证外，还要设置汇总收款凭证、汇总付款凭证和汇总转账凭证，在各种汇总记账凭证中都应反映账户的对应关系。由于在这种账务处理程序下汇总记账凭证反映了账户的对应关系，为了使总分类账的内容与各种汇总记账凭证相一致，总分类账应采用除借、贷两栏外应增设“对方科目”专栏的格式，以便于清晰地反映科目之间的对应关系。其日记账、明细账的格式与记账凭证账务处理程序基本相同。

汇总记账凭证的编制方法是：汇总收款凭证是按照“库存现金”“银行存款”科目的借方设置，按其对应的贷方科目分设专行（见表9.100）。具体编制时，按借方科目“库存现金”或“银行存款”科目对应的贷方科目进行归类汇总，将同一贷方科目的发生额相加计算得到的合计数填入汇总收款凭证的“金额”栏，同时在“贷方科目”栏填入相应的会计科目。全部贷方科目合计数填完之后，计算出总合计数填入最后一行的“合计”栏。

表 9.100　　汇总收款凭证

借方科目：　　　　年　月　　　　第　号

贷方科目	金额				总账页数	
	1日~10日 凭证　号	11日~20日 凭证　号	21日~31日 凭证　号	合　计	借方	贷方
合　计						

核准：　　　　复核：　　　　记账：　　　　制单：

汇总付款凭证是按照“库存现金”“银行存款”科目的贷方设置，按其对应的借方科目分设专行（见表 9.101）。其编制方法是按贷方科目“库存现金”或“银行存款”科目对应的借方科目进行归类汇总，将同一借方科目的发生额相加计算得到的合计数填入汇总付款凭证的“金额”栏，同时在“借方科目”栏填入相应的会计科目。全部借方科目合计数填完之后，计算出总合计数填入最后一行的“合计”栏。

汇总收款和付款凭证一般每 5 天或 10 天按照科目的对应关系汇总填列一次，每月填制一张，月终计算出合计数以登记总账各有关科目。由于库存现金与银行存款之间相互收付的业务只填制付款凭证，不填制收款凭证，因而库存现金汇总收款凭证所汇总的现金收入金额不全，其中，从银行提取现金的业务，因作银行存款付款凭证，应汇总在银行存款付款汇总凭证之中。同样，银行存款汇总收款凭证所汇总的银行存款收入金额也不全，其中，现金存入银行的业务，由于只作库存现金付款凭证，因此，也只能汇总在库存现金汇总付款凭证之中。但在登记总分类账以后，总分类账的“库存现金”“银行存款”账户就可汇总反映两个科目的全部借贷发生额。

表 9.101　　汇总付款凭证

贷方科目：　　　　年　月　　　　第　号

借方科目	金额				总账页数	
	1日~10日 凭证　号	11日~20日 凭证　号	21日~31日 凭证　号	合　计	借方	贷方
合　计						

核准：　　　　复核：　　　　记账：　　　　制单：

汇总转账凭证是对一定时期的全部转账凭证进行汇总编制而成的一种汇总记账凭证。在转账业务所填制的记账凭证中，借方科目可能有很多不同的科目，贷方科目也可能有很多不同的科目。汇总转账凭证以哪一方科目设置，从理论上讲既可以按会计科目的借方设置，也可以按贷方设置，但不可以按借、贷两方同时设置，这样双方对应账户的发生额无疑是重复的，会造成重复过账。由于一般经济业务大都是一借一贷和多借一贷形式居多，因此，汇总转账凭证一般按照贷方科目分别设置，即一定时期的全部转账凭证中有多少个不同的贷方科目，汇总时就要编制多少张汇总转账凭证。其格式见表 9. 102。

表 9. 102　　汇总转账凭证

贷方科目：　　年　月　　第　号

借方科目	金　额				总账页数	
	1 日 ~ 10 日 凭证　号	11 日 ~ 20 日 凭证　号	21 日 ~ 31 日 凭证　号	合　计	借方	贷方
合　计						

核准：　　复核：　　记账：　　制单：

具体编制时，按汇总转账凭证的某贷方科目所对应的借方科目进行归类汇总，将同一借方科目的发生额相加的合计数填入汇总转账凭证的“金额”栏，同时在“借方科目”栏填入相应的会计科目。月末，全部借方科目合计数填完之后，计算出总合计数并填入最后一行的“合计”栏。

汇总转账凭证一般每 5 天或 10 天汇总一次，分别按贷方科目每月编制一张，月末时，将全月发生额一次登记到总分类账的各相关账户中。应当注意的是，在汇总转账凭证中，贷方发生额的合计数不一定是该科目的全部贷方发生额。这是因为，涉及“库存现金”“银行存款”收款业务的，其贷方发生额填列在汇总收款凭证中。例如，收到销售商品收入 120 000 元，存入银行。这项业务的会计分录为：“借：银行存款 120 000，贷：主营业务收入 120 000”。与“银行存款”相对应的贷方科目“主营业务收入”的发生额 120 000 元，填列在银行存款的汇总收款凭证中，见表 9. 103；在主营业务收入的汇总转账凭证中就不再重复汇总，见表 9. 117。但在汇总收款凭证和汇总转账凭证登记总账后，就可以汇总反映涉及有关科目的全部发生额。

三、汇总记账凭证账务处理程序的核算步骤

汇总记账凭证账务处理程序的核算步骤为：①经济业务发生后，根据取得的原始凭证或原始凭证汇总表编制收款凭证、付款凭证和转账凭证；②根据收款凭证、付款凭证逐日逐笔登记现金日记账和银行存款日记账；③根据收款凭证、付款凭证

和转账凭证等记账凭证和原始凭证（或原始凭证汇总表）登记明细账；④根据一定时期内的全部记账凭证，分别按收款凭证、付款凭证和转账凭证编制汇总收款凭证、汇总付款凭证和汇总转账凭证凭证；⑤根据定期编制的汇总记账凭证登记总分类账；⑥月末，将现金日记账、银行存款日记账的余额与总分类账中的“库存现金”科目、“银行存款”账户的余额进行核对，将各明细分类账户余额合计数与总分类账中相应总账科目的余额进行核对；⑦月末，根据核对无误的总分类账、明细分类账资料编制会计报表。

汇总记账凭证账务处理程序一般步骤如图 9.3 所示。

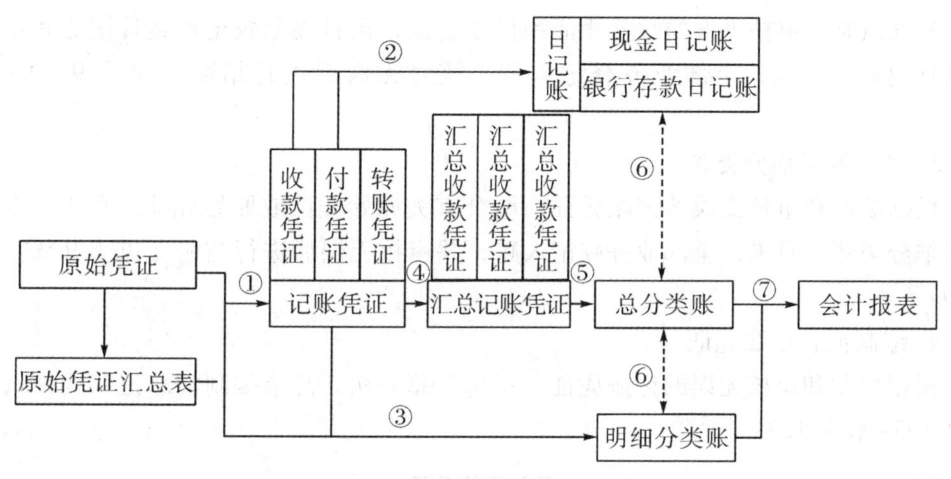

图 9.3 汇总记账凭证账务处理程序核算步骤示意图

四、汇总记账凭证账务处理程序的优缺点及适应范围

汇总记账凭证账务处理程序同记账凭证账务处理程序，和科目汇总表账务处理程序相比，汇总记账凭证是根据记账凭证按照科目对应关系进行归类、汇总编制的，因而便于了解有关账户之间的相互关系，克服了科目汇总表账务处理程序所存在的缺点。同时，由于总分类账是根据汇总记账凭证于月终时一次登记入账，因此就克服了在记账凭证账务处理程序下记账凭证逐笔登记总账的缺点，大大简化了总账登记工作。但是，这种账务处理程序的汇总转账凭证是按贷方科目而不是按经济业务性质归类、汇总的，不利于日常核算工作的合理分工。同时，编制汇总记账凭证工作量也较大。因此，这种账务处理程序适用于规模较大、业务较多的企业。业务量较少的企业，同一贷方科目的转账凭证不多，据以编制汇总转账凭证，不但不能减少工作量，反而会增加凭证的汇总手续，因此，不适合采用这种程序。

五、汇总记账凭证账务处理程序应用实例

这里仍以［例 9.1］的资料说明汇总记账凭证账务处理程序的核算过程。

［例 9.3］2017 年 10 月，大丰公司期初各总分类账户及有关明细分类账户余额和发生的经济业务见［例 9.1］。

1. 根据所发生的经济业务取得的原始凭证，填制收款凭证、付款凭证和转账凭证（见表 9.2~表 9.29）。

2. 登记日记账

根据填制和审核无误的收款凭证和付款凭证，逐日逐笔登记现金日记账和银行存款日记账。月末，全部业务登记入账，核对无误后进行结账（见表 9.30~表 9.31）。

3. 登记各明细分类账

根据填制和审核无误的记账凭证，结合有关原始凭证或原始凭证汇总表，登记各明细分类账。月末，全部业务登记入账，并审核无误后进行结账（见表 9.32~表 9.39）。

4. 编制汇总记账凭证

根据填制和审核无误的记账凭证，每旬汇总一次，月末编制汇总记账凭证（见表 9.103~表 9.123）。

表 9.103　　汇总收款凭证

借方科目：银行存款　　2017 年 10 月　　汇收 第 01 号

贷方科目	金额				总账页数	
	1 日~10 日凭证银收字 01 号	11 日~20 日凭证银收字 02 号	21 日~31 日凭证银收字 03 号	合　计	借方	贷方
主营业务收入	120 000		30 000	150 000		
应交税费	20 400		5 100	25 500		
应收账款		35 100		35 100		
合　计	140 400	35 100	35 100	210 600		

核准：　　复核：　　记账：　　制单：

表 9.104　　汇总付款凭证

贷方科目：银行存款　　2017 年 10 月　　汇付第 01 号

借方科目	金　　额				总账页数	
	1 日～10 日凭证 银付字 01～04 号	11 日～20 日凭证 银付字 05 号	21 日～31 日凭证 银付字 06～07 号	合　　计	借方	贷方
在途物资	15 000			15 000		
应交税费	2 550			2 550		
应付账款	3 000			3 000		
应付股利	27 000			27 000		
库存现金	40 000			40 000		
销售费用		1 500		1 500		
生产成本			2 500	2 500		
制造费用			300	300		
管理费用			200	200		
长期待摊费用			1 000	1 000		
合　计	87 550	1 500	4 000	93 050		

核准：　　复核：　　记账：　　制单：

表 9.105　　汇总付款凭证

贷方科目：库存现金　　2017 年 10 月　　汇付 第 02 号

借方科目	金　　额				总账页数	
	1 日～10 日凭证 现付字 01 号	11 日～20 日凭证 现付字 02 号	21 日～31 日 凭证　　号	合　　计	借方	贷方
应付职工薪酬	40 000			40 000		
制造费用		300		300		
合　计	40 000	300		40 300		

核准：　　复核：　　记账：　　制单：

表 9.106　　汇总转账凭证

贷方科目：在途物资　　2017 年 10 月　　汇转第 01 号

借方科目	金　　额				总账页数	
	1 日～10 日凭证 转字 01 号	11 日～20 日 凭证　　号	21 日～31 日 凭证　　号	合　　计	借方	贷方
原材料	15 000			15 000		
合　计	15 000			15 000		

核准：　　复核：　　记账：　　制单：

表 9.107　　汇总转账凭证

贷方科目：原材料　　2017 年 10 月　　汇转第 02 号

借方科目	金额				总账页数	
	1 日~10 日 凭证　号	11 日~20 日 凭证　号	21 日~31 日 凭证转字 08 号	合　计	借方	贷方
生产成本			116 500	116 500		
制造费用			3 000	3 000		
管理费用			500	500		
合　计			120 000	120 000		

核准：　　复核：　　记账：　　制单：

表 9.108　　汇总转账凭证

贷方科目：库存商品　　2017 年 10 月　　汇转第 03 号

借方科目	金额				总账页数	
	1 日~10 日 凭证　号	11 日~20 日 凭证　号	21 日~31 日 凭证转字 11 号	合　计	借方	贷方
主营业务成本			134 500	134 500		
合　计			134 500	134 500		

核准：　　复核：　　记账：　　制单：

表 9.109　　汇总转账凭证

贷方科目：生产成本　　2017 年 10 月　　汇转第 04 号

借方科目	金额				总账页数	
	1 日~10 日 凭证　号	11 日~20 日 凭证　号	21 日~31 日 凭证转字 10 号	合　计	借方	贷方
库存商品			151 200	151 200		
合　计			151 200	151 200		

核准：　　复核：　　记账：　　制单：

表 9.110　　　　　　　　　　**汇总转账凭证**

贷方科目：长期待摊费用　　　　　2017 年 10 月　　　　　汇转第 05 号

借方科目	金额				总账页数	
	1 日~10 日 凭证　号	11 日~20 日 凭证　号	21 日~31 日 凭证转字 06 号	合　计	借方	贷方
制造费用			1 090	1 090		
合　计			1 090	1 090		

核准：　　　　复核：　　　　记账：　　　　制单：

表 9.111　　　　　　　　　　**汇总转账凭证**

贷方科目：累计折旧　　　　　2017 年 10 月　　　　　汇转第 06 号

借方科目	金额				总账页数	
	1 日~10 日 凭证　号	11 日~20 日 凭证　号	21 日~31 日凭 证转字 04 号	合　计	借方	贷方
制造费用			4 000	4 000		
管理费用			500	500		
合　计			4 500	4 500		

核准：　　　　复核：　　　　记账：　　　　制单：

表 9.112　　　　　　　　　　**汇总转账凭证**

贷方科目：应付账款　　　　　2017 年 10 月　　　　　汇转第 07 号

借方科目	金额				总账页数	
	1 日~10 日 凭证　号	11 日~20 日 凭证　号	21 日~31 日凭 证转字 03 号	合　计	借方	贷方
在途物资			5 000	5 000		
应交税费			850	850		
合　计			5 850	5 850		

核准：　　　　复核：　　　　记账：　　　　制单：

表 9.113　　**汇总转账凭证**

贷方科目：应付职工薪酬　　2017 年 10 月　　汇转第 08 号

借方科目	金额				总账页数	
	1 日~10 日凭证　号	11 日~20 日凭证　号	21 日~31 日凭证转字 07 号	合　计	借方	贷方
生产成本			30 000	30 000		
制造费用			6 000	6 000		
管理费用			4 000	4 000		
合　计			40 000	40 000		

核准：　　复核：　　记账：　　制单：

表 9.114　　**汇总转账凭证**

贷方科目：应交税费　　2017 年 10 月　　汇转第 09 号

借方科目	金额				总账页数	
	1 日~10 日凭证　号	11 日~20 日凭证转字 02 号	21 日~31 日凭证转字 13 号	合　计	借方	贷方
应收账款		8 500		8 500		
所得税费用			14 625	14 625		
合　计		8 500	14 625	23 125		

核准：　　复核：　　记账：　　制单：

表 9.115　　**汇总转账凭证**

贷方科目：其他应付款　　2017 年 10 月　　汇转第 10 号

借方科目	金额				总账页数	
	1 日~10 日凭证　号	11 日~20 日凭证　号	21 日~31 日凭证转字 05 号	合　计	借方	贷方
制造费用			910	910		
管理费用			300	300		
合　计			1 210	1 210		

核准：　　复核：　　记账：　　制单：

表 9.116　　汇总转账凭证

贷方科目：盈余公积　　2017 年 10 月　　汇转第 11 号

借方科目	金额				总账页数	
	1 日~10 日凭证转字　号	11 日~20 日凭证　号	21 日~31 日凭证转字 15 号	合　计	借方	贷方
利润分配			4 121	4 121		
合　计			4 121	4 121		

核准：　　复核：　　记账：　　制单：

表 9.117　　汇总转账凭证

贷方科目：主营业务收入　　2017 年 10 月　　汇转第 12 号

借方科目	金额				总账页数	
	1 日~10 日凭证　号	11 日~20 日凭证转字 02 号	21 日~31 日凭证　号	合　计	借方	贷方
应收账款		50 000		50 000		
合　计		50 000		50 000		

核准：　　复核：　　记账：　　制单：

表 9.118　　汇总转账凭证

贷方科目：主营业务成本　　2017 年 10 月　　汇转第 13 号

借方科目	金额				总账页数	
	1 日~10 日凭证转字　号	11 日~20 日凭证　号	21 日~31 日凭证转字 12 2/2 号	合　计	借方	贷方
本年利润			134 500	134 500		
合　计			134 500	134 500		

核准：　　复核：　　记账：　　制单：

表 9.119　　汇总转账凭证

贷方科目：制造费用　　2017 年 10 月　　汇转第 14 号

借方科目	金　　额				总账页数	
	1 日～10 日 凭证　　号	11 日～20 日 凭证　　号	21 日～31 日 凭证转字 09 号	合　　计	借方	贷方
生产成本			15 600	15 600		
合　计			15 600	15 600		

核准：　　复核：　　记账：　　制单：

表 9.120　　汇总转账凭证

贷方科目：管理费用　　2017 年 10 月　　汇转第 15 号

借方科目	金　　额				总账页数	
	1 日～10 日 凭证　　号	11 日～20 日 凭证　　号	21 日～31 日凭证 转字 12 2/2 号	合　　计	借方	贷方
本年利润			5 500	5 500		
合　计			5 500	5 500		

核准：　　复核：　　记账：　　制单：

表 9.121　　汇总转账凭证

贷方科目：销售费用　　2017 年 10 月　　汇转第 16 号

借方科目	金　　额				总账页数	
	1 日～10 日 凭证　　号	11 日～20 日 凭证　　号	21 日～31 日凭证 转字 12 2/2 号	合　　计	借方	贷方
本年利润			1 500	1 500		
合　计			1 500	1 500		

核准：　　复核：　　记账：　　制单：

表 9.122　　汇总转账凭证

贷方科目：所得税费用　　2017 年 10 月　　汇转第 17 号

借方科目	金额				总账页数	
	1 日～10 日 凭证　号	11 日～20 日 凭证　号	21 日～31 日 凭证转字 14 号	合　计	借方	贷方
本年利润			14 625	14 625		
合　计			14 625	14 625		

核准：　　复核：　　记账：　　制单：

表 9.123　　汇总转账凭证

贷方科目：本年利润　　2017 年 10 月　　汇转第 18 号

借方科目	金额				总账页数	
	1 日～10 日 凭证　号	11 日～20 日 凭证　号	21 日～31 日凭证 转字 12 1/2 号	合　计	借方	贷方
主营业务收入			200 000	200 000		
合　计			200 000	200 000		

核准：　　复核：　　记账：　　制单：

5. 月末，根据编制的汇总记账凭证登记总分类账并进行结账

登记总分类账时，将汇总收款凭证的合计数，记入总分类账户中“库存现金”或“银行存款”账户借方，以及有关账户的贷方；将汇总付款凭证的合计数，记入总分类账户中“库存现金”或“银行存款”账户的贷方，以及有关账户的借方；将汇总转账凭证的合计数，记入总分类账户中有关账户的借方和相应账户的贷方。为节省篇幅，这里只列示“库存现金”“银行存款”“原材料”和“应付职工薪酬”等总分类账的账簿记录（见表 9.124～表 9.127），其余从略。

表 9.124　　总分类账

科目：库存现金　　第　页

2017 年		凭　证		摘　要	对方科目	借方	贷方	借或贷	余额
月	日	字	号						
10	1			期初余额				借	750
	31	汇付	01	本月发生额	银行存款	40 000		借	40 750
	31	汇付	03	本月发生额	应付职工薪酬		40 000		
					制造费用		300		
	31			本月合计		40 000	40 300	借	450

表 9.125　　总分类账

科目：银行存款　　第　页

2017 年		凭证		摘　　要	对方科目	借方	贷方	借或贷	余额
月	日	字	号						
10	1			期初余额				借	88 610
	31	汇收	01	本月发生额	主营业务收入	150 000			
					应交税费	25 500			
					应收账款	35 100		借	299 210
	31	汇付	01	本月发生额	在途物资		15 000		
					应交税费		2 550		
					应付账款		3 000		
					应付股利		27 000		
					库存现金		40 000		
					销售费用		1 500		
					生产成本		2 500		
					制造费用		300		
					管理费用		200		
					长期待摊费用		1 000		
	31			本月合计		210 600	93 050	借	206 160

表 9.126　　总分类账

科目：原材料　　第　页

2017 年		凭证		摘　　要	对方科目	借方	贷方	借或贷	余额
月	日	字	号						
10	1			期初余额				借	124 000
	31	汇转	01	本月发生额	在途物资	15 000		借	139 000
	31	汇转	02	本月发生额	生产成本		116 500		
					制造费用		3 000		
					管理费用		500		
	31			本月合计		15 000	120 000	借	19 000

表 9.127　　　　　　　　　　　　　　　　总分类账

科目：应付职工薪酬　　　　　　　　　　　　　　　　　　　　　　　第　页

2017 年		凭　证		摘　　要	对方科目	借方	贷方	借或贷	余额
月	日	字	号						
10	1			期初余额				平	0
	31	汇付	02	本月发生额	库存现金	40 000		借	40 000
	31	汇转	08	本月发生额	生产成本		30 000		
					制造费用		6 000		
					管理费用		4 000		
	31			本月合计		40 000	40 000	平	0

6. 月末，根据核对无误的总分类账、明细分类账的记录，编制总分类账户及有关明细分类账户的发生额及余额试算平衡表，见表 9.67。

7. 月末，经过试算平衡后，编制“资产负债表”和“利润表”，见表 9.68、表 9.69 。

本章小结

本章介绍了账务处理程序的相关内容，并对记账凭证账务处理程序、科目汇总表账务处理程序和汇总记账凭证账务处理程序进行了实例讲述。

账务处理程序，也称为会计核算形式，是账簿组织、记账程序和记账方法有机结合的方式和步骤。不同的账簿组织、记账程序和记账方法有机地结合，就构成了不同的账务处理程序。在我国，常用的账务处理程序有五种：记账凭证账务处理程序、科目汇总表账务求处理程序、汇总记账凭证账务处理程序、多栏式日记账账务处理程序和日记总账账务处理程序。其中，记账凭证账务处理程序是最基本的一种账务处理程序，其特点是直接根据记账凭证登记总分类账。而其他的账务处理程序都是在其基础上演变出来的，如对填制的记账凭证定期进行汇总，然后根据汇总得到的科目汇总表或汇总记账凭证来登记总分类账，便形成了科目汇总表或汇总记账凭证账务处理程序；再如，在账簿设置上，将三栏式日记账改为多栏式日记账，便形成了多栏式日记账账务处理程序；如将总分类账改为日记总账，则又形成了日记总账账务处理程序。

以上五种账务处理程序存在着许多共同点，它们之间的主要区别体现在登记总分类账的依据和方法不同。不同的账务处理程序有其自身的优缺点和适用范围。

由于各企业的规模大小不同，业务性质各异，管理要求也各有差别。因此，任何企业都应当按照会计准则的要求，结合本企业的实际情况和具体条件，设计和选择适应自身特点的账务处理程序。

思考题

1. 什么是账务处理程序？账务处理程序的核心是什么？

2. 什么是记账凭证账务处理程序？其基本程序是什么？为什么说它是其他账务处理程序的基础？

3. 什么是汇总记账凭证账务处理程序？其基本程序是什么？如何编制汇总记账凭证？

4. 什么是科目汇总表账务处理程序？其基本程序是什么？如何编制科目汇总表？

5. 如何根据企业的实际情况建立账务处理程序？

练习题

【资料】

光华有限责任公司 2017 年 12 月份的有关资料如下：

1. 各账户的月初余额如下表所示。

光华有限责任公司账户余额表　　单位：元

账户名称	借方余额	账户名称	贷方余额
库存现金	925	短期借款	250 000
银行存款	403 075	应付账款	88 950
应收账款	240 000	应付职工薪酬	146 000
其他应收款	750	应交税费	113 000
原材料	143 500	应付利息	7 400
生产成本	129 670	实收资本	1 800 000
库存商品	481 500	盈余公积	310 750
固定资产	2 000 000	本年利润	65 800
长期待摊费用	5 000	利润分配	140 120
		累计折旧	482 400

其中：

（1）“原材料”账户的余额包括：A 材料 1 000 千克，计 635 00 元；B 材料 2 000 千克，计 80 000 元。

（2）“生产成本”账户的余额系 2 000 件甲在产品的成本，包括：直接材料 72 450 元，直接人工 35 550 元，制造费用 21 670 元。

（3）“库存商品”账户的余额包括：甲产品 1 000 件，计 144 000 元；乙产品 2 250 件，计 337 500 元。

（4）“应收账款”账户的余额包括：应收朝阳公司账款 90 000 元，应收硕丰公司账款 150 000 元。

（5）“其他应收款”账户的余额系职工李艳暂借的差旅费。

（6）“应付账款”账户的余额包括：应付春风公司账款 74 100 元，应付春来公司账款 14 850 元。

（7）“应付利息”账户的余额系应付短期贷款利息。

2. 12 月份发生的经济业务如下：

（1）1 日：①收到朝阳公司上月账款 90 000 元，硕丰公司上月账款 100 000 元，存入银行。②向春风公司购入 A 材料 1 000 千克，材料已验收入库，货款 63 600 元尚未支付。运杂费 1 400 元已用银行支票付讫。

（2）2 日，发出 A 材料 1 250 千克。其中，制造甲产品用料 1 000 千克，其余材料系车间一般耗用。

（3）3 日，发出 B 材料 1 500 千克，用于乙产品生产。

（4）4 日：①开出支票支付上月应交税金 113 000 元。②以库存现金 225 元支付零星管理费用。

（5）5 日：①开出支票支付春风公司上月账款。②通过开户银行支付上月所欠职工工资 96 000 元。

（6）6 日：①购入 A 材料 500 千克，已验收入库，开出支票支付货款 22 500 元，材料按实际采购成本计价。②出售甲产品 750 件给朝阳公司，货款 165 000 元尚未收到。

（7）7 日：①收到硕丰公司账款 50 000 元，存入银行。开出支票支付春风公司欠款 44 000 元。完工甲产品 500 件验收入库。

（8）8 日，售给硕丰公司乙产品 500 件，货款 100 000 元尚未收到。以支票支付销售运杂费 5 000 元。

（9）9 日，发出 A 材料 500 千克，用于制造甲产品。

（10）10 日，行政管理人员李艳报销差旅费 725 元，余款交回现金。

（11）11 日，开出支票，金额 10 000 元，捐赠希望工程。

（12）12 日，向春来公司购入 B 材料 1 000 千克，已验收入库。货款 40 000 元尚未支付。以支票付讫运杂费 4 000 元。

(13) 13日，完工甲产品750件，验收入库。

(14) 14日：①售出乙产品750件，价款150 000元存入银行。以银行存款支付运杂费6 000元。②售出甲产品500件，价款115 000元存入银行。

(15) 15日，向春风公司购入A材料1 500千克，货款98 000元尚未支付，材料已验收入库。运杂费6 000元以支票付讫。

(16) 16日：①开出银行支票2 500元，提取现金。用现金购入办公用品325元，直接交行政管理部门使用。②开出支票支付春风公司货款42 500元，支付车间机器零星维修费2 250元。

(17) 17日，向春来公司购入B材料1 500千克，价款60 000元尚未支付，材料已验收入库。

(18) 18日，开出支票付职工医药费7 800元。

(19) 19日，发出A材料1 000千克。其中，用于甲产品750千克。发出B材料1 500千克，用于生产乙产品。

(20) 20日，用支票付春风公司购料款63 600元。

(21) 21日，收到朝阳公司货款80 000元，存入银行。

(22) 22日，向春风公司购入B材料1 500千克，价款60 000元尚未支付，材料已验收入库。以支票支付运杂费6 900元。

(23) 23日，从银行提取现金1 000元，以备日常开支。

(24) 24日，售给朝阳公司甲产品500件，价款115 000元尚未收到。

(25) 25日，用支票付讫销售运杂费5 250元。

(26) 26日，完工甲产品250件，验收入库。

(27) 27日，支付本月水费2 420元，其中车间负担1 490元。

(28) 28日，结算本月电费，其中车间照明2 270元，管理部门照明1 920元，款项尚未支付。

(29) 29日，发出B材料1 200千克，用于乙产品生产。支付违约金5 000元。

(30) 30日，收到朝阳公司账款120 000元，存入银行。

(31) 31日：①结算本月应付职工薪酬110 580元，其中：生产工人人工费用77 520元，并按产品生产工时在甲、乙产品之间进行分配，其中甲产品8 000工时，乙产品9 000工时；车间管理人员人工费用6 840元；公司行政管理人员薪酬26 220元。②摊销长期待摊费用5 000元，其中60%由车间部门负担，其余由行政管理部门负担。③确认本月应负担的借款利息3 700元。④计提本月固定资产折旧11 500元，其中车间部门负担70%。⑤结转本月制造费用，并按产品生产工时在甲、乙产品之间进行分配。⑥甲产品2 000件全部完工，结转其制造成本。⑦结转已售出甲、乙产品的销售成本。⑧结转本月主营业务收入、主营业务成本、管理费用等损益类账户，计算本月利润总额，并按25%的所得税税率计算本年应交所得税金额以及所得税费用，确定本年净利润并结账。

3. 假定材料入库按实际采购成本计价，发出材料及库存商品均按月末一次加权平均法计价。

【要求】

请根据以上资料，分别按记账凭证账务处理程序、汇总记账凭证账务处理程序和科目汇总表账务处理程序，完成下列工作：①编制记账凭证；②登记总分类账、明细分类账和日记账；③结账并编制2017年12月份的试算平衡表；④编制2017年12月31日的资产负债表和2017年12月的利润表。

拓展阅读

一、多栏式日记账账务处理程序

多栏式日记账账务处理程序的特点是设置多栏式现金和银行存款日记账，并据以登记总分类账，一般适用于业务量小、运用会计科目较少的单位。在这种账务处理程序下，记账凭证一般采用收款凭证、付款凭证和转账凭证等专用记账凭证的格式；在账簿设置上，需要设置现金日记账、银行存款日记账、总分类账和明细分类账。现金日记账和银行存款日记账按收入和支出对应的会计科目设置专栏；总分类账一般采用三栏式账页格式；明细分类账则根据核算的需要，可以采用三栏式、数量金额式或多栏式账页格式。多栏式现金日记账的格式见表9.128。

表9.128　　现金日记账①

<table>
<tr><th colspan="2">年</th><th colspan="2">凭证</th><th rowspan="3">摘要</th><th colspan="4">收入</th><th colspan="4">支出</th><th rowspan="3">余额</th></tr>
<tr><th rowspan="2">月</th><th rowspan="2">日</th><th rowspan="2">字</th><th rowspan="2">号</th><th colspan="3">对应账户贷方</th><th rowspan="2">借方合计</th><th colspan="3">对应账户借方</th><th rowspan="2">贷方合计</th></tr>
<tr><th>其他应收款</th><th>银行存款</th><th>⋮</th><th>应付工资</th><th>管理费用</th><th>⋮</th></tr>
<tr><td></td><td></td><td></td><td></td><td></td><td></td><td></td><td></td><td></td><td></td><td></td><td></td><td></td><td></td></tr>
<tr><td></td><td></td><td></td><td></td><td></td><td></td><td></td><td></td><td></td><td></td><td></td><td></td><td></td><td></td></tr>
<tr><td></td><td></td><td></td><td></td><td></td><td></td><td></td><td></td><td></td><td></td><td></td><td></td><td></td><td></td></tr>
<tr><td></td><td></td><td></td><td></td><td></td><td></td><td></td><td></td><td></td><td></td><td></td><td></td><td></td><td></td></tr>
</table>

多栏式日记账账务处理程序的核算步骤如图9.4所示。

① 实际工作中如现金收支的对应会计科目较多时，也可以分开设置现金收入日记账和现金支出日记账。银行存款日记账同。

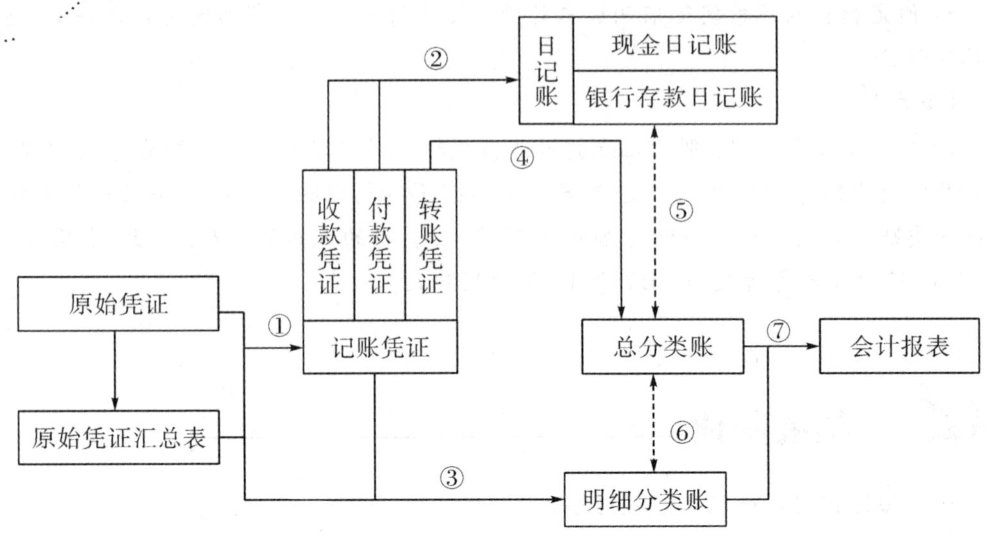

→ 表示填制、登记或编表；←→ 表示核对

图 9.4 多栏式日记账账务处理程序核算步骤示意图

二、日记总账账务处理程序

日记总账账务处理程序是指根据经济业务发生后填制的各种记账凭证，直接逐笔登记日记总账，并定期编制会计报表的一种账务处理程序，一般适用于规模小、经济业务简单、使用会计科目不多的小型企业。在这种账务处理程序下，需要设置收款凭证、付款凭证和转账凭证和现金日记账、银行存款日记账、总分类账和明细分类账。其中总分类账则要专门采用日记总账的格式（见表 9.129）。日记总账兼有日记账和分类账两种功能，其账页采用多栏式格式，按所有运用的会计科目设置专栏并集中列示在同一账页之中。因此，这种账务处理程序的基本特点是设置日记总账，直接根据编制的记账凭证登记日记总账。

表 9.129　　日记总账

年		凭证		摘要	发生额	库存现金		银行存款		应收账款		原材料		…
月	日	字	号			借方	贷方	借方	贷方	借方	贷方	借方	贷方	

日记总账账务处理程序的核算步骤如图 9.5 所示。

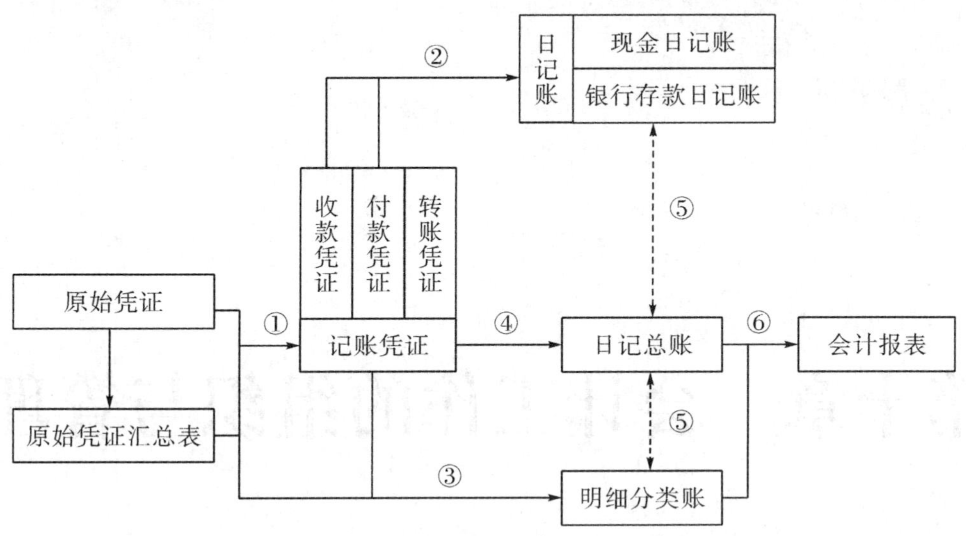

图 9.5 日记总账账务处理程序核算步骤示意图

第十章　会计工作的组织与管理

学习目标

同学们通过本章的学习，明确会计工作组织与管理的重要意义和应遵循的主要原则；掌握企事业单位会计机构设置的基本要求以及各类会计人员的职责、权利及法律责任；掌握《中华人民共和国会计法》（以下简称《会计法》）和《企业会计准则》的主要内容；掌握会计档案管理工作的相关规定以及会计人员工作交接的要求、程序和规定。

重点和难点

熟悉会计机构设置的基本要求，会计人员的职责、权利及法律责任；掌握《会计法》和《企业会计准则》的主要内容；掌握会计档案管理和会计人员工作交接的要求、程序和规定。

会计工作的组织与管理是会计工作的基本环节，是任何单位经济管理工作的重要基石。一个单位的会计工作能否得以正常开展，会计工作的效率如何，都将取决于其所实行的会计工作的组织方式和管理模式。在我国，会计工作主管部门历来都非常重视各单位会计工作的组织与管理，制定了一系列较为完善的法律和行政规章制度，这对发挥会计工作在经济管理中的作用提供了有力的保障。

会计工作的组织与管理主要包括设置会计机构、配备和管理会计人员、规范会计工作、管理会计档案和会计工作交接等内容。

第一节　会计工作组织与管理概述

一、会计工作组织与管理的重要意义

科学地组织和管理会计工作，对全面完成会计工作的任务，充分发挥会计工作在经济管理中的作用具有重要的意义。

（一）组织和管理会计工作有助于提高会计工作的质量和效率

会计工作是一项严密细致的经济管理工作。会计所反映的经济活动是错综复杂的，它为管理者所提供的会计信息要经过会计凭证——会计账簿——会计报表等一系列相应的程序和方法，对数据进行计算、记录、分类、汇总、分析、检查等。会计数据的加工处理和传输在各种手续、各个步骤之间存在着密切的联系。正确地组织会计工作，使会计工作按照事先规定的手续和处理程序有条不紊地进行，可以有效地防止工作程序脱节、手续遗漏和数据错误。即使发生上述错误，也能较快地查出和纠正。这样，就可以提高会计工作的质量和效率。

（二）组织和管理会计工作可以使会计工作与其他经济管理工作协调一致

会计工作是一项综合性的经济管理工作，它既有其独立的职能，又与计划、统计等其他经济管理工作有着十分密切的联系，并在加强科学管理、提高效率的共同目标下，相互补充，相互促进。科学的组织会计工作，可以使会计工作同其他经济管理工作更加协调，共同完成管好经济活动的任务。

（三）组织和管理会计工作可以促使单位落实经济责任和提高经济效益

提高经济效益是企业经营的核心。通过正确组织和管理会计工作，可以使企业内部各部门更好地履行自己的经济责任，管好和用好资金，厉行节约，增产增收，从而提高管理水平和经济效益。各机关、事业等单位，虽然业务性质与企业不同，但也需要实行经济责任制，也需要组织好会计工作，促使各部门少花钱、多办事，努力增收节支。

二、会计工作组织和管理的内容

为了更好地完成会计工作的任务，充分发挥会计工作在经济管理中的积极作用，每一个单位都必须结合本单位的特点和会计工作的具体情况，科学地组织和管理本单位的会计工作。一般来说，会计工作的组织与管理包括设置会计机构、配备和管理会计人员、规范会计工作、管理会计档案和办理会计工作交接等内容。

三、组织和管理会计工作的原则

会计工作的组织和管理应当遵循以下原则：

（一）遵守国家的统一规定

为适应市场经济的要求，充分发挥会计的作用，国家对会计工作的重要方面均做了统一的规定，各单位必须按照会计法和会计准则的要求开展会计工作，按照

“统一领导，分级管理”的原则建立会计工作的管理体制。只有这样才能使所提供的会计信息有可比性，才能满足外部信息使用者对会计信息的要求。所以，遵守国家的统一规定，是单位组织和处理会计工作首要的要求。

（二）适应单位经营管理的特点

国家对组织会计工作的统一要求只是一般的原则规定，而每个单位的经济活动各有特点，业务的繁简程度不同，在经济管理上对会计信息的要求也不相同，各单位必须在遵守国家统一规定的前提下，结合自身的实际情况，按照所在行业的特点、自身单位规模大小和经营特色，制定出适应本单位的会计管理办法并做出切合实际的安排。因此，会计工作的组织和管理，必须与本单位经营管理的特点相适应。

（三）实施内部控制

为了保护单位财产物资的安全完整，维护投资人、债权人及其他利益关系人的利益，在组织和管理单位会计工作中，应当执行内部控制，建立内部牵制制度。凡经济活动中涉及财物和货币资金的收付、结算及其登记的任何一项工作，都应当由两人以上分工掌管，以加强工作人员之间的相互核对，相互牵制，防止差错和作弊行为的发生。

（四）讲求节约和效率

会计工作应当符合国家宏观经济管理、满足单位外部利益相关方和内部经营管理对会计信息的需要。会计人员通过会计确认、会计计量、会计报告等一系列程序和方法，将日常发生的、大量的经济业务转换为相关利益各方可利用的会计信息。这既是一项需要科学组织和管理的细致工作，又是一项需要花费一定成本开支的工作。因此，在组织和管理会计工作中，无论是账证表的设计和各种程序、措施的规定，还是会计机构的设置和会计人员的配备等，应当在保证会计工作质量的前提下，努力贯彻精简节约的原则，既要把会计工作做好，提高会计工作效率，又要尽量节约会计工作时间，减少人力、物力、财力的投入。

第二节　会计机构

会计机构是单位直接从事和组织领导会计工作的职能部门。建立健全单位的会计机构是充分发挥会计职能作用，保证单位会计工作顺利开展的首要条件。

一、会计机构的设置

各单位原则上应设置会计机构。设置会计机构，既要符合《会计法》的要求，又要立足于本单位实际，在满足本单位经济核算要求的前提下，做到与本单位的规模大小、经济业务的繁简、财务收支的多少以及经济管理要求的高低相适应。《会计法》规定：“各单位应当根据会计业务的需要，设置会计机构，或者在有关机构中配备会计人员并指定会计主管人员；不具备设置条件的，应当委托经批准设立从事会计代理记账业务的中介机构代理记账。”

根据《会计法》对设置会计机构的规定，一个单位在设置会计机构时，有以下三种选择：

（一）设置独立的会计机构

各单位原则上应当设置独立的会计机构。实行企业化管理的事业单位、大中型企业（包括集团公司、股份有限公司、有限责任公司等），应当单独设置会计机构；经济业务较多，财务收支数额较大的行政事业单位、社会团体和其他组织也应设置独立的会计机构。

（二）不设置独立的会计机构，在有关机构中配备专职会计人员

根据《会计法》的规定，不具备单独设置会计机构条件的，应当在有关机构中配备专职会计人员，并且指定会计主管人员，负责组织管理会计事务，行使会计机构负责人职权。这是提高会计工作效率、明确岗位责任的内在要求，目的在于强化会计责任制度，防止出现会计工作无人负责的局面。

（三）代理记账

《会计法》第三十六条规定，不具备设置会计机构和会计人员条件的单位，“应当委托经批准设立从事会计代理记账的中介机构代理记账”。从事代理记账的中介机构，是适应我国社会主义市场经济需要而发展起来的一种新型的社会性中介服务机构。2016 年 5 月 1 日施行的《代理记账管理办法》，作为《会计法》的配套规章，对代理记账机构设置条件、代理记账的业务范围、代理记账机构与委托人关系、代理记账人员应遵守的道德规则等作了具体的规定。根据其规定，在我国从事代理记账业务的机构，至少应有三名持有会计从业资格证书的专职人员，主管代理记账业务的负责人必须具有会计师以上专业技术资格且为专职从业人员，代理记账业务内部规范健全。

一些民营经济、个体经济等组织由于规模小、人员少，不具备配备专职会计人员的条件，按照《会计法》和《代理记账管理办法》规定，应当委托代理记账公司、会计师事务所或者其他社会咨询服务机构办理会计业务。

代理记账机构可以接受委托代理以下业务：

（1）根据委托人提供的原始凭证和其他相关资料，按照国家统一的会计制度的规定进行会计核算工作，包括原始凭证的审核、填制记账凭证、登记会计账簿、编制财务会计报告等；

（2）定期向单位外部信息使用者提供会计报表；

（3）定期向税务机关提供税务资料；

（4）承办委托人的其他会计业务。

二、会计机构内部组织形式

会计机构内部组织形式是指在单位内部组织开展会计工作的具体方式。一般包括集中核算和非集中核算两种形式。

（一）集中核算

集中核算是指一个单位的主要会计核算工作都集中在会计部门进行。采用这种方式，单位内部的其他部门和下属单位（各个车间）不单独核算，只对本部门发生的经济业务进行原始记录，填制原始凭证或原始凭证汇总表，送交会计部门。会计部门审核后，据以填制记账凭证，进行总分类核算和明细分类核算，编制会计报表。

这种方式的优点是便于会计人员分工，提高工作效率；简化核算手续，节约成本；有利于企业及时掌握全面的经营情况。其缺点是不便于各部门管理者掌握该部门的核算资料和检查经济活动。一般适用于规模小、业务较少的小型单位。但是，某些大型企业，由于使用电子计算机系统处理会计业务，大大提高了会计工作的自动化程度，因此也可实行集中核算。

（二）非集中核算

非集中核算是指一个单位内部的其他部门发生的经济业务分散在各部门进行明细核算，又称为分散核算。采用这种方式，单位内部的其他部门和下属单位（各个车间）要对本部门发生的经济业务除进行原始记录，填制原始凭证或原始凭证汇总表外，还要登记有关的明细分类账。会计部门只进行总分类核算、一部分明细分类核算和编制会计报表。

这种方式的优点是各部门有较高的独立性，有利于各业务部门和车间及时地利用核算资料进行日常的考核和分析，便于各部门管理者及时掌握本部门的相关信息，可以有效地解决生产和经营上的问题。但其缺点是核算工作量大，核算成本高。因此，这种方式适合于单位规模较大、业务较多，需要实行分级管理和核算的单位。

一个单位是实行集中核算还是非集中核算，或者两者相互渗透，主要取决于其规模大小和经营管理上的需要。但是，一个单位无论采用哪一种组织方式，单位的对外现金收付，银行存款上的往来，应收款项和应付款项的结算，都应由会计部门集中办理。

三、会计机构内部的岗位设置

会计机构内部要求进行合理的分工，建立与健全岗位责任制。大中型企业工作内容比较复杂，一般包括资金核算、成本费用核算、销售及利润核算、内部稽核及综合编表等工作，因此，需要配备会计员、出纳员、成本员、稽核员、综合员等进行分工合作。在这些单位中，可以根据业务繁简情况设置相应的专业科，但必须严格执行岗位责任制。而对中小型企业，由于经济业务不多，需要的会计人员较少。因此，其会计部门可以根据工作内容来划分各个会计人员的职权范围，实行一人一岗、一人多岗或一岗多人，各司其职，各负其责。

第三节　会计人员

会计人员是指直接从事会计工作、处理会计业务、完成会计任务的人员。根据《会计法》和《会计基础工作规范》的规定，每一个单位都应根据会计业务的需要和本单位岗位设置的要求，配备适当数量和质量的专职会计人员，并在专职会计人员中指定会计机构负责人或会计主管人员。国有大、中型企业和国有资产占控股地位或者主导地位的大、中型企业还必须配备总会计师。这是做好会计工作的决定性因素。同时，在《会计法》和有关会计人员管理的法规中，对会计人员的职责与权限、专业职务、任免等都有明确规定，其主要目的是为了充分发挥会计人员的积极性，使会计人员更好地完成会计工作任务。

一、会计人员的职责与权限

（一）一般会计人员的职责与权限

1. 一般会计人员的职责

会计人员的职责，概括起来就是及时提供正确可靠、公允的会计信息，认真贯彻执行和维护国家财经制度和财经纪律，积极参与经营管理，提高经济效益。它是考核会计人员工作质量的重要标准。根据《会计法》的规定，会计人员的主要职责有以下几个方面：

（1）进行会计核算。核算是会计的基本职能，进行会计核算是会计人员的基本职责。在进行会计核算时，会计人员应遵循客观性原则，以实际发生的经济业务事项为依据，在填制和审核会计凭证、登记会计账簿和编制会计报表的各项工作中，要做到手续完备、内容真实、数字准确、账目清晰、日清月结、按期报账，如实反映单位财务状况变动及经营成果和管理层受托责任的履行情况，满足国家宏观经济管理的需要，满足企业加强内部经营管理和有关各方信息使用者的需要。

（2）实行会计监督。各单位的会计机构、会计人员应当依法履行对本单位实行会计监督的职责。对一般会计人员而言，会计监督主要包括以下内容：①对原始凭证进行审核和监督，对不真实、不合法的原始凭证不予受理；对伪造、变造、故意毁灭会计账簿或账外设账行为应当制止和纠正。②对实物、款项进行监督，促使单位建立健全并严格执行财产清查制度，如发现账簿记录与实物、款项不符，应当按照有关规定进行处理；无权自行处理的，应当立即向本单位行政负责人报告，请求查明原因，做出处理。③对指使、指令编造、篡改财务报告的行为，应当坚决制止和纠正；制止和纠正无效的，应当向上级主管单位报告，请求处理。④对财务收支进行监督，制止和纠正违反单位内部会计管理制度的经济活动；制止和纠正无效的，应当向单位领导报告，请求处理。⑤对本单位制定的预算、财务计划、经济计划、业务计划的执行情况进行监督。⑥接受审计机关、财政机关、税务机关依照国家法律和有关规定进行的监督，经单位负责人批准同意后，如实提供会计凭证、会计账簿、会计报表和其他会计资料以及有关情况，不得拒绝、隐匿和谎报。

（3）拟定本单位办理会计事务的具体办法。国家统一制定的会计法规只是对会计工作管理和会计事务处理办法的一般规定。各单位应当依据国家颁布的会计法规，结合本单位的经营特点和管理需要，建立、健全本单位内部使用的会计事项处理办法。例如，建立会计人员岗位责任制，制定分级核算、分级管理办法，内部牵制制度和稽核制度，费用开支报销办法等。

（4）办理其他会计事务。会计是经济发展的产物，随着经济的发展，人们对经济管理的要求也就越高，会计事务也就日趋丰富。例如，为满足企业加强内部管理的需要，能有效地反映和监督各责任中心职责的履行情况，会计人员就需要掌握责任会计的原理和方法；又如，随着人们对环境的关注，就要求会计人员能处理有关环境会计等方面的经济业务。

2. 一般会计人员的工作权限

为保障会计人员正常的履行会计职责，国家相关法律赋予了会计人员必要的工作权限。主要有以下几个方面：

（1）有权要求本单位有关部门、人员认真执行获准的计划、预算，遵守国家法律及财经纪律和财务会计制度。如有违反法律、法规的情况，会计人员有权拒绝付款、拒绝报销或拒绝执行，并向本单位领导报告；对于弄虚作假、营私舞弊、欺骗上级等违法乱纪行为，会计人员必须坚决拒绝执行，并向本单位领导或上级执法机关报告。

（2）有权参与本单位编制计划、制定定额、签订经济合同等工作；有权参加有关生产、经营管理会议。对会计人员提出的财务开支和经济效益方面的问题意见，领导人和有关部门要认真考虑，合理的意见要采纳。

（3）有权监督和检查本单位有关部门的财务收支、资金使用和财产保管、收发、计量、检验等情况。会计人员在履行职责时，有关部门应当如实反映情况，提供翔实材料。

为保障会计人员有效行使工作权限，单位的各级领导和有关人员要支持会计人员行使自己的工作职权。上级机关、执法部门和单位领导对会计人员反映的有关损害国家利益、违反财经纪律等问题，要认真及时地调查处理。如果会计人员反映的情况属实，不及时采取措施加以纠正，由单位领导和上级机关负责。如果发生对会计人员坚持原则、反映情况进行打击报复、阻止、刁难的，单位领导人和上级机关要查明情况，严肃处理，情节严重的，要给予党纪国法制裁。

确立和维护会计人员上述工作职权，就能从法律上保护并鼓励会计人员坚持原则，努力履行自己的职责，以维护国家利益、维护财政制度和财务制度、保护国家公共财产、加强经济管理、提高经济效益。

（二）会计机构负责人的职责与权限

会计机构负责人（包括会计主管人员，下同）是各单位会计工作的领导者和组织者。具体来说，其职责与权限主要表现在：

1. 制定单位会计规章和实施办法，合理组织会计工作

会计机构负责人在单位负责人和总会计师的领导下，有权按照国家统一的会计法规、制度要求，结合本单位的具体情况，制定本单位的会计规章制度和实施办法，科学有效地组织会计工作，并督促会计人员认真地贯彻执行。

2. 参与单位经营决策，主持编制财务预算，提高会计人员素质

会计机构负责人应当参与单位的经营决策，主持制定和考核财务计划或预算，组织单位会计人员不断学习有关会计法规，努力提高会计人员的各项素质，并通过严格考核会计人员的业绩，合理调配会计人员，做到人尽其才。

3. 总结财务工作经验，研究解决财务中存在的各种问题

会计机构负责人应当不断总结单位财务会计工作中的经验、教训，研究财务管理工作中存在和出现的问题，努力改善会计工作。

（三）总会计师的职责与权限

总会计师是在单位负责人领导下，主管经济核算和财务会计工作的负责人。《会计法》规定："国有的和国有资产占控股地位或主导地位的大、中型企业必须设置总会计师"。其他单位可以根据业务的需要，视情况自行决定是否设置总会计师。为确定总会计师的职责和地位，发挥总会计师在加强经济管理、提高经济效益中的作用，国务院于 1990 年发布实施了《总会计师条例》。条例明确规定了总会计师的职责与权限：

1. 总会计师的职责

根据《总会计师条例》的规定，总会计师的职责主要包括以下三个方面：

（1）负责组织本单位编制和执行预算、财务收支计划、信贷计划；拟定资金筹措和使用方案，开辟财源，有效地调配和使用资金；进行成本费用的预测、计划、控制、核算、分析和考核，督促单位有关部门降低消耗、节约费用，提高经济效益；建立、健全经济核算制度，利用财务会计资料进行经济活动分析；承办单位主要行政领导交办的其他工作。

（2）负责对本单位财务会计机构的设置和会计人员的配备、会计专业技术职务设置和提出聘任方案；组织会计人员的业务培训和考核；支持会计人员依法行使职权。

（3）协助单位主要行政领导对企业的生产经营、行政事业单位的业务发展以及基本建设投资问题作出决策；参与新产品开发、技术改造、科技研究、商品（劳务）价格和工资奖金等方案的制订；参与重大经济合同和经济协议的研究、审查。

2. 总会计师的权限

总会计师的权限主要有以下几个方面：

（1）对违反国家财经法律法规、制度规章和有可能在经济上造成损失、浪费的行为，有权制止或者纠正；制止或者纠正无效时，提请单位主要行政领导人处理。

（2）有权组织本单位各职能部门、直属基层组织的经济核算、财务会计和成本管理方面的工作。

（3）主管审批财务收支工作。总会计师可以将一般的财务收支授权给财务机构

负责人或其他指定人员审批。但对重大的财务计划收支必须亲自审批或者报请单位行政领导人批准。

（4）签署财务预算、财务收支计划、成本和费用计划、信贷计划、财务专题报告和会计决算报表。涉及财务收支的重大业务计划、经济合同、经济协议等在单位内部必须经总会计师会签。

（5）会计人员的任用、晋升、调动、奖惩，应当事先征求总会计师的意见。总会计师要对财务机构负责人或者会计主管人员的人选进行业务考核，并依照相关规定审批。

二、会计人员的法律责任

会计人员的法律责任是指会计人员因违反法律规定的行为而应当承担的法律后果，即对违法会计人员的制裁。

（一）违反《会计法》的法律责任

会计人员违反《会计法》的行为主要有：①不依法设置会计账簿的；②私设会计账簿的；③未按照规定填制、取得原始凭证或者填制、取得的原始凭证不符合规定的；④以未经审核的会计凭证为依据登记会计账簿或者登记会计账簿不符合规定的；⑤未按照规定使用会计记录文字或者记账本位币的；⑥向不同的会计资料使用者提供的财务会计报告编制依据不一致的；⑦ 随意变更会计处理方法的；⑧未按照规定保管会计资料，致使会计资料毁损、灭失的；⑨未按照规定建立并实施单位内部会计监督制度或者拒绝依法实施监督或者不如实提供有关会计资料及有关情况的；⑩任用会计人员不符合本法规定的。

依据《会计法》的规定，会计人员如果有上述行为之一的，由县级以上人民政府财政部门责令限期改正，可以对单位并处三千元以上五万元以下的罚款；对其直接负责的主要管理人员和其他直接责任人员，可以处以二千元以上二万元以下的罚款；属于国家工作人员的，还应当由其所在单位或者有关单位依法给予行政处分。会计人员发生以上行为之一，情节严重的，五年内不得从事会计工作。

（二）违反我国《刑法》的法律责任

（1）伪造、变造会计凭证、会计账簿，编制虚假财务会计报告，构成犯罪的，依法追究刑事责任。尚不构成犯罪的，由县级以上人民政府财政部门予以通报，可以对单位并处五千元以上十万元以下的罚款；对其直接负责的主要管理人员和其他直接责任人员，可以处以三千元以上五万元以下的罚款；属于国家工作人员的，还应当由其所在单位或者有关单位依法给予撤职直至开除的行政处分；对其中的会计人员，五年内不得从事会计工作。

（2）隐匿或者故意销毁依法应当保存的会计凭证、会计账簿、会计报告，构成犯罪的，依法追究刑事责任；尚不构成犯罪的，由县级以上人民政府财政部门予以通报，可以对单位并处五千元以上十万元以下的罚款；对其直接负责的主要管理人员和其他直接责任人员，可以处三千元以上五万元以下的罚款；属于国家工作人员的，还应当由所在单位或者有关单位依法给予撤职直至开除的行政处分；对其中的会计人员，五年内不得从事会计工作。

（3）授意、指使、强令会计机构、会计人员及其他人员伪造、变造会计凭证、会计账簿，编制虚假财务会计报告或者隐匿、故意销毁依法应当保存的会计凭证、会计账簿、财务会计报告，构成犯罪的，依法追究刑事责任；尚不构成犯罪的，可以处五千元以上五万元以下的罚款；属于国家工作人员的，还应当由其所在单位或者有关单位依法给予降级、撤职、开除的行政处分。

三、会计人员的任免和会计专业技术职务

（一）会计人员的任免

1. 会计机构负责人的任职资格和条件

企业、事业、行政机关单位的会计机构的负责人，是各单位会计工作的领导者和组织者，《会计法》和《会计基础工作规范》对会计机构的负责人的任职资格和条件从政治素质、业务素质、组织管理能力和身体素质方面作出了相关规定。

（1）政治素质

政治素质是指会计机构负责人能遵纪守法、坚持原则、廉洁奉公，具备良好的职业道德。财务会计工作是经济工作的基础，国家的许多法律、法规，尤其是财经法律、法规的贯彻执行，都要通过会计工作体现出来。会计人员，特别是会计机构的负责人，没有过硬的政治素质，就难以做到遵纪守法；没有坚持原则的工作作风，就不可能大胆地维护国家的财经纪律，不可能大胆地坚持单位的规章制度；没有廉洁奉公的品质和良好的职业道德，就不会去纠正违反财经纪律和财务会计制度的行为，甚至走上违法犯罪的道路。

（2）业务素质

会计工作具有很强的技术性，其本身特点决定了会计人员，特别是会计机构负责人应该具有扎实的专业知识和娴熟的专业技能，具有较强的实践经验。根据《会计法》规定，担任会计机构的负责人，除取得会计从业资格证书外，还应当具备会计师以上专业技术职务资格，或者从事会计工作 3 年以上的经历。随着我国社会主义市场经济的发展和对外开放不断扩大，在纷繁复杂的经济活动中出现了许多新问题，会计工作面临着许多全新课题。作为会计机构负责人，如果没有过硬的会计专业理论知识和专业业务水平，是很难胜任本职工作以及会计改革发展的实践需要。同时，会计机构负责人还必须具备较高的政策业务水平。市场经济是法制经济，在市场经济中，任何一项经济业务都受制于有关法律、规章制度的规定。会计工作要求会计机构负责人熟悉国家财经法律、法规、规章和方针、政策，掌握会计工作相关理论和本行业业务管理的有关知识，否则，就不能很好地完成本职工作，给单位和个人可能会带来严重后果。

（3）组织管理能力

会计工作本身就是一种管理活动。会计机构的负责人作为单位的会计工作的组织管理者之一，在具备较高的政治素养、专业知识和政策业务水平的基础上，还必须要有较强的组织能力、协调能力、分析解决问题的能力和决策能力。只有这样，

才能充分发挥会计工作参与经济管理的职能。

（4）身体素质

会计工作劳动强度大，技术难度高，作为会计机构负责人，必须要有较好的身体素质，才能保持良好的工作状态，才能适应和胜任本职工作。

2. 总会计师的任职资格与条件

1990 年国务院发布实施的《总会计师条例》明确规定了总会计师的任职资格与条件：

（1）坚持社会主义方向，积极为社会主义建设和改革开放服务；

（2）坚持原则，廉洁奉公；

（3）取得会计师任职资格后，主管一个单位或者单位内一个重要方面的财务会计工作时间不少于三年；

（4）有较高的理论政策水平，熟悉国家财经法律、法规、方针、政策和制度，掌握现代管理的有关知识；

（5）具备本行业的基本业务知识，熟悉行业情况，有较强的组织领导能力；

（6）身体健康，能胜任本职工作。

（二）会计专业技术职务

会计专业技术职务是区分会计人员从事会计职业工作的技术等级。会计职业分为公共会计和私人会计两大类。公共会计主要指注册会计师；私人会计则是指服务于某一具体会计主体的会计人员。该主体可以是企业、事业单位、政府部门、学校、非盈利组织等。在我国，会计专业技术职务按职责不同可分为稽核员、成本员、出纳员、会计主管、总会计师等；按职称不同可分为会计员、助理会计师、会计师、高级会计师等级次。会计员和助理会计师为初级职务，会计师为中级职务，高级会计师为高级职务。

各种职称的会计人员应具备的任职资格条件如下：

1. 会计员任职资格

会计员应为大学专科或中等专业学校毕业生，在财务会计工作岗位上见习一年期满，并通过会计员专业技术职务资格考试；初步掌握会计核算、财务管理知识和相关技能，熟悉有关会计法规和财务会计制度，并能遵照执行；能胜任一个岗位的财务会计工作。

2. 助理会计师任职资格

助理会计师应为取得硕士学位或取得第二学士学位，或研究生班结业证书的毕业生，具备履行助理会计师职责的能力；或大学本科毕业，在财务会计工作岗位上见习 1 年期满；或大学专科毕业生并担任会计员职务 2 年以上；或中等专业学校毕业生并担任会计员职务 4 年以上，并通过助理会计师专业技术职务资格考试。

助理会计师具有一定的财务会计专业基础理论、专业知识和专业技能；熟悉并能正确贯彻执行国家有关的财经方针、政策和财务会计法规、制度；能胜任一个方面或某个重要岗位工作。

3. 会计师任职资格

会计师应为取得博士学位，并具有履行会计师职责的能力；取得硕士学位并担任助理会计师职务 2 年左右；取得第二学士学位或研究生班结业证书，并担任助理会计师职务 2~3 年；大学本科或大学专科毕业并担任助理会计师职务 4 年以上，掌握一门外语，并通过会计师专业技术职务资格考试。

会计师必须较系统地掌握财务会计基础理论和专业知识；具有一定的政策水平，并能正确贯彻执行国家有关的财经方针、政策和财务会计法规、制度；具有较丰富的财务会计工作经验，能独立组织和指导一个单位或管理一个部门、一个系统的主要财务会计工作。

4. 高级会计师任职资格

高级会计师应为取得博士学位，并担任会计师职务 2~3 年；取得硕士学位、第二学士学位或研究生班结业证书，或大学本科毕业并担任会计师职务 5 年以上，较熟练地掌握一门外语。

高级会计师必须较系统地掌握经济、财务会计理论和专业知识，在财务会计专业或某领域有较深的研究和造诣，取得较大成果，并有较高的学术水平；同时具有较高的政策水平和丰富的财务会计工作经验，能担负一个地区、一个部门或一个系统的财务会计管理工作，能解决业务中的重大问题。

确定专业技术职务对学历和从事财务会计工作年限都有相应的要求，但对确有真才实学、成绩显著、贡献突出、符合任职条件的，在确定其相应专业技术职务时，可以不受学历和工作年限的限制。

第四节　会计工作规范

会计工作规范是会计领域内会计行为必须遵循的标准的总称。它包括所有对会计的记录、确认、计量和报告具有制约、限制和引导作用的法律、法令、制度、条例、规则、章程等规范性文件。会计工作规范具有约束性、公认性、目标性、稳定性、发展性等特点。会计工作规范是国家有关财经方针、政策、制度的体现。执行会计工作规范是贯彻国家法律法规、执行财经纪律的要求，对保障会计人员依法行使职权，充分发挥会计人员的作用，确保会计工作健康、有序进行，会计信息真实、及时，以及顺利实现会计目标，都具有重要的意义。

一、会计工作法规体系的层次

我国会计工作法规体系包括四个层次。第一个层次是全国人民代表大会及其常务委员会经过立法程序制定的会计法律——《会计法》。它是会计工作的最高层次的规范，是指导会计工作的根本法，是制定其他会计法规的依据，在所有会计工作规范中具有母法的作用。第二个层次是会计行政法规。它是根据《会计法》的要求由国务院或国家财政部制定，报国务院批准后颁发，对所有设在中华人民共和国境内各单位的会计核算工作均有约束力的法律规范。如《总会计师条例》《企业会计准则》《事业单位会计准则》和《会计基础工作规范》等。第三个层次是地方性会计法规。它是由各省、自治区、直辖市人民代表大会及其常务委员会在与宪法、会计法、会计行政法规不相抵触的前提下制定的，适用于本行政区域内的会计规范性文件。第四个层次是根据国家和地方政府及其各级会计主管部门所发布的会计法规、行政规章的要求，由基层单位结合自身实际特点而制定的内部会计制度和管理办法，它仅对具体使用单位有约束力，如《某某企业会计工作管理实施办法》等。

二、会计法律

《会计法》是我国会计工作的根本大法，是制定其他一切会计法规、制度、办法、程序等的法律依据，是我国会计工作经验和会计理论研究成果的概括和总结，涉及会计工作的方方面面。

（一）会计法的历史沿革

我国第一部《会计法》，于1985年1月21日第六届全国人民代表大会常务委员会第九次会议通过，从1985年5月1日开始施行，标志着我国会计工作从此走上了法治的轨道。为适应新形势的需要和国家加强宏观经济调控的要求，1993年12月29日第八届全国人民代表大会常务委员会第五次会议通过了《关于修改〈中华人民共和国会计法〉的决定》，对我国的《会计法》进行了第一次修正，并以第17号主席令公布，自公布之日起执行。1999年10月31日，第九届全国人大常务委员会第十二次会议修订了《中华人民共和国会计法》，自2000年7月1日起施行。2017年11月4日，第十二届全国人民代表大会常务委员会第三十次会议通过了《关于修改〈中华人民共和国会计法〉等十一部法律的决定》。

（二）会计法的主要内容

修正后的《会计法》共有七章五十二条。内容包括总则，会计核算，公司、企业会计核算的特别规定，会计监督，会计机构和会计人员，法律责任和附则。《会计法》关于会计监督、会计机构和会计人员，以及法律责任等规定的相关内容，已经在本章前面两节作了介绍，这里重点介绍会计核算等方面的相关内容。

1. 会计核算的内容

根据《会计法》的规定，下列经济业务事项，应当办理会计手续，进行会计核算：

（1）款项和有价证券的收付；

（2）财物的收发、增减和使用；

（3）债权、债务的发生和结算；

（4）资本、基金的增减；

（5）收入、支出、费用、成本的计算；

（6）财务成果的计算和处理；

（7）需要办理会计手续、进行会计核算的其他事项。

2. 会计核算的特别规定

《会计法》规定，公司、企业进行会计核算不得有下列行为：

（1）随意改变资产、负债、所有者权益的确认标准或者计量方法，虚列、多列、不列或者少列资产、负债、所有者权益；

（2）虚列或者隐瞒收入，推迟或者提前确认收入；

（3）随意改变费用、成本的确认标准或者计量方法，虚列、多列、不列或者少列费用、成本；

（4）随意调整利润的计算、分配方法，编造虚假利润或者隐瞒利润；

（5）违反国家统一的会计制度规定的其他行为。

三、会计准则

会计准则也称会计原则，是从会计理论到会计方法和程序的一种指导思想，是从技术角度对会计实务处理提出的规范，也是评价会计信息质量的标准。会计准则包括企业会计准则和非企业会计准则。企业会计准则是规范企业会计确认、计量、报告的会计准则。现行的企业会计准则包括适用于小企业的《小企业会计准则》和适用于小企业以外其他企业的《企业会计准则》。《企业会计准则》包括基本准则、具体准则和应用指南三个部分。非企业会计准则是企业之外的其他单位使用的会计准则，如《事业单位会计准则》。在本节主要介绍适用小企业以外其他企业的《企业会计准则》。

（一）企业会计准则的历史沿革

在西方经济发达国家，一般都有一个统一的会计准则，有的由政府机关制定，有的由民间职业团体根据会计惯例制定。企业的会计制度可按企业会计准则自行制定。改革开放以前，甚至在改革开放后的十多年时间内，我国一直没有统一的会计准则，企业一直执行按不同行业和不同所有制性质制定的会计制度。还是从苏联引进并加以适当改造的、与当时计划经济体制的模式相适应的会计核算制度和办法，在历史上曾发挥了一定的作用。

为了适应我国社会主义市场经济和对外开放的需要，逐步实现与国际惯例接轨，经国务院批准，我国财政部于 1992 年 11 月 30 日发布了《企业会计准则——基本准则》，并自 1993 年 7 月 1 日起执行，此后，财政部又先后研究制定了 16 项具体会计准则。为此，我国企业会计准则体系，包括基本准则和具体准则两个层次。2006 年 2 月 15 日，为适应经济全球化和资本跨国界流动的需要，为了更好地服务于不断深入发展的社会主义市场经济的要求和实现与国际惯例进一步趋同化，财政部正式颁布了新的企业会计准则体系，包括 1 项基本准则和 39 项具体准则，同年 10 月又颁布了《企业会计准则——应用指南》，从 2007 年 1 月 1 日起开始在上市公司实施。之后，财政部先后又印发了 3 项具体准则。截至 2017 年 4 月，新的企业会计准则体系包括 1 项基本准则，42 项具体准则和应用指南。新企业会计准则体系，无论在形式上还是在实质内容上都实现了既保持“中国特色”，又与国际财务报告标准趋同的特点，广泛采用了国际上通用的概念、原则和方法，并体现了会计信息的决策有用性和可靠性。

以下简要介绍新的《企业会计准则——基本准则》的相关内容，需要更详细地了解准则的具体规定，可参考本教材附录。

（二）基本会计准则的主要内容

新的基本会计准则共十一章五十条。具体包括总则、会计信息质量要求、资产、负债、所有者权益、收入、费用、利润、会计计量、财务会计报告、附则等内容。大致分为六个部分。

第一部分：总则

总则部分规定了《企业会计准则——基本准则》的适用范围、组成部分、财务会计报告的目标、核算前提、会计要素、核算基础、记账方法。

第二部分：会计信息质量要求

该部分规定了所提供的会计信息应满足客观性、相关性、明晰性、可比性、实质重于形式、重要性、谨慎性、及时性八个方面的要求。

第三部分：会计要素

在会计要素部分，分别给出了资产、负债、所有者权益、收入、费用和利润六大会计要素的定义及确认条件。

第四部分：会计计量

该部分规定了会计计量的定义，并对在历史成本、重置成本、可变现净值、现值、公允价值五种计量属性下，资产和负债的计量作出了具体规定。

第五部分：财务会计报告

该部分规定了财务会计报告的定义和组成。财务会计报告包括会计报表及其附注和其他在财务会计报告中应当披露的相关信息和资料。而会计报表至少包括资产负债表、利润表和现金流量表，但小企业可以不编制现金流量表。

第六部分：附则

规定了会计基本准则的解释权归属财政部，准则的施行时间为 2007 年 1 月 1 日。

第五节　会计档案管理与会计工作交接

一、会计档案管理

（一）会计档案的概念

会计档案是行政机关和企事业单位在会计活动中形成的，并按照一定规定保存备查的会计凭证、会计账簿和财务会计报告等会计信息载体，它是指记录和反映单位经济业务事项的重要史料和证据。具体包括：①会计凭证类：原始凭证、记账凭证、汇总凭证、其他会计凭证。②会计账簿类：总分类账、明细分类账、日记账、固定资产卡片账、辅助账簿、其他会计账簿。③财务会计报告类：月度、季度、年度财务会计报告（包括会计报表、附表、附注及文字说明等）。④其他类：银行存款余额调节表、银行对账单、其他应当保存的会计核算专业资料、会计档案移交清册、会计档案保管清册、会计档案销毁清册。

会计档案是国家经济档案的重要组成部分，是记录和反映经济业务的重要史料和证据，因而也是检查遵守财经纪律情况的书面证明和总结经营管理经验的重要参考资料。各单位应当根据《会计法》和《会计档案管理办法》的规定，认真做好会计档案的管理工作。为了贯彻《会计法》的这一规定，2015 年修订后的《会计档案管理办法》，对会计档案的立卷、归档、保管、调阅和销毁，以及单位变更后会计档案管理等问题作出了更加明确规定。

（二）会计档案的保管

1. 会计档案的归档要求

《会计档案管理办法》规定，各单位当年形成的会计档案，应当由会计机构按照归档要求，负责整理立卷，装订成册，编制会计档案保管清册。会计档案可由单位会计机构在会计年度终了后临时保管 1 年，再移交本单位的档案管理机构。因工作需要确需推迟移交的，应当经单位档案管理机构同意，但临时保密会计档案最长不得超过 3 年。没有专门设立档案管理机构的单位应由会计机构指定专人对会计档案进行保管，出纳人员不得兼管会计档案。移交单位档案机构保管会计档案，纸质会计档案应当保持会计档案原卷册的封装；个别会计档案需要拆封重新整理的，档案机构应当会同会计机构和经办人共同拆封整理，以便分清责任。电子会计档案应当将电子档案及其元数据一并移交且文件格式应当符合国家档案管理的有关规定。单位会计档案一般不得外借，如遇特殊情况需要外借时，需经本单位负责人批准后，可以提供查阅或者复制原件。

2. 会计档案的分期保管规定

按照规定，会计档案保管期限分为永久和定期两类。定期保管期限分为 10 年和 30 年，保管期限从会计年度终了后第一天算起。

（1）会计凭证类档案。保管期限为 30 年。

（2）会计账簿类档案。其保管期限通常为 30 年，固定资产卡片需要在固定资产报废清理后保管 5 年。

（3）财务报告类档案。月度、季度、半年度财务报告保管 10 年，年度财务报告（决算）应当永久保存。

（4）其他类会计档案，如会计档案移交清册保管 30 年，银行存款余额调节表、银行对账单保管 10 年，会计档案保管清册、会计档案移交清册、会计档案销毁清册和会计档案鉴定意见书应当永久保存。

（三）会计档案的销毁

保管期满的会计档案，可以按规定程序进行销毁：

（1）会计档案保管期满后，由本单位档案管理部门会同会计机构提出销毁意见，编制会计档案销毁清册。

（2）单位负责人在会计档案销毁清册上签字。

（3）销毁会计档案时，应当由档案部门和会计机构共同派人监销。

（4）监销人在销毁会计档案前，监督销毁人员认真清点核对，销毁后，在销毁清册上签名盖章，并将监销情况报本单位负责人。

（5）对于保管期满但未结清的债权债务原始凭证和涉及其他未了事项的原始凭证，不得销毁，应当单独抽出立卷，保管至未了事项完结为止。正在项目建设期间的建设单位，其保管期满的档案不得销毁。

二、会计工作交接

会计工作交接是指会计人员调动工作或者离职时，必须与接管人员办理的交接程序与手续。会计工作交接是会计管理工作中的一项重要内容，是会计人员应尽的职责，也是做好会计工作的要求。做好会计交接工作，不仅有利于保证会计工作连续进行，防止因会计人员的更换出现账目不清、财务混乱等现象的发生，而且也有利于分清移交人员和接管人员的责任。

（一）需要办理会计工作交接的情况

根据《会计法》和《会计基础工作规范》的规定，下列情况需要办理会计工作交接：

（1）临时离职或因病不能工作需要接替或代理的，会计机构负责人（会计主管人员）或单位负责人必须指定专人接替或者代理，并办理会计工作交接手续。

（2）临时离职或因病不能工作的会计人员恢复工作时，应当与接替或代理人员办理交接手续。

（3）移交人员因病或其他特殊原因不能亲自办理移交手续的，经单位负责人批准，可由移交人委托他人代办交接，但委托人应当对所核交的会计凭证、会计账簿、财务会计报告和其他有关资料的真实性、完整性承担法律责任。

（二）办理会计工作交接的基本程序

1. 准备工作

会计人员在办理会计工作交接前，必须做好以下准备工作：

（1）已经受理的经济业务尚未填制会计凭证的应当填制完毕；

（2）尚未登记的账目应当登记完毕，结出余额，并在最后一笔余额后加盖经办人印章。

（3）整理好应该移交的各项资料，对未了事项和遗留问题要写出书面说明材料。

（4）编制移交清册，列明应该移交的会计凭证、会计账簿、财务会计报告、公章、现金、有价证券、支票簿、发票、其他会计资料和物品等内容。实行会计电算化的单位，从事该项工作的移交人员应在移交清册上列明会计软件及密码、会计软件数据盘等内容。

（5）会计机构负责人（会计主管人员）移交时，应向接替人员介绍清楚财务会计工作、重大财务收支问题和会计人员等情况。

2. 移交点收

移交人员离职前，必须将本人经管的会计工作，在规定的期限内，全部向接管人员移交清楚。接管人员应认真按照移交清册逐项点收。

3. 专人负责监交

为了明确责任，会计人员办理工作交接时，必须有专人负责监交。一般会计人员办理交接手续，由会计机构负责人（会计主管人员）监交。会计机构负责人（会计主管人员）办理交接手续，由单位负责人监交，必要时主管单位可以派人会同监交。

4. 交接后的有关事宜

（1）会计工作交接完毕后，交接双方和监交人在移交清册上签名或盖章，并应在移交清册上注明：单位名称、交接日期、交接双方和监交人的职务、姓名、移交清册页数以及需要说明的问题和意见等。

（2）接管人员应继续使用移交前的账簿，不得擅自另立账簿，以保证会计记录前后衔接，内容完整。

（3）移交清册一般应填制一式三份，交接双方各执一份，存档一份。

（三）移交后的责任

会计工作交接中，合理、公正地区分移交人和接管人的责任是非常必要的。交接工作完成后，移交人员所移交的会计凭证、会计账簿、财务会计报告和其他会计资料是在其经办会计工作期间内发生的，应当对这些会计资料的真实性、完整性负责，即便接管人员在交接时因疏忽没有发现所接管会计资料在真实性、完整性方面的问题，如事后发现仍应由原移交人员负责，原移交人员不应以会计资料已移交而推脱责任。

本章小结

本章主要阐述了会计工作的组织与管理的相关问题。

会计工作组织与管理包括会计机构、会计人员、会计工作规范和会计档案管理与会计工作交接等内容。

会计机构是指企事业单位直接从事和组织领导会计工作的职能部门。会计机构的设置应根据各单位自身规模的大小、经济业务和财务收支的繁简，以及管理的要求来设置。其组织形式可采取集中式和非集中式。

会计人员是直接从事会计工作、处理会计业务、完成会计任务的人员。《会计法》《会计基础工作规范》等对会计人员的职责和权限、法律责任，会计人员的任免、会计专业职务作了明确规定。

会计工作规范是会计领域内会计行为必须遵循的标准的总称。我国会计工作规范包括四个层次，即会计法律、会计行政法规、地方性会计法规和基层单位制定的内部会计制度及其管理办法。《会计法》是我国会计工作的根本大法，是制定其他一切会计法规、制度和程序的法律依据；以会计法为依据，财政部制定和发布的《企业会计准则》和《事业单位会计准则》是对我国会计工作全过程的统一规定。任何单位都必须遵守《会计法》，按会计准则的相关规定办理会计事务。

会计档案是记录和反映经济业务事项的重要史料和证据。《会计档案管理办法》对会计档案的保管和销毁都作出了明确规定，所有单位都应当按照《会计档案管理办法》的规定，认真负责地做好会计档案的保管工作。会计工作交接是由于会计人员调动工作或者离职时，必须与接管人员办理的交接程序与手续。办理会计工作交接有利于分清责任，保证会计工作连续进行。在办理交接工作中一定要按程序进行，办妥相关的手续。

思考题

1. 会计工作的组织和管理的内容是什么？应遵循哪些基本原则？
2. 什么是会计机构？设置会计机构有哪些要求？
3. 各类会计人员的职责、权利及法律责任是什么？
4.《会计法》和《企业会计准则》的基本内容有哪些？
5. 单位如何做好会计档案的管理工作？
6. 什么是会计人员工作交接？如何做好会计人员的工作交接？

参考文献

[1] 陈国辉，迟旭升. 基础会计［M］. 5版. 大连：东北财经大学出版社，2018.

[2] 许家林. 会计学原理［M］. 北京：科学出版社，2010.

[3] 王珍义，孙世荣. 基础会计学［M］. 武汉：武汉理工大学出版社，2007.

[4] 王允平，孙丽虹. 会计学基础［M］. 4版. 北京：经济科学出版社，2008.

[5] 李海波. 会计学原理——基础会计［M］. 12版. 上海：立信会计出版社，2006.

[6] 郭慧云. 基础会计［M］. 大连：东北财经大学出版社，2004.

[7] 陈兴滨. 会计学基础［M］. 北京：高等教育出版社，2004.

[8] 沈路，赵世君. 新编会计学教程［M］. 上海：上海财经大学出版社，2002.

[9] 王建忠. 会计发展史［M］. 大连：东北财经大学出版社，2007.

[10] 刘绘娟. 会计基础［M］. 北京：经济科学出版社，2008.

[11] 赵德五. 会计学［M］. 成都：西南财经大学出版社，2008.

[12] 郭徐咸. 会计学基础［M］. 成都：西南财经大学出版社，2001.

[13] 财政部会计资格评价中心. 初级会计实务［M］. 北京：中国财政经济出版社，2007.

[14] 财政部会计资格评价中心. 中级会计实务［M］. 北京：经济科学出版社，2006.

[15] 谢合明. 现代会计学原理［M］. 成都：西南交通大学出版社，2000.

[16] 苏伟伦. 新会计操作入门［M］. 北京：中国纺织出版社，2008.

[17] 崔智敏，陈爱玲. 会计学基础［M］. 北京：中国人民大学出版社，2008.

[18] 栾甫贵，尚洪涛. 基础会计［M］. 北京：机械工业出版社，2004.

[19] 文拥军，王珍义. 会计学原理［M］. 武汉：武汉理工大学出版社，2005.

［20］夏成才. 会计学原理［M］. 北京：首都经济贸易大学出版社，2002.

［21］董惠良. 基础会计教程［M］. 上海：立信会计出版社，2002.

［22］李敏. 基础会计［M］. 上海：立信会计出版社，2003.

［23］朱小平，徐泓. 初级会计学［M］. 北京：中国人民大学出版社，2005.

［24］张其秀，于团叶. 会计学基础［M］. 上海：上海财经大学出版社，2007.

［25］全国会计专业技术资格考试领导小组办公室. 初级会计实务［M］. 北京：经济科学出版社，2008.

［26］财政部会计资格评价中心. 中级会计实务［M］. 北京：经济科学出版社，2008.

［27］刘峰，潘琰，林斌. 会计学基础［M］. 北京：高等教育出版社，2007.

［28］会计从业资格考试辅导教材编写组. 会计基础［M］. 北京：中国财政经济出版社，2005.

［29］王俊生. 基础会计学［M］. 北京：中国财政经济出版社，2004.

［30］王来群. 基础会计学［M］. 北京：清华大学出版社，2007.

［31］蒋晓旭，李虹. 基础会计学［M］. 北京：北京工业大学出版社，2003.

［32］陈菊花，陈良华. 会计学［M］. 北京：科学出版社，2005.

［33］中华人民共和国财政部制定. 企业会计准则［S］. 北京：中国财政经济出版社，2006.

［34］中华人民共和国财政部制定. 企业会计准则——应用指南［S］. 北京：中国财政经济出版社，2006.

图书在版编目(CIP)数据

基础会计学/ 岳正华,李虹主编.—3 版 .—成都:西南财经大学出版社,2018.8(2021.8 重印)
ISBN 978-7-5504-3639-8

Ⅰ.①基… Ⅱ.①岳…②李… Ⅲ.①会计学—教材 Ⅳ.①F230

中国版本图书馆 CIP 数据核字(2018)第 173818 号

基础会计学(第三版)

主　编　岳正华　李　虹
副主编　范雪刚　唐　玲

责任编辑:高玲
助理编辑:雷静
封面设计:杨红鹰　张姗姗
责任印制:朱曼丽

出版发行	西南财经大学出版社(四川省成都市光华村街 55 号)
网　　址	http://cbs. swufe. edu. cn
电子邮件	bookcj@ swufe. edu. cn
邮政编码	610074
电　　话	028-87353785
照　　排	四川胜翔数码印务设计有限公司
印　　刷	郫县犀浦印刷厂
成品尺寸	185mm×260mm
印　　张	19
字　　数	424 千字
版　　次	2018 年 8 月第 3 版
印　　次	2021 年 8 月第 2 次印刷
印　　数	2001— 2500 册
书　　号	ISBN 978-7-5504-3639-8
定　　价	39. 80 元